国家“985工程”中国特色高等教育体系研究丛书

厦门大学高等教育发展研究中心

丛书主编：潘懋元　刘海峰

丛书副主编：史秋衡　谢作栩

ZHONGGUO SHEHUI KEXUE
YANJIU ZHILIANG BIAOZHUN
TIXI YANJIU

高等教育质量与评估研究丛书

中国社会科学研究质量标准体系研究

曾天山　著

广东高等教育出版社
Guangdong Higher Education Press
广州

图书在版编目（CIP）数据

中国社会科学研究质量标准体系研究/曾天山著．—广州：广东高等教育出版社，2014.5

（国家“985”工程中国特色高等教育体系研究丛书）

ISBN 978-7-5361-5090-4

Ⅰ.①中… Ⅱ.①曾… Ⅲ.①社会科学-科学研究-质量标准-标准体系-研究-中国 Ⅳ.①G12

中国版本图书馆CIP数据核字（2014）第058146号

出版发行 广东高等教育出版社
地址：广州市天河区林和西横路 邮政编码：510500
营销电话：（020）87553335
网址：www.gdgjs.com.cn

印　　刷 佛山市浩文彩色印刷有限公司

开　　本 787 mm×1 092 mm 1/16

印　　张 14.5

字　　数 268千

版　　次 2014年5月第1版

印　　次 2014年5月第1次印刷

印　　数 1~2 000册

定　　价 38.00元

内容提要

改革开放以来，国家越来越重视发展社会科学事业，社会科学研究日趋活跃，蓬勃发展，其壮大为一个规模宏大的产业已是一个不争的事实。但在功利化、市场化的影响下，由于危机意识缺乏、质量标准不明和奖惩不力等重要原因，导致社会科学研究出现低质高产现象，为世人所诟病，使其难负车之两轮、鸟之双羽之重任。

建立社会科学研究质量标准体系是适应国家发展需要、满足人的全面发展需要和增强国际竞争力的需要，是衡量社会科学研究质量的根本依据。多年来，我们对社会科学研究质量在理论上非常重视，但在实践中缺乏操作性，主要是标准不完善、评价不到位、管理不得力。在实际工作中，如何判断社会科学研究质量，往往众说纷纭，缺乏统一的认识和行动。而制定社会科学研究质量标准是国际社会科学发展的重要趋势，特别是20世纪中期以来，基于标准推动社会科学研究质量提高已成为普遍共识。为此，迫切需要制定和完善社会科学研究质量国家通用标准，把研究资源、研究精力和科研管理集中到提高质量上来，为提高社会科学研究质量奠定理论基础和评价依据，促进社会科学研究发展方式的根本性转变。

论者提出，提高社会科学研究质量要以观念为先导，以标准为依据，以制度为保障，以实践为检验。第一，确立科学的质量观，把质量作为社会科学研究的时代主题，把确立标准作为提升社会科学研究质量的当务之急，把创新程度、实践价值、效益评价、影响力度、学术规范作为质量标准的五个核心要素。第二，社会科学研究质量评价的关键领域是成果评价、人才评价、项目评价、学科评价、机构评价，核心是成果评价。第三，社会科学研究质量把关是利益相关方的共同而有区别的责任，建立共同参与的评价共同体，方向是：淡化政府评价、加强基层评价、加大同行评价、重视专业评价、扩大公众评价和引入自我评价。第四，社会科学研究质量评价技术着重于对优秀研究成果和杰出研究人才的评价、对政府决策与公众生活质量的影响力测评、模糊综合评价和网络发表平台。第五，建立健全提升社会科学研究质量的体制机制，实施专业化研究、内行管理和同行评议制度，形成多元化的学术评估与运行考核机制，健全以质量和效益为中心的社会科学资源配置机制，建立效果取向的问责机制。第六，社会科学研究质量评价发展阶段要循序渐进，促进内部评价和外部评价相结合，结果和过程相结合，定性评价与定量评价相结合，短期和中长期相结合。

关键词：社会科学　社会科学研究质量　社会科学质量标准　社会科学质量评价

目　录

第一章　问题提出

社会科学是研究人类行为活动特点及人类社会现象与发展规律的科学，是人们认识世界、改造世界的重要工具，是推动历史发展和社会进步的重要力量，是一个国家和民族综合实力的重要体现，是经济社会发展的精神动力。社会科学研究源远流长，人类对人的本性、人际关系、人类与各种精神力量的关系以及他们所创造并生活于其间的社会制度的研究和反思，可以追溯到古代，归结为哲学。专业化的社会科学研究兴起于 18 世纪的欧洲启蒙时代，一些学者以此为职业，通过为社会服务获得经济利益。哲学作为一种包罗万象的知识的地位开始发生动摇，新的社会知识门类应运而生，知识的学科化和专业化，为社会科学内部的分化和社会科学的制度化奠定了基础。19 世纪下半叶以来，人们仿效自然科学模式，借鉴自然科学方法，研究日趋复杂的社会现象，社会科学的研究目标日渐明确，研究方法日趋系统化，形成了哲学、政治学、经济学、社会学、法学、教育学等现代意义上的庞大社会科学群，成为政府和社会重要的关注对象。此时的社会科学家不再仅满足于解释社会现状和历史，而是试图论证社会会成为什么样和怎样才能使其走向完善，一方面对社会进行一系列的分析研究，建立了重实用的社会理论和以乌托邦为主的政治理论；另一方面，统计学家、人口学家、经济学家和社会学家等创建了大量的分支学科，社会科学作为一门独立的科学初见端倪。第二次世界大战后，社会科学研究开始受到国家的重视和遇到社会的大量需求，新的社会科学研究机构频频建立，社会学、经济学和社会心理学受到格外重视，研究队伍迅速壮大，研究成果不断问世，社会科学研究呈现出“百家争鸣”的局面，社会科学在学校实现了制度化教育。20 世纪 80 年代后，社会科学进入调整时期，包括社会科学研究的组织形式、科研课题、研究方法和科研手段等方面进行反思提高。21 世纪以来，世界政治格局发生重大变化，经济全球化趋势日渐明显，科学技术发展突飞猛进，将整个人类带入了一个全球信息化的社会，深刻影响到社会科学结构和社会科学研究的发展趋势，社会科学的研究方法、研究重点和研究目的发生了重大变化，形成了至少五个特点和发展趋势：跨学科研究趋势的增长、应用性研究的比重增加、国际合作研究项目增多、全球问题研究趋热和科研走向网络化。如今的社会科学家组成的地区性、全国性、国际性的科研共同体，从多侧面、多视角对人类本性和人类社会进行分门别类的系统研究，力图通过对人类社会的结构、机制、变迁、动因等层面的深入研究，把握社会本质和发展规律，更好地认识人性，在建设民生和管理社会方面享有越来越大的话语权，使社会科学逐步成为传承人类文明、传播先进文化的主阵地，成为思想创新的策源地，成为社会决策的思想库，成为社会实践的引领者，成为先进理念的宣传队。

我国社会科学研究历史悠久，20 世纪初引入现代科学概念，现代制度化的社会科学研究发展深受苏联和西方国家的影响。社会科学研究在长期中国化的历史进程中，贯彻“双百”方针，坚持“二为”方向，实施“双轮”战略，自改革开放以来加快发展，逐渐形成了高等学校、社科院所、行业部门院所、党校行政学院、党政军群研究机构所组成的五大系统，以及民间学术社团研究机构。其中，高等学校因其学科齐全、人才众多、学术积淀深厚而成为社会科学研究的主力军，三分天下有其二，主要承担理论建设任务；社科院所是社会科学研究的中坚力量，侧重社会现实问题研究；教育、艺术、军事等行业院校侧重特定领域的研究工作；党校行政学院、党政群部门和军队侧重应用对策研究；民间学术社团研究机构侧重社会热点问题研究。各支社会科学研究队伍充分发挥了认识世界、传承文明、创新理论、咨政育人、服务社会的重要作用，成为新中国社会科学繁荣发展的生动缩影，为探索中国特色社会主义现代化建设道路和促进社会文明进步做出了独特而重要的贡献。

在社会科学研究取得显著进步的同时，也反映出偏重投入和成果数量的发展模式已近极限。其突出表现为成果质量不高、效益不显著的问题，根本原因是标准不完善、评价不到位、管理不得力。社会对于学养浅薄、浮躁取巧、粗制滥造、抄袭剽窃的学风深恶痛绝，学风影响世风，不改革就没有出路，不创新就没有持续发展，我们迫切需要推进基于标准的社会科学研究质量改革，以促进社会科学研究、传播、管理和评价的良性循环，进一步提高社会科学研究人才及其研究成果的社会贡献度。

一、社会科学研究增长的极限

改革开放以来，在党的“解放思想、实事求是”思想路线指引下，以真理标准大讨论为契机，社会科学研究因其具有不可低估的战略地位和不可替代的重要作用而逐渐受到重视：邓小平提出科学自然包括社会科学，恢复重建中国社会科学院和中国人民大学，1981 年把社会科学研究正式纳入国家“六五”计划；江泽民提出“哲学社会科学与自然科学同等重要”，视察了中国人民大学和中国社会科学院；胡锦涛提出要“从党和国家事业发展全局的战略高度，把繁荣发展哲学社会科学作为一项重大而紧迫的战略任务抓紧抓好，努力建设具有中国特色、中国风格、中国气派的哲学社会科学”。2004年，中共中央首次颁发《关于进一步繁荣和发展哲学社会科学的意见》，大幅度提高社会科学研究投入，不断加强队伍建设，社会科学研究出现了蓬勃发展的局面。习近平首次提出建设中国特色新型智库的目标，把智库发展提高到国家战略高度，作为国家软实力的重要组成部分。

与党和国家的高度重视相比，与社会发展的要求相比，与国际先进水平相比，与日益壮大的队伍和不断增长的经费相比，我国社会科学表面繁荣的背后是实际进步有限，在知识创新、服务社会需要和追赶国际先进水平等方面难有实质性突破，学习借鉴的多，原创创新的少，满足于自娱自乐，自说自话，自产自销，质量不高，效益不显，竞争力不强，出现了学风不正、学术不端甚至是某种程度的学术腐败现象，直接影响社会科学事业的可持续发展，急需转变偏重数量增长的社会科学研究发展方式。

（一）投入与产出不对称

在政府和社会的重视下，经过65年来的持续建设，特别是改革开放以来的不断投入，推动社会科学事业出现前所未有的空前繁荣局面；但在人力、财力、物力投入大幅增加的情况下，社会科学研究成果数量快速增长，缺少精品力作的状况却没有根本性改观。

社会科学事业的快速发展表现在机构、队伍、规划、经费、项目、基地、学术交流、成果、学科、成果发表、奖励等方面的基础建设稳步推进。

一是机构逐渐健全、队伍不断扩充。设立机构和凝聚队伍是开展研究工作的基础。以1949年11月成立的中国科学院哲学社会科学学部为基础，以1977年5月建立的中国社会科学院为标志，形成了高校、社科院所、行业部门院所、党校行政学院、党政军群研究机构，以及民间学术社团研究机构所组成的“六个方面军”，社会科学研究机构得到普遍加强。1986年成立全国哲学社会科学规划领导小组及其办公室，1989年国家教委设立社会科学司，形成了国家、地方和高校、科研院所的三级社科科研管理机构，建立了1 700个文科研究机构。20世纪90年代后期，社会科学研究机构已渐成规模，共有研究机构2 500多个，专职研究人员3.5万人，工作人员27万人。2008年，社会科学研究人员增长到50多万人。其中，高校社会科学研究人员增速最大，从1981年的6.5万人增长到1991年的12万人、1998年的21万多人、2000年的24.3万人，再激增到2007年的38.1万人、2008年的40

万人、2009 年的 42.6 万人，占全国社会科学研究人员总数 4/5 的规模。[①] 据保守估算，全国社会科学活动人员为 109.4578 万人。[②] 同时，队伍结构不断优化。高校社会科学研究和教学人员具有高级技术职务的从 2001 年的 11.950 8 万人上升为 2009 年的 15.7 万人，占总数的比例由 32% 增长为 36.9%。[③] 另据全国哲学社会科学规划办公室 2009 年的统计，全国具有中级职称以上的社会科学研究人员达到 33 万人，高级技术职称达 10 多万人。也有人推算，全国社会科学活动人员在 100 万人以上。[④]

二是研究经费实现了快速增长。政策就是投入。2004 年以来，社会科学投入以每年 15% ~20% 的速度递增，这从最具综合性和最有影响力的国家社会科学基金和“高校社会科学研究繁荣计划”，近年来的投入情况可见一斑。国家社会科学基金项目经费从 1992 年的 1 300 万元增长到 2010 年的近 6 亿元（其中，教育学科从“六五”时期的 50 万元增长到 2010 年的 2 600万元，艺术学科从 40 万元增长到 2010 年的 2 000 万元）（如表 1 –1 所示）。教育部人文社会科学项目经费从 1981 年的 200 万元，增长到 2003 年的 5 000 万元，以后在每年经费增长一倍的激励下，到 2006 年突破 1 亿元，2008 年翻一番达到 2 亿元，2009 年达到了 4 亿元。每年仅这两大项目经费投入就达 10 多亿元，单项最高资助额度近 100 万元。此外，新闻出版总署 2009 年新设 3 亿元的出版基金用于资助精品成果的出版。博士后管理委员会也设立了为数可观的博士后研究基金。科技部、财政部、自然科学基金会也有一些社会科学研究资助项目。省级层面的投入也不断增长，如江苏省提出建设社科强省目标，“十一五”期间投入 3 000 万元，广东省同期投入 2 450万元，比“十五”时期增长了 4.3 倍。政府投入带动了社会和学校的大量配套投入，形成了社会科学研究领域以财政投入为主的多渠道科研投入体系。高校 2005 年当年从各个渠道获得社会科学研究经费达 16.178 9 亿元，比 2001 年增长了 2.1 倍。[⑤] 2009 年又进一步增长到 35.78 亿元。[⑥]

---

① 陈广胜. 改革开放以来中国高校人文社会科学研究事业发展回顾［M］//教育部社政司. 中国高校人文社会科学研究通鉴（1996—2000）. 北京：中国人民大学出版社，2004：168.

② 叶继元. 中国哲学社会科学学术期刊布局研究［M］. 北京：社会科学文献出版社，2008：31.

③⑥教育部社会科学委员会秘书处. 中国高校哲学社会科学发展报告 2010［M］. 北京：高等教育出版社，2010：703.

④ 叶继元. 中国哲学社会科学学术期刊布局研究［M］. 北京：社会科学文献出版社，2008：33.

⑤ 教育部社会科学委员会秘书处. 中国高校哲学社会科学发展报告 2006［M］. 北京：高等教育出版社，2006：429.

表 1-1 “八五”时期以来历年国家社会科学基金增长情况

年　度	1991	1992	1993	1994	1995
基金额/万元	1 300	1 400	1 600	2 000	2 250
年　度	1996	1997	1998	1999	2000
基金额/万元	2 350	2 500	2 650	3 800	4 950
年　度	2001	2002	2003	2004	2005
基金额/万元	6 000	10 000	10 000	12 500	17 400
年　度	2006	2007	2008	2009	2010
基金额/万元	22 700	23 000	30 600	38 401	59 954

资料来源：国家社会科学基金来源和增长情况. 全国哲学社会科学规划办公室网站.

三是科学规划和项目平台作用突出。规划反映国家需求，项目搭建工作平台。社会科学研究发展规划是与国家五年计划的实施同步进行的。“六五”规划以来，项目申报数和立项数双双猛增。国家社会科学基金项目2010年的申报数增长到27 171项，比上年增加4 624项，增长20.5%；立项数自1992年的501项增长到2010年的2 285项，平均立项率为8.42%。项目品种从已有的国家重点、国家一般和国家青年项目到西部专项，不断丰富，自2005年开始增设了重大招标课题，每年60项，至2010年达400多项，2009年又设立后期资助项目，开始全天候接受课题申报。单列的教育学科立项数从“六五”时期的36项增长到2010年的800项，共立项课题5 681个，自2006年设立重（大）点课题招标，2010年申报量达10 000多项，立项率在7%左右。单列的艺术学科自1983年设立的几十项，增长到2010年的113项，共立项课题1 109个。高校人文社会科学研究项目2010年的申报数增长到20 000多项，立项数从1986年的几百项快速增长，2009年仅一般项目立项就达到了3 200多项，立项率为15%左右，从2003年设立大课题攻关项目，每年40项，到2008年共设立了235项，形成了由重大攻关项目、重点研究基地项目、一般项目、任务项目、后期资助项目构成的项目资助体系。广东省“十一五”期间立项课题11 468项，比“十五”时期增长了1.5倍。国家资助项目带动了地方、社会和学校的项目设置，形成了国家社会科学研究领域的多样化的科研项目体系。2005年，高校在研项目为97 994项，比2001年增长了1.39倍，2009年进一步增长为19.3万项。新立项课题从2005年的42 573项增长到2009年的7.29万项，按项目来源分，中央政府9 573项，地方政府30 059项，企事业委托横向项目13 881项，国际合作、外资项目（含港、澳、台地区）578项，其他各类课题18 888项。[①] 当年结题44 553项，是2005年当年结题数21 534的2倍多。

四是重点研究基地不断扩大。研究基地从事长线研究，与短线为主的课题研究相辅相成。教育部自1999年率先在高校设立100个重点研究基地，全国绝大多数省市区按照教育部重点研究基地的模式，建立了500多个省级重点研究基地，一批高校建立了若干校级重点研究基地，投入资金数十亿元。一个由“985”工程创新基地、教育部重点研究基地、省级研究基地、校级研究基地组成的金字塔形人文社会科学创新平台体系已初步形成。全国哲学社会科学规划办公室自2009年在中国人民大学等高校设立政策咨询中心，北京、上海、江苏等省级哲学社会科学规划办公室也在高校纷纷设立研究基地。两大系统各自发展研究基地，形成了一个金字塔形的科研创新体系，成为集科研、教学、培训、咨询、交流合作为一体的社会科学研究与服务平台。

五是学术研讨和交流活动日益频繁。交流是学术进步的阶梯。我国社会科学研究活动能力逐步增强，国内外各种学术研讨活动日趋活跃，与许多国家和地区的高校、学术机构建立了合作与交流关系，增强了在国际学术舞台上的话语权，扩大了中华文化的影响力。据统计，“八五”期间，高校教师参加国内外社会科学学术交流活动每年达7万人次，提交论文42 000篇，参加港澳台地区学术会议3 887人次，论文1 467篇。“九五”期间前两年由高校独立承办和与外单位合办的国际学术会议近400个，与港澳台地区合办的学术会议近250个；高校学者出国（境）参加学术会议1.7万人次，提交会议论文近1万篇；出国（境）进修学习、受聘讲学、社科考察以及从事合作研究的学者1万多人次；同国外学者、港澳台地区学者开展合作研究的600余项。2005年，高校共举办各种大型会议5 016次，比2001年增长了1.32倍，其中国际会议828次，比2001年增长了1.1倍。派出各类学术交流人员48 000人次，来华约21 000人次，分别比2001年增长了1.68倍和44%。[②] 2009年各类学术会议增加为5 682次，其中国际会议874次，派出各类学术交流人员52 183人次，来华23 737人次。[③] 社科院系统的对外交流也在不断扩大，如中国社会科学院对外交流从1978年的10多批、几十人次增加到2004年的1 800多批、近4 500人次，交流对象从苏联、东欧等

---

① 教育部社会科学委员会秘书处. 中国高校哲学社会科学发展报告2010［M］. 北京：高等教育出版社，2010：703.

② 教育部社会科学委员会秘书处. 中国高校哲学社会科学发展报告2006［M］. 北京：高等教育出版社，2006：430.

③ 教育部社会科学委员会秘书处. 中国高校哲学社会科学发展报告2010［M］. 北京：高等教育出版社，2010：709.

少数国家发展到100多个国家、200多个研究机构，与80多个研究机构签订合作协议。[①] 据国际大会与会议协会2010年8月发表的报告，2010年以前的10年中，中国内地举办的国际活动数量迅速增长，到2009年跻身世界前10位国家之列。[②]

六是研究成果直接产出激增。论文、著作、咨询报告直线增长。据不完全统计，社会科学界每年发表论文数超过25万篇，每年出版著作数超过2.5万部，提交的应用性研究咨询报告上万份，占据世界首位。其中，高校占据相当高的份额，成果方面的份额从2003年约占全国的2/3强，上升到2008年的85%左右。从比较的角度看，20世纪90年代，高校社会科学研究每年出版学术专著6 000余部，发表论文10万多篇，提交有关部门的应用性研究咨询报告3 000余份。[③] 改革开放20年间高校教师共计发表学术论文70万篇，出版著作11.3万部，其中专著5.7万部，提交有关部门的研究咨询报告和经有关部门鉴定的应用研究成果约14 000项。2005年，高校共出版各种著作和教材24 287部，发表论文250 326篇，分别比2001年增加了19.5%、42%，其中在国外学术刊物发表3 307篇，比2001年增加了1.037倍。2003年后，实施6年来的重大攻关精品工程共推出学术专著700多部，发表研究论文6 000多篇。2009年，高校出版各类学术著作27 024部，发表论文312 816篇，其中在国外刊物发表5 208篇，在港澳台地区刊物发表728篇，向有关部门提供咨询报告5 679篇。[④] 据不完全统计，“十一五”期间高校人文社科领域共出版著作约15万部，比“十五”期间增长近30%；发表论文约150万篇，增长近50%，其中在国际刊物发表约2万篇，增长近60%；提交研究报告约10万篇。[⑤]

七是奖项设置名目繁多。奖励是对优秀的激励和导向。经过国务院有关部门的多次清理，与社会科学研究有关的各种奖项依然不少，如中央宣传部的“五个一工程”奖和国家社会科学基金项目优秀成果奖，教育部的全国教育系统先进集体和先进个人表彰5年、国家级教学成果奖4年、教学名师奖2年、高等学校科学研究优秀成果奖2年、全国教育科学研究优秀成果评

---

① 中国严格控制国际会议遏止浪费［N］. 参考消息，2011-02-15.

② 中国社会科学院. 中国社会科学院“十一五”（2006—2010）事业发展规划汇编［G］. 北京：社会科学文献出版社，2008：105.

③ 周远清. 加强社会科学研究［R］. 1999-02-12.

④ 教育部社会科学委员会秘书处. 中国高校哲学社会科学发展报告2010［M］. 北京：高等教育出版社，2010：709.

⑤ 立足创新　提高质量　继往开来——高校哲学社会科学繁荣计划“十一五”成就巡礼［N］. 光明日报，2011-02-28.

选5年、宝钢杯全国杰出中小学中青年教师评选2年，新闻出版总署的中国出版政府奖3年、中华图书特殊贡献奖2年，文化部的优秀专家奖3年、文化交流贡献奖3年以上、中国文化艺术政府奖3年、文化部创新奖3年，国家民委的社会科学研究成果奖3年，商务部商务发展研究成果奖表彰2年，以及中国科学技术协会的全国优秀科技工作者奖2年，中国宏观经济学会中国经济学奖2~3年，中国价格协会薛暮桥价格研究奖3年，中国管理科学学会管理科学奖2年，以及中国社会科学院的孙冶方经济学奖、中国人民大学的吴玉章奖、中国政法大学的钱端升法学研究成果奖，等等。还有地方各级政府奖励，以及各种学会社团和企业民间奖励等。据统计，改革开放20年间高校教师获得省部级以上奖励的科研成果就达12 700项。2005年，高校科研成果获得省部级以上奖励1 255项。[①]

八是学科设置逐渐齐全。学科发展关系学术的积淀和后备研究人才的培养。从恢复大中小学文科教学开始，到1981年形成200个左右的文科专业，建立了文学、历史、哲学、经济学、教育学、法学等若干博士点，656个硕士点，发展为目前门类齐全、学科健全、学位完善、布局合理的学科体系和人才培养体系。从1981年到2011年的30年间，授予博士、硕士、学士的授予单位分别达到347所、697所、700余所，112所高校与国外知名高校联合培养博士生，共授予博士33.5万人，硕士273.2万人，学士1 830万人。[②] 2005年，全国高校社会科学教学与研究人员中具有博士学位和硕士学位的人员分别达到21 417人和84 091人，分别占总数的6.3%和24.8%，比2001年分别增长了1.85倍和1.1倍。[③] 2009年，具有博士和硕士学历的人员分别增长到4.65万人和15.26万人，分别占总数的10.9%和35.8%。当年文学、历史、哲学、经济学、教育学、法学、管理学等文科专业本科招生数占总招生数的一半，管理学、教育学增幅加快。近两年每年毕业硕士研究生达30多万人、博士5 000人，其中40%多是文科专业。在最具活力和最具创造力的高层次人才群体的博士后领域，每年招生人数由数百人增长到每年上万人，自1985年至今共培养8万多人才[④]，其中，社会科学博士后制度1992年实施，建立社会科学博士后流动站5 000多个，社会科学领域累计招收博士后近2万人。[④]

---

① 教育部社会科学委员会秘书处．中国高校哲学社会科学发展报告2006［M］．北京：高等教育出版社，2006：430.

② 中国特色学位制度基本形成［N］．光明日报，2011-02-13（4）.

③ 教育部社会科学委员会秘书处．中国高校哲学社会科学发展报告2006［M］．北京：高等教育出版社，2006：429.

④ 光明日报，2010-11-29（1）.

九是成果发表体系发达。成果发表需要专业载体和大众媒介才能流传普及。2009 年，全国出版社达 581 家，其中不少以出版社会科学成果著称，如中国社会科学出版社、社会科学文献出版社、中国人民大学出版社、教育科学出版社等。各种社会科学期刊达到 8 000 多种，据 2005 年公开发行的社会科学期刊目录统计，社会科学期刊有 4 927 种，其中 3 105 种为学术刊物，以《中国社会科学》《历史研究》《考古》《哲学研究》《经济研究》《法学研究》《文学评论》《世界经济》《教育研究》等为权威学术刊物。有影响的“中文社会科学引文索引”（CSSCI）取材的学术期刊就达 2 700 种，还有《新华文摘》、《中国社会科学文摘》、《全国高校文科学术文摘》、人大书报复印资料等社科文摘学术刊物。目前，我国出版的书报刊已位列世界第一，每年出版图书 22 万种，报纸每年出版 404 亿份，期刊年总量 28 亿份，还有其他载体存储的社会科学知识不计其数。

上述投入与产出的双双增长看似繁荣，却潜伏着危机，大投入并没有带来预期的大成果，也没有形成大影响，多数研究成果平庸化已是一个不争的事实，甚至出现“黄钟沉寂，瓦釜雷鸣”的现象。学术不端行为呈蔓延趋势，被寄予厚望的青年学者也深受其害。主管部门领导对此极为重视，多次指出学风浮夸，学术不端行为滋长，正在侵蚀学术共同体，对社会科学事业健康发展的消极作用影响不可低估，已经成为社会热点问题，解决这个问题迫在眉睫，刻不容缓。中央政治局委员、中央宣传部部长兼全国哲学社会科学领导小组组长刘云山在 2010 年度国家社会科学基金项目评审会上严肃指出，目前大部分社会科学成果比较平庸，精品不多。2010 年 3 月 30 日，中央政治局委员、国务委员刘延东主持召开了由科技部、教育部、中国社会科学院等部门和单位负责人参加的“科研诚信与学风建设座谈会”，严肃批评学风不正问题，提出要积极推动科研诚信立法。教育部部长袁贵仁早在 2004 年就加强学风建设提出了“八个提倡，八个反对”——提倡解放思想、与时俱进，反对因循守旧、固步自封；提倡求真务实、严谨治学，反对哗众取宠、急功近利；提倡文人相亲、学术民主，反对文人相轻、门户之见；提倡学术自律、尊重他人，反对投机取巧、抄袭剽窃；提倡精品意识、锐意创新，反对心浮气躁、重复劳动；提倡学术批评、学术责任，反对一团和气、恶语伤人；提倡持之有故、言之成理，反对粗制滥造、言之无物；提倡科学评估、公平竞争，反对请客送礼、徇私舞弊。2011 年政府再次强调要加强学风建设、严惩学术不端行为。文化部部长蔡武于 2010 年 8 月 6 日在接受新华社记者采访时表示，出版界每年出版各类出版物 30 万种，但真正能与先辈几千年留下的 8 万种历史典籍比肩的作品没多少。新闻出版总署署长柳斌杰在 2009 年 4 月 19 日中央电视台播出的《对话》栏目中承认，我们仍然缺乏有影响力、有竞争力的精品力作。社会反映和学界批评也不绝于耳，指责“繁而不荣，盛而不昌”，泡沫化、快餐化的学术现象，如杨玉圣抨击社会科学研究界低水平重复、粗制滥造、泡沫学术、假冒伪劣、抄袭剽窃五大弊端。刘明在《学术评价制度批判》犀利地批评了学术评价定量化取向的八大弊端：一是激励短期行为，二是助长本位主义，三是强化长官意志，四是滋生学术掮客，五是扼杀学者个性，六是推动全民学术，七是诱发资源外流，八是误识良莠人才。其结果是“导致大量无效劳动、重复劳动，催生大量无意义、低质量的学术次品、废品，筛选出来大量智力快感型和追逐功利型的学术人”，认为“量化评价的尺度量裁之下，势必难辨真伪、误识良莠，这恰是其根本性、致命性缺陷所在”。更有学者概括为科研学术水平平庸化、科研项目等级化、横向课题货币化、人文理想碎片化、科研团队江湖化、科研体制衙门化等六大弊端。① 还有人批评为“项目越来越多，成果越来越少；教授越来越多，大师越来越少”②。还有人疾言厉色批评学术腐败动摇中国的发展根基。③ 国外的批评也同样严厉，《经济学家》发表论文，指出中国的学术环境以欺骗和学术道德低下为标志，这可能阻碍该国建立创新型经济的努力和朝着伟大国家地位继续崛起的进程。还有英国学者指出，中国学者缺乏自由辩论的习惯，面对国外学者的质询，经常以“你不了解中国”来搪塞。④

（二）低水平重复现象严重

投入和产出的双双猛增形势并没有给社会科学研究带来实质上的进步，产生重大的突破，其中重要的一个原因是低水平重复建设现象严重，表现在机构、课题、研究、成果、奖项等多个方面，造成研究工作低效，甚至产生一定程度的浪费。

一是机构重复设置。我国 20 世纪 50 年代学习苏联模式，实行科研和教学分离，形成专门的科研机构和育人为主的高校，高校院系调整文理分科，90 年代又恢复高校的社会科学研究功能，高校和科研院所两大系统功能交错。全国缺乏一个统一管理和协调社会科学研究的权威机构（类似自然科学方面的科技部），党口部门管理社会科学基金项目，政府部门也设立科研项目，导致各资助系统间缺乏紧密的联系与合作，各研究机构系统内部联系松散，职能重叠，各自为战，力量分散，信息闭塞，标准不一，工作重复，

① 网友痛陈一心搞科研只能保证饿不死［N］. 中国青年报，2010－07－29.

② 忧，科研论文多创新成果少［N］. 中国教育报，2010－08－15.

③ 学术腐败动摇中国的发展根基［J］. 书摘，2010（8）.

④ 谁说老外“不了解中国”［N］. 钱江晚报，2010－08－29.

效率低下。

二是课题重复立项。不同系统之间重复立项，叠加资助。如国家社会科学基金系统与自然科学管理学部及教育部人文社会科学研究系统之间，全国教育科学规划系统、全国艺术科学规划系统与教育部人文社会科学研究系统之间重复立项，并延伸到省级系统。同一系统之间重复立项，如国家社会科学基金与省级社会科学基金之间，教育部人文社会科学与省级教育厅委办社会科学研究之间也存在重复立项。研究生论文课题重复立项。因为无人监管，缺乏制度性约束，课题重复立项严重，客观上造成一人多报、一题多报、赢者通吃的不良现象，导致有课题的不研究，能研究的没课题，有的课题无人研究。

三是研究工作重复进行。社会科学研究的封闭，不仅表现在与世隔绝，也表现在研究队伍内部，各研究机构、研究部门和研究者之间缺乏沟通。各大研究系统和各级研究机构，都存在研究“大而全”和“多而杂”的问题，自己专长的研究在搞，自己不擅长的研究也在做，在不同地方和不同时期，有不同的人在做着相似乃至相同的研究，这些都导致目前的研究许多是重复或是泛泛而谈。

四是研究成果重复发表。目前，每年发表 30 多万篇社会科学论文，每年出版近 3 万部著作，每年提交上万份应用性研究咨询报告，确实到了汗牛充栋的地步。但其中相互“克隆”现象严重，平庸之作充斥。大量研究生论文直接转化为立项课题研究成果，研究内容和成果高水平的少、低水平的多，创新者少、重复者多，突破性少、局限性大，资料堆砌多、深入实际少，追逐热门者多、独辟蹊径者少。许多研究成果还没有完成就已经过时，在完成之时就成为“信息垃圾”。

（5）重复奖励。各级各类机构评奖泛滥，时间跨度不一，有的每年评奖，有的两年评奖，导致一些成果刚一诞生，尚未得到批评和检验，就急功近利地参加评奖，重复申报。获奖面过大，同一件研究成果多次被不同部门奖励，损害了社会科学研究成果奖项的声誉，降低了奖励的激励效用。

（三）理论创新不足

社会科学研究中存在唯书、唯上、唯洋、唯众的现象，失去了推动理论研究与时俱进的动力。选题抓不住时代精神，缺乏推动理论研究与时俱进的能力。一方面，脱离实践窒息了理论研究与时俱进的活力；另一方面，轻视历史研究和理论反思，动摇了理论与时俱进的基础，有悖求真务实的科学品质。

一是理论建树少，鹦鹉学舌多。有的研究者善于综合归纳，喜欢跟跑，不敢领跑。有的研究者热衷于短、平、快项目，热衷于从事市场效益好的学术活动，难以潜心做长线研究，做具有挑战性、风险系数高的项目。有的研究者不敢越雷池一步，别人说过的才说，别人没有说过的不敢说，老说永远正确的废话，提出的理论模型和话语体系或者是传统经验，或者是西方论调。因此，短、平、快的成果多，但反映长期科学积累的成果比较少，最具原创性、奠基性、指导性和权威性的成果匮乏，缺乏思想的力量和培育国民精神的力量。

二是学科内容少，学科体系多。在教育部确定的学科分类中，学科门是最高级别的学科，共有理学、工学、农学、医学、哲学、经济学、法学、教育学、文学、历史学、军事学、管理学等 12 个；比学科门低一级的学科称为学科类，学科类（不含军事学）共有 71 个；比学科类再低一级的学科称为专业，本科专业（不含军事学）共有 258 个。凡此种种，都有相应的学科。一些社科研究者热衷于创立新学科，“跑马圈地”，结果学科体系越来越齐全，但学科内容贫乏浅显，鲜有成熟的理论。

三是学术流派少，学术门派多。学派是因为对客观世界认识的方法和结论不同，依据不同观点而形成的学术共同体。《辞海》中“学派”词条解为：“一门学问中由于学说师承不同而形成的派别。”这是指传统的“师承性学派”。因师承传授导致门人弟子同治一门学问可以形成“师承性学派”，而以某一地域，或某一国家，或某一民族，或某一文明，或某一社会，或某一问题为研究对象而形成具有特色的学术传统的一些学术群体，同样可称为“学派”；或曰“地域性学派”（包括院校性学派），例如近代后西方经济学界相继涌现的芝加哥学派、奥地利经济学派、瑞典学派、剑桥学派、洛桑学派；或曰“问题性学派”，例如重农学派、现代货币主义学派、供应学派等。很多学者都希望能形成自己的学术流派，每个学派也都有自己独特的理论基础和社会影响，百花齐放，百家争鸣。但没有学说的门派只能是帮派，学派没有形成，学术帮派却四处林立，以人划圈，以圈划人。学术帮派林立的局面大大影响了学术界的创造性成绩，使人们没法安心做有深度的学问，而不得不去加入某个帮派，或想方设法逃避帮派的压制。

（四）应对社会问题能力薄弱

理论是灰色的，而生命之树长绿。问题是研究的出发点，我国现代化建设是前所未有的伟大事业，在社会变迁和转型时期的国计民生问题是社会科学研究的重要对象。时代呼唤科学理论的指导，社会需要高质量的社会科学。理论研究结合实际生活，定性研究结合定量研究，才能解决实践中的重大问题。现实中，我国社会科学与社会自身之间的关系非常尴尬：一方面，社会科学作为一门科学，其发展还不够成熟，导致科研工作者的“问题意识”不强。另一方面，公众长期缺乏评价社会科学成果的参与意识和科学素养，社会与企业对优秀科研成果的社会吸纳力不足，实际工作者喜欢凭经验办事，不重视理论学习，轻视科学理论的作用，影响了决策的科学化和实践的有效性，最终导致社会生活中“白研究”与“瞎指挥”同时存在，陷入科学研究与社会需求相互脱节的恶性循环。主要存在如下问题：

第一，理论普遍脱离实际。表现为研究者缺乏社会责任感，不关心国家大事，不关心群众疾苦，不贴近社会生活，不研究现实问题，不直面社会矛盾，多从个人兴趣出发，着眼本学科小圈子，所做的科研项目和生产的研究成果理论脱离实际，满足于发表论文、出版著作与内部获奖，喜欢自说自话，“长、空、假”积弊，“常说的老话多、正确的废话多、漂亮的空话多、严谨的套话多、违心的假话多”，只关心自己的评职晋级。这种脱离社会现实闭门造车，玩弄文字和搬运工式的研究无疑是低效益的，所产生的脱离实践的理论是空洞的理论，所进行的一些应用性研究如盲人摸象，没有价值导向和目标方向，从经验实用出发，头痛医头，脚痛医脚，只能是应景对付，其成果如过眼云烟、明日黄花。理论脱离实际所形成的学风影响社会风气，甚至可能“清谈误国”“文风败国”。研究者“腹中无物、心中无人、手中无法”，使得研究没有针对性，自然就没有实效性；没有实效性，研究成果言之无物，言之无理，言之无情，“讲政策讲不过领导，讲实际讲不过群众，讲学术讲不过外国，讲改革讲不过外行”，自然就难以发挥效用，降低了社会科学研究解释社会现象和影响社会生活的能力，使社会管理水平长期落后。

第二，应用研究得不到重视。社会科学中的基础研究、应用研究、开发研究三者密不可分，相互依赖，但又有不同功能，因此三种研究活动的比重也应视历史时期和社会发展要求的不同而有所改变。目前，我国社会发展是以经济建设为中心，这就要求社会科学研究要加强应用研究和开发研究。与这种要求形成反差的是，社会科学研究中，依然是基础研究占主要地位，应用研究相对次要，开发研究仍处于微不足道的地位。而在基础研究中，传统思辨的纯理论研究已不适应社会发展的要求；应用研究存在问题不聚焦，研究不深入、不细致、不系统的问题；开发研究存在市场意识不强、服务对象不明的问题。一些回避现实、与社会脱节的封闭性研究，无法为社会发展服务，其社会价值和经济效益值得怀疑，却占用了大量的人、财、物资源，造成很大的浪费，而社会急需解决的问题却迟迟得不到解决，同时又阻碍了社会经济发展进程，带来的损失更是无法估量的。虽然目前社会科学研究的整体结构已经开始松动、转变，应用、开发研究比例上升，但与社会需求相比仍有一定距离。由于目前政策、体制等方面的原因，该加强的还无法加强，该压缩的无法压缩，传统式研究的惯性和惰性一时还难以改变。研究结构不进行合理调整，社会科学研究与社会需求便无法吻合，三类研究间就不能很好地协调配合，特别是在目前经费紧张的现实情况下，有限的人、财、物在三类研究中不能合理配置，社会科学研究的整体效能便无法获得最大限度的发挥。

第三，解决社会问题的对策可行性不足。社会科学研究者的责任不仅在于提出问题，更重要的使命是提出解决问题的思路和对策。在全球化背景下，我国现在处于经济发展方式转变和社会快速转型期，国内外各种深层次矛盾凸显，新老问题交织，改革进入深水区，重大决策需要科学化和民主化，需要广泛的调查研究为基础，需要大量的事实数据为支撑，需要专业化的机构为智库。但目前的社会科学研究水平难以满足社会需要，问题在于：一是全局性不够，不能站在国家、民族发展的全局高度看问题，喜欢就事论事。二是国际性不足，不能放眼世界观趋势，只是就中国谈中国问题。三是针对性不强，所提出的对策不能对症下药，过于一般化和原则性，泛泛而谈，无的放矢，无非是领导重视、增加投入、加强法治、社会参与这几条经验，老生常谈，对谁都合适，对谁都无用。四是预见性不够，研究问题没有前瞻性，就事论事，对策、建议多为事后诸葛亮，如对全球性金融危机爆发的预见性明显不够，对社会危机管理研究不足。五是可行性不足，研究建立在应然而非实然的基础之上，建立在发达国家而非中国的实际基础上，发表的议论空话、套话多，提出的对策建议过于理想化而不切实际，看似面面俱到，实则离题万里，有数量无质量，有长度无力度，有厚度无深度，别人不愿看、看不懂、听不进，对解决实际问题于事无补。

（五）国际竞争力低下

社会科学发展水平是国家软实力的象征，具有一定的可比性。西方学者阿特巴赫认为“学术生活的所有要素，包括研究、知识传播、学生、学术职业，都是国际竞争市场的组成部分”①。早在改革开放初期，邓小平就实事求是地指出：“我们已经承认自然科学比外国落后了，现在也应该承认社会科学的研究工作（就可比的方面说）比外国落后了。”② 但这种落后的状况至今没有发生根本性变化，质量差距反而更加突出。

党的十七大报告明确提出要实施走出去战略，推动我国哲学社会科学优秀成果和优秀人才走向世界。党的十八大提出要增强文化整体实力和竞争力，更加注重协同创新。与此要求相比，我国社会科学界还存在严重的不

---

① （美）菲利普·G. 阿特巴赫. 亚洲的大学：历史与未来［M］. 邓红风，译. 青岛：中国海洋出版社，2006：4.

② 坚持四项基本原则［M］//邓小平文选：第2卷. 北京：人民出版社，1994：181.

足。2010 年 6 月 25 日，联合国教科文组织和国际社会科学理事会联合发表了一份关于“知识鸿沟”的报告，指出尽管包括中国在内的发展中国家在社会方面的研究有了不小的进步，但与欧美发达国家相比仍存在不小差距，“知识鸿沟”表现在各个方面。如中国自 2003 年以来，拨给社会科学和人文科学，包括教学和科研的预算增幅每年为 15% ~20%，经费短缺状况基本缓解；中国在 1995 年至 2007 年间，国际数据库出现的论文总数增长速度最快，在管理科学领域论文数量增长尤为明显。而在世界论文库中，西方仍然保持着对社科领域的主导地位，在 1998 年至 2007 年的论文中，一半以上出自北美地区，全球大约 3/4 的社科期刊由欧洲和北美出版。美国社科期刊出版数量居世界首位，约占 1/4，其次是英国、荷兰和德国，这四个国家的社科期刊占世界总量的 2/3。各种不平等与不对称以某种方式妨碍着不同社会知识的积累、转播与使用。

第一，顶尖人才稀缺。2008 年，我国科技人力资源总量达到 4 600 万人，居世界第一，研究和开发人员总量超过 196. 5 万人/年，居世界第二，是名副其实的科技大国，但远称不上是科技强国。国家软科学研究计划重大项目公布的最新报告有这样的表述：“美国的科学实力傲视群雄，日德中英的科学实力位居美国之后，属于科学实力上的‘多强’。我国科学在世界的影响力仍然不高，在 19 个主要国家中排名第 13 位。我国科学影响力甚至低于瑞士、以色列等小国。”研究的评估结果显示，科学活动的规模较大，但高质量的成果不多，是我国科学实力和科学影响力的排名存在较大差距的主要原因。2006 年，我国国际科技论文总数 17 万余篇（其中高校 14 万余篇，占 83. 7%），总量跃居世界第二。① 2011 年，我国科技论文数量快速增长，稳居世界第二位，以大陆学者为第一作者的国际论文 14. 36 万篇，其中 4. 29 万篇论文被引用次数高于学科平均线②，这就是我国目前的科技综合实力。社会科学研究的人力资源之众、研究成果之多，举世无双，社会科学每年 3 万篇国际杂志论文，平均每万人 1. 5 篇。在国内呈现繁荣发展的局面，但在国际上的地位和影响却不见有重大突破。社会科学大国顶尖人才稀缺，各学科都难有大家，国际反应平平，社会科学院士难评也说明缺乏公认的大家。一方面是别人按照文明古国的要求来看待我国的文化创造，希望能够继续产生孔子那样的大师级人物。另一方面则是我国对现代社会科学贡献不足，缺乏受人尊重的价值观引领和思想指导力量，缺乏国际公认的学术大家。这种文化软实力不强的状况与中国的国际重要地位很不相称。对于一个

① 纪秀君．高校科研如何转化成创新实力［N］．中国教育报，2007 -11 -27（2）。

② 柯进．科研评价以量称重难掩隐忧［N］．中国教育报，2013 -05 -14.

几百万人口的小国家来说，抓住一个特长就够了，但中国是13亿人口的大国，应该在社会科学的基础理论和实践应用两个领域里都有所作为，这才符合大国形象。日本的科技发展路径值得关注，从过去的技术立国，到近年来连续出现12位诺贝尔奖获得者，让人刮目相看，这说明到了一定的时候，国力强盛了，国家还是要支持基础研究，重要的科研成果不是靠别人做出来的，而是要靠自己。拿来人家的工具再走人家的老路，吃别人嚼过的馍，“小修小补小打小闹，永远难以超越他人，而强者则会恒强”①。

社会科学大家同样匮乏。我国社会科学发展和西方相比，时间还较短。科学在于积累，可一些科研工作者缺少“十年磨一剑”的精神，急功近利，过分关注论文、著作的数量，难以精工细作。在传统学科和实际问题领域，我国尚有一些顶尖成果，但在基础科学领域的成果则相对较少。这主要表现为大科学家人数太少，能够在自己的研究领域里建立新理论、发现新方法的学者太少。按照美国科学界的统计，2 000 个科学家中能支撑和产生一个大科学家。照此比例，我国超过4 000 万名科技工作者中应有很多大科学家，50多万名社会科学工作者中也应有不少大科学家。但我国真正的大科学家人数屈指可数，真正的大社会科学家更少。为了培养出大科学家，要有一定数量的小科学家健康成长，要有重要的科研课题，发现新方法，提出新概念，对科学事业有重要贡献。但目前的环境却不利于社会科学研究者在真正做研究上下工夫。真正愿意在基础研究方面下工夫的人是很少的，而在做基础研究的人里面，愿意攻克难题的人更少。有的人只愿意做一些容易做的事，而容易做的事大部分价值不大；有的人抱着投机心理来做，冲着发表SSCI（CSSCI）论文或出版著作去做。“钱学森之问”同样适用于社会科学研究领域。现在的危险是培植的土壤越来越贫瘠，使大社会科学家的产生变成了一个小概率事件。我国至今没有一个科学家登上世界社会科学的领奖台，也没有一所大学跻身世界一流大学行列，看不到杰出社会科学人才成长的前景。

第二，研究手段和研究方法滞后。工欲善其事，必先利其器。方法创新促进理论创新。社会科学研究虽然不像自然科学那样要求精确的数字和严格的实验条件，但对研究手段和方法要更科学、更先进的要求是一致的。面对飞速发展的社会，社会科学要加强自身的科学性，没有现代的、科学的研究手段和方法，社会科学就无法走向现代化。在进入信息时代的今天，社会科学的定量化研究显得愈加重要。据美国学者D. 贝尔的统计，从20世纪初到20世纪60年代中，世界范围内社会科学的重大研究中，定量化的占了

---

① 中国产生大科学家土壤太贫瘠［N］. 中国青年报，2010－04－13.

2/3，定量化已成为社会科学研究的一大发展趋势。定量化研究靠传统的资料堆砌、论著引用是无法完成的，它要求研究者能熟练掌握数学方法，掌握数理统计和大型社会调查技术方法，并能熟练运用电子计算机进行数据信息处理。无疑，只有这样才能保证数据的代表性和真实性，从而使研究成果具有可信性，研究的价值才能真正得到体现。例如在朝鲜战争中，志愿军的战略战术大多出自中方高级将领的头脑，而美军则更依赖严密的战场分析体系。美第八集团军司令李奇微刚上任时，恰逢志愿军第三次战役进攻的高潮，美军出现潮水般的撤退。当时，美第八集团军运筹小组通过收集志愿军入朝参战后与美军交战的全部战斗记录，发现了一组至关重要的数字：从 1950 年年底到 1951 年年初，中国军队三次大规模攻击持续的时间都是 8 天。运筹小组敏感地意识到，出现这种状况并非巧合，他们发现“8”这一数字是因志愿军的后勤补给方式严重落后，加之美国空军强大的空中封锁，致使其战斗物资往往只能支撑一周的作战行动，一旦粮食和弹药消耗殆尽，攻势只能被迫停止。运筹小组由此得出结论：志愿军从发起战役到战役结束最多持续一周时间。李奇微随即形成对付志愿军“礼拜攻势”的有效方法：当志愿军凶猛的“礼拜攻势”接近尾声的时候，联合国军队再将强大的反击力量投入战斗前沿，向弹尽粮绝的志愿军反扑上去，把志愿军死死缠住。按照这个思路，李奇微分别于 1951 年 1 月 15 日、1 月 25 日、3 月 7 日连续发起了代号为“猎犬行动”“霹雳作战”“撕裂行动”的三次进攻作战，一举扭转了联合国军队的颓势。[①] 再如美国学者对苏联的粮食需求和阿富汗战争进行了长期研究，得出了苏联经济即将崩溃的预测，继而制定了 20 世纪 80 年代的遏制战略，终于促使苏联解体。

现代社会科学研究已经从经验思辨发展到定量研究和数据模型、数理逻辑。我国只有少数社会科学学科，如经济学的研究方法处于领先地位，借用定量研究和数据模型，与国际水平差距不大。但多数社会科学研究者依然停留在经验思辨水平，不做调查研究，缺乏数据支撑，缺乏长期积累，结论不能服众，对策难以实行，无法与国际同行对话。有研究表明，在被调查的优秀社会科学研究学者中，有 84.3% 的人认为，目前社会科学研究队伍素质与社会发展要求不太适应。一些研究者知识陈旧狭窄，缺乏多学科的交叉综合，研究方法落后，致使研究结论可疑、建议空洞。1993 年，社会科学文献收集 13 万篇，其中定性研究占 94%，定量研究只占 6%，而国外情况恰

① 上甘岭战役上了中美两军的军事教材［N］. 中国青年报，2010－11－05.

恰相反，定量研究占主流，占文献总量的80%，定性只占20%。[①] 仅以高校学者比较集中的高等教育研究为例，据研究者对近10年来在《高等教育研究》上发表的论文的研究方法进行的统计表明，定性研究和思辨经验的比例高达84.37%，其中感悟思辨类的研究论文在数量上占有绝对优势，达到37.49%。[②]

第三，研究重国内轻国外。在全球化的背景下，中国的发展离不开世界，不仅要站在中国看世界，而且需要站在世界看中国。美国高校和研究所从事中国问题研究的人员达上万人，而中国研究美国的人员只有几千人，且大多数是兼职的。美国研究拉美地区问题的有两三千人，研究非洲的也有2 000人，而我国研究非洲的只有三四百人，研究拉美的就更少了。中国研究国外问题偏重宏观，内容相近，而美国研究中国问题则涉及教育体制、学校管理、劳动法研究、新媒体发展、农村新合作医疗、基层干部选拔制度等方面，并进行实地考察。

第四，理论成果交流逆差很大。几十年来，我国社会生活发生着翻天覆地的变化，特别是改革开放创造了伟大奇迹，中国发展模式引起世界各国以及国际社会科学界的高度关注，但我国社会科学界对此却并无令人满意的解释和前瞻性研究，依然用西方的社会科学理论、模型和话语解释中国的社会现象，依然没有改变依附地位。社会科学研究成果外来输入远远大于对外输出，请进来的质量远远大于走出去的质量，请进来的是当老师，走出去是做学生。翻译作品多过出口作品，出口作品大多是中国情况的介绍和综述。人文学科还没有或无望在短期内出现陈寅恪、钱钟书那样有广泛影响力的学者，在社会科学领域只有经济学研究获得了某些国际学术认可。国内只有《中国考古》《中国经济》等少量英文版期刊受到国外学术界的重视。全国新闻出版产业总产出2009年首次突破1万亿元，达到10 668.9亿元，占同期GDP的0.9%，图书品种、总印数占世界第一位，报纸发行量居世界第一位，电子出版物居世界第二位，印刷总值占世界第三位，我国已经成为世界新闻出版大国，[③] 但出版产品和版权贸易存在很大的逆差。2009年传统出版物贸易逆差为1 946.1万册（份、张、盒）、208亿美元，相当于同期进出口总量的52.9%和总金额的79.7%，引进版权品种数量是输出数量的3.3倍（2002年为15：1，2008年为6.5：1），当年累计出口图书、报纸、期刊

① 范并思. 社会转型期的中国社会科学——社会科学的科学计量学分析［J］. 上海社会科学院学术季刊，2001（3），新华文摘，2001（10）.

② 潘懋元. 大学教育质量的理论与实践研究［M］. 广州：广东高等教育出版社，2009：482.

③ 改革时间早，整体推进快，发展态势好——柳斌杰谈新闻出版改革和发展［N］. 光明日报，2010－08－12.

885 万册（份），虽较 2008 年增长 10.4%，但总金额仅为 3 400 多万美元。[①] 由此可见，我国社会科学研究国际竞争力存在严重不足，这种差距甚至大于自然科学领域的差距，社会科学研究已经到了必须转型的时刻，不提高质量就会长期处于拾人牙慧的落后局面。从出口物质产品到出口文化产品，再到输出价值观，这是一个更艰难的创新之路，只有当我国开始输出价值观影响世界之时，我国才可以称为大国崛起。

二、社会科学研究低质高产缘于重量轻质的行政化评价体系

科学研究需要研究者基于兴趣，甘于奉献，怀有服务国家、造福人民的社会责任感，需要一整套完备的制度保护和尊重科学、公正透明、激励创新为核心理念的文化。自然科学和社会科学分治模式使社会科学处于相对落后的境地。1984 年开启的科技体制改革走在前面，面向经济主战场，注重提高质量，加快产学研结合，而社会科学体制还是计划经济时代形成的行政管理模式，基于绩效的评价方式和行政化的资源配置机制推动了社会科学研究的持续繁荣，但不利于提高社会科学研究质量和效益。从思想理论看，科学和技术不分，科学主要依靠社会现实需求和知识自身发展规律，技术依靠市场机制驱动；从外部环境看，行政化影响、市场化驱动和国内垄断是我国社会科学研究成果低质高产的重要原因；从学术内部看，管理体制不完善，评价机制不科学，人才培养模式缺陷，学术规范教育不到位是造成社会科学研究成果低质高产的主要原因。

（一）数量导向

贯穿改革开放 30 多年的社会科学研究体制改革的一条重要主线是建立效率和利益机制，通过效率机制促进社会科学为经济社会发展服务，通过奖励利益机制调动社会科学工作者的积极性，提高社会科学研究工作的运行效率。另一条主线是逐步形成绩效导向的考评机制，政府对科研管理的政绩考核、科研管理部门对研究者的业务考核均偏重数量，推动了追求项目数、经费数、参与人员数和成果数的量化考核，造就了社会科学数量蓬勃发展的繁荣局面。

（1）投入越多越好。科研管理部门以争取经费增加、扩充项目数、扩大参与人员数为主要政绩评价标准，各大资助部门和基层科研管理部门忙着抢经费、上项目、铺摊子，功夫做在诗外，工作重点在扩大项目数量，扩大

① 中国出版业：谋划从“大”到“强”[N]. 光明日报，2010-07-28.

社会影响力。

（2）产出越多越好。研究者对科研管理部门的直接交代、科研管理部门对国家和社会投入的直接交代是以发表的成果数量为主要依据。简单追求成果数量的 GDP，造成研究者和管理部门均将工作重点放在完成任务和实现数量增长上。

在科学研究领域，没有一定的数量就没有质量，在科学研究发展的初级阶段需要一定的成果数量，今后也需要一定的成果数量，但持续 30 多年依然不断强化量化评价就显得越来越不合时宜。重数量轻质量、重形式轻内容的评价导向带来的负面影响十分明显，功利化动摇了社会科学工作者长期积淀的人文精神，违背了学术发展规律，造成学术浮躁和一定程度的学术腐败，没项目忙着找项目，有了项目忙着应付考评，侵蚀甚至使之丧失了社会科学工作者的基本精神和社会责任。正如培根所言：“一次不公的判断比多次不平的举动为祸尤烈。因为这些不平的举动不过弄脏了水流，而不公的判断则把水源败坏了。”① 而国际上是以“学术论文的引用率”为标准评价论文，以社会影响为导向，引导科研人员把精力放在提高成果质量和扩大社会贡献上。不科学的学术评价助长了不良的学术风气和有害的学术行为，导致我国在国内外期刊上发表的社会科学论文量虽然超过其他任何国家，但质量差距没有明显缩小，反而学术造假、学术行为不端和违反学术道德非常普遍。

（二）粗放式管理

社会科学研究的质量超不出其从业者的质量。目前，我国的社会科学管理对从业者还没有明确的准入条件和退出机制，研究规范刚起步，偏于宏观抽象，执行也不严格。

第一，对从业者没有门槛限制。从业者水平决定行业水平，行业水平取决于系统内最差的从业者。管理部门对社会科学研究从业者资格缺乏明确规定，似乎谁都能做社会科学研究，跨行业和跨部门现象非常普遍。对申请社会科学研究项目资格要求过于宽泛，既没有在职岗位的规定，也没有年龄的限制，导致非专业人士大量涌入。这种群众运动式的社会科学研究资助重点不突出，质量当然难以保证，也增加了科研管理成本。

第二，项目评审严进宽出。社会科学管理体制存在重评审轻结项、重课题级别轻实际效用、重经费投入轻实际产出、重内部影响轻外部效用等弊端，立项严格、过程稀松、结题宽松、影响平平，有的资助机构甚至只有立

① 培根．论司法［M］//培根论说文集．北京：商务印书馆，1984：193.

项率，成果鉴定交由课题负责人或所在单位自己组织，几乎没有淘汰率。这种严进宽出的制度设计导致研究者干好干坏差不多，热衷于多拿项目，追求课题的级别高低和经费多少，当“科研老板”，做课题外包。

第三，资源配置缺乏合理性。目前项目资金投放不大合理，一是比较注重第一阶段，即注重课题研究经费的投入，而对研究成果的出版以及社会推广应用却未给予应有的重视和投入，造成许多投入了大量人力财力的研究课题完成之后，便束之高阁，或只在小范围的学术领域内流传，没能产生应有的社会价值。二是资金使用和投放上的低效性，存在“撒胡椒面”的平均主义。我国目前存在着几大系统和各个层次的社会科学研究机构，虽然每个机构都有自己的优势和特点，但都存在着“长线不长，短线不短”的问题，在研究经费投放上也存在着优势学科并未得到侧重照顾，而非优势学科也难以压缩的现象，大家都处于“吃不饱，饿不死”的状态。一些基础强、人才精、发展前景好的优势学科，并未得到重点扶持。相反，一些力量薄弱、社会需求不强烈的学科，却有一定经费维持，强者不盛，弱者不衰，优胜劣汰的法则失去作用，势必影响到社会科学事业的发展。三是有限的资金没有用在研究活动中。社会科学研究应以研究为主体，但目前几乎各个研究机构的非研究人员都占了近半比例，许多以研究名义下拨的经费真正用在研究活动中的比例却不高。由于社会科学研究部门经费短缺，有时研究经费便难免被挪用。经费的短缺，使目前许多科研人员常常是拿多少钱干多少活，或是拿谁的钱干谁的活，甚至把许多时间和精力放在找钱、拉课题赞助上。有人统计，有 70% 的时间、精力用在了攻关拉课题上，自己的专业特长、个人兴趣等都无法发挥。四是经费资助缺乏连续性，由于课题经费资助来自不同部门，因此研究课题的内容都受到某些限制，研究也缺乏系统性和连续性，显得较为杂乱。对研究者而言，缺乏明确和一定的研究方向，直接影响到其发展与成长。

第四，偏重激励个人研究。现代社会科学研究要求同领域或不同领域的研究者协调合作，发挥多学科融合交叉的优势，形成学术上的新突破，以往单兵作战的研究组织形式和思辨方式已渐显落后。然而目前的科研管理体制依然侧重鼓励个人，缺少团体激励机制，导致社会科学研究工作者依然是以个体研究为主，缺乏同事同业间的合作与交流，使许多研究者的才能未能纳入群体中，没能发挥出“1 +1 >2”的效应。研究方式上的封闭与局限，也导致了研究成果的封闭性和局限性。

第五，讲究论资排辈。形成合理的研究人才结构，是提高社会科学研究质量的重要前提。有经验表明，科学创造和发现的最佳年龄区间是 25 ~45 岁，科技人才最佳年龄区间应在 35 ~55 岁。经过高等教育多年来的快速发展，各级社会科学基金机构对40岁以下青年人才实施倾斜政策，早期社会科学研究机构大多存在的高、中、初级研究人才结构失衡情况已经得到根本性好转，但社会科学研究人才结构中，由于人事管理制度落后，技术职称晋升受单位名额限制，高级研究人员年龄大多已在45岁以上，而在最佳年龄区间内却又存在着人才断层。研究项目评审存在“名人效应”“关系效应”等不公平因素，导致一些好的研究项目未能得到资助，而一些平庸的课题却经费不菲，担纲重大研究任务的往往是德高望重但年迈体衰的老学者，年富力强的优秀青年才俊却难以脱颖而出承担重任。年轻学者不得不与“承认资历而非独创性和质量”的不公平体系打交道。

（三）单一化评价

目前的科研评价主要依靠行政评价而非用户评价，论文崇拜和著作等身是一种非生态的评价制度，缺少百家争鸣，缺少百花齐放，不能尊重差异，不能包容多样。

第一，“行行看论文”的评价机制，强调著作等身。论文发表数量越多，发表级别越高，著作越厚、越多，就表明越有水平，各种荣誉与利益分配就来得越快越多。成果的发表和出版并不是社会科学研究的目的，在成果发表和真正作用于社会之间尚有一定的距离。目前许多研究人员，只要成果得以出版发表，便以为大功告成，最多再希望获几个奖，而对研究成果如何更好地为社会服务则不再关注。一些应用性研究不抓紧时间，不注意宣传推广，或者时过境迁，或者被束之高阁，其潜在价值未能充分体现。

第二，科研成果评价等级制。申请课题看级别，国家级课题备受关注；发表论文看级别，核心期刊受到追捧；出版著作看级别，一级出版社受到重视；转载看级别，国家级出版社受到青睐；研究报告看级别，高级领导批示最看重。这些外在形式的评价替代了实质内容的评价。由此滋生了“劣币驱逐良币”现象，潜规则盛行，如买卖论文、论文抄袭、钱（权）学交易、研而优则仕等。一些研究者功夫在学术之外，课题攻关之前先公关，学术腐败行为已经演变为扼杀学术发展的“癌症”。根据武汉大学信息管理学院沈阳的研究团队3年内进行的专题研究结果表明，全国合法刊物一年可发表论文248万篇，与1 180万人发表论文的需求相比，供需比为1∶4.76。也就是说，接近5篇论文得“挤”一个合法的发表论文的版位，包括非法期刊在内，我国买卖论文已经形成产业，2009年的规模比2007年的1.8亿元膨胀多倍，销售额达到10亿元。[①] 这一消息立即在公众中引起热议，论文造

① 据研究者称全国论文买卖去年销售额近10亿元［N］. 长江日报，2010-01-05.

假和学术腐败问题人所共知，但能形成如此大的产值，实在出乎预料。据业内人士估测，国内整个论文产业的真正“价值”或许已经有二三十个亿，当调查者和批评者把注意力都集中在高校及行政事业单位时，被忽视的中小学教师也是论文负担最为沉重的群体之一。

（四）奖惩不力

我国目前对社会科学研究的奖励和惩处力度不大，一方面与自然科学相差很大，没有达到与自然科学同等重要的地位；另一方面与国外差距也很大，起不到鼓励先进的作用。无位无为和无为无位形成恶性循环，起不到应有的榜样和警示效用，导致一些人并不将社会科学研究作为严肃的科学事业。粗制滥造、低水平重复、抄袭剽窃、为迎合时好而不顾学理、为维系人际关系而做违心之言等，都由此而产生。

第一，奖得没有吸引力。社会科学没有如科技进步奖、优秀教学成果奖那样的国家荣誉，也没有自然科学的院士荣誉。诺贝尔经济学奖望尘莫及，“长江学者”名额很少，“千人计划”也只限于经济管理类等少数学科，多数为省级社科名家，奖励最高不过省部级奖项，奖金不过万元，获奖比例大，不足以使优秀者产生榜样示范作用。诺贝尔经济学奖是当今世界公认的经济学最高奖项，因为这个奖只奖给“为人类做出最杰出贡献的人”，评选的唯一标准是科学研究成就的大小，每次只对某个重大创新性基础理论或创新性研究方法进行奖励，其成果要经过几十年的经济实践检验证明对人类社会经济发展具有重大影响或对经济学研究具有巨大进步。诺贝尔奖可以由几个人同时获得，但不会让某一个人在其他领域的成果重复获奖。获奖候选人是由各国的经济学会和世界著名经济学家推荐的，当年的评委（一般为5人）不能参评。正因为如此，许多获奖者都是在七八十岁高龄获得此殊荣，这使该奖项成为一个人科学研究的终身奖项，是获奖者在科学研究上的最高荣誉，成为人类科学发展中最公正和最具影响力的科学奖项。

第二，罚得没有震慑力。目前，学术不端行为的查处还停留在道德谴责和学术惩罚层面，行政惩罚和法律追究缺乏法律依据，至今没有全国性的法律来惩治学术腐败，缺乏有权威的统一标准。被抓住的机会太小，被处罚的成本太低，导致越来越多的人敢于铤而走险。如国家社会科学基金处罚最严重者不过停止申报课题3年，或公开道歉，写出检查了事，最严重的是给予行政记过处分，这完全不足以对违规者起警示作用。

奖罚不明，力度不大，导致虽然宣传上说表面上学风不正问题得到不同程度的遏止，但实际上讲却越来越严重；群众说现实的多，干部论道理的多；下面看问题的多，上面看成绩的多；专家讲体制弊端的多，领导讲技术改进的多。如果缺乏对假冒伪劣和平庸之作的鉴别标准和控制手段，放任自流，就会败坏根本和水源。应当从国家信用的高度构建学术信用体系，奖得有力度，令人羡慕，让人尊重；罚得有震慑力，整肃学术不端，使其在学术圈内身败名裂，无法容身。

三、亟待健全社会科学研究质量标准体系

社会科学界存在学术浮躁和急功近利的现象，过分追求专利和论文数量，对社会科学发展产生了不良影响。其原因在于惩罚不力和职位晋升、奖金发放基于论文数量而非质量这一制度。发表论文的压力催生了捉刀代笔的繁荣，其中存在着严重的欺骗行为。有研究表明，在 2007 年进行买卖的论文中，超过 70% 的论文是剽窃的。俄勒冈大学中国科学政策专家希特迈尔评论，问题在于改革开放初期对科学研究高度重视，却没有相应地建立研究责任和评估制度，效仿西方的做法，把重点放在高质量的论文上，结果导致喜忧参半。这些问题会损害中国研究的雄心，影响国际合作。[①] 解决的关键不在于消除激励机制，取消评价，而在于消除不合理的激励机制。目前，社会科学的标准要求仍然侧重于保障条件，重点考察研究机构、研究者、研究经费和研究配套设施等外在条件的要求，或者对成果形式有所要求，还没有对研究成果本身形成明确的质量标准，导致学科导向的社会科学研究成果比较多，而问题导向的社会科学成果比较少。

没有规矩，难成方圆。社会科学研究要说真话、道实情、献良策才会对社会产生影响，发挥作用，使真信息得以保存，使虚假信息或信息垃圾得以清除，尤其可杜绝那种“炒理论”、传播假信息的表面繁荣，根除那种撰文不立论、著书不立说的不良学风和文风，需要建立社会科学的质量标准，对研究成果进行客观评价，需要制度保障。知不足然后能自反，知困然后能自强。在新形势下，社会科学的繁荣发展不是原来工作的简单重复，也不是在原来轨道上的加速，而是要有创造性的发展，有高水平的发展，需要推进以社会为主体、问题为导向、产学研相结合的社会科学创新体系建设。

（一）完善质量标准

评价标准是科研活动的风向标，是学者科研活动的指南针。由于我国社会科学研究学术传统薄弱带来了学术标准缺乏，或由于学术发展太快而放宽了原来就很宽松的标准，或由于标准难以适用而流于形式。在这种情况下，人们可能会用各种与学术能力无关的信号做出评价，如认真、勤奋、辛苦、外语水平、言辞表达等，以“填补空白”“国内领先”等溢美不实之辞任意

---

① 第一媒：学术造假损害中国研究雄心［N］. 环球时报，2010－04－15.

拔高成果价值。实践证明，没有创新的氛围，一切都将是创新发展的仿制品。因此需要基于标准提高质量。

第一，建立内部标准。社会科学以高深学问的探究和传播为基础，研究工作多以兴趣为动力，学术活动更多的是对未知世界的探索，具有很强的周期性和不确定性，其绩效不易显现，具有产生价值的潜在性和经济社会效益的滞后性。因此，要从理论价值，如学术观点、研究方法和学科体系等方面进行评价。科学研究的核心在于创新，讲求前所未有，标新立异，质量是其生命线，超出前人，以事实为依据，以实践为检验标准。立足创新、提升质量、构建体系是当前和未来一个时期社会科学发展的重要任务，需要建立社会科学的个适性标准和内适性标准。

第二，建立外部标准。社会科学研究成果终究要研以致用，要在可信度和可行性方面接受实践的检验、群众的检验、历史的检验，要在服务决策和指导实践方面发挥作用。

第三，参照国际标准。社会科学研究要走向世界，需要我国研究者了解国外社会科学研究的规则，掌握国际社会科学通行标准，运用国外社会科学研究方法和技术，提高中国社会科学人才和成果的国际影响力。同时，需要我国有条件地开放社会科学研究项目，引进外来智力，吸纳国（境）外学者参与我国社会科学基金项目研究，有助于提高我国社会科学质量。

社会科学研究者要自觉推进这一战略转型，树立创新和质量第一的发展理念，不断提升社会科学的创新能力和研究质量。人最可贵的是思想，学者特别是教授应以研究学问为毕生事业，以教育后进为无上职责，实现“思想者”和“学问家”的双重要求。学术领域不可能有小团体的利益，科学研究是个人的舞台，但却是社会的良心。如果放任研究者言不及物的自说自话，积累就将与积弊同在；如果只重历史而轻理论，重研究而轻批评，多求成果而少求贡献，多求言之入理而少求言之有物，则研究疏于无用。如果管理上对有定论的名家趋之若鹜，对有潜质的后进无所问津，则事业缺乏后劲；如果听任剽窃作假和学术腐败盛极一时，则必然会毁掉社会信用体系，毁掉几代青年人。

学术批评是学术发展不可缺少的阳光，大学学术风气乃至价值关乎社会的兴衰治乱。而目前的学术批评失语、缺席，不靠谱，不着调，反复说，云山雾罩，凑合说，结伙说，没有内行的话，没有自己的话，没有新鲜的话，没有一针见血的话，造成学术登场，思想退位。

标准的确立靠的不是人多势众，也不是雄厚的财力，而是有说服力的理论依据和过硬的成果。标准化不是被动进行的，而是一个主动适应、多样化、国际化的趋势。制定统一标准需要民主协商的机制，需要各利益相关方进行长时间的协商，直到没有反对意见。而这一过程也必须考虑技术框架和利益问题。

（二）基于标准提高质量

我们所处的时代是一个讲求实效的时代，学术贡献是对科学决策和理性实践的推动。社会科学研究要实现由数量扩张向质量提升的发展模式转型，需要把质量摆在首要地位，强化质量意识，明确质量标准，严格质量鉴定，加强质量监测，发布质量报告，接受社会检验，实行问责，切实发挥社会科学在全面建设小康社会中不可替代的认识世界、传承文明、创新理论、咨政育人、服务社会的重要作用。

第一，规范研究活动。社会科学研究者要遵守科研的基本规范，按照提出问题—预立假设—搜集证据—验证假设—形成结论的过程开展研究活动，尊重社会科学研究的基本规律，从已知分析未知，着重创新，遵照项目的基本要求，满足主要受益方的需求。

第二，完善质量管理制度。提升社会科学研究质量离不开科学有效的管理，要以管理创新推动社会科学学科体系创新、学术观点创新和科研方法创新，严格限制个人承担重大研究课题的数目，加大对科研机构的稳定支持，加强对学者的定向支持。围绕提高研究质量，完善科学可行的竞争和激励机制，形成质量导向明确、评估监督有力、成果转化迅速、组织运行高效的社会科学研究管理机制。加强方向引导，服务国家人民；探索通识教育，加强新型人才队伍建设；提高经费投入，加强基础设施建设；加强基地建设，凝练研究特色；加强数据库建设，加强舆论引导，引入同行监督；加强分类评价，加强成果转化。

以机制创新、管理创新推动理论创新、方法创新。要以国际眼光，真正按照世界先进的理念来促进社会科学的管理创新，推动管理体制改革。目前，社会科学管理的体制相对滞后，需要深化改革，研究环境需要进一步改善，成果转化机制需要进一步健全。繁荣发展社会科学的关键是制度创新、管理创新，难点也是制度创新、管理创新。今后要以更新观念为先导，以改革为动力，以体制改革、机制变革为突破口，转变管理方式，整合优化资源，增强活力和壮大力量，增强创新能力和自我发展能力，引领高校社会科学健康、快速地发展，真正确立以人为本的管理观念、质量第一的观念、协同攻关的观念，树立国际竞争意识。在具体工作中要树立战略眼光，做好宏观规划工作；要通过管理创新推动社会科学的理论创新；要积极组织引导，努力对全局性、战略性、前瞻性的重大问题做出科学回答；要促进社会科学研究人员关注国家利益，关注社会现实，关注人民生活，切实发挥社会科学研究的社会功效；要深化基础研究、加强应用研究、强化对策研究，积极培育新兴交叉学科，积极推进理论向技术、理论向政策的转化。

第三，建立质量评价制度。社会科学现行的评价标准和方法存在着较好地适用于成熟学科而不太适用于新兴学科、交叉学科，较好地适用于单一学科而不太适用综合性学科，较好地适用于个体、中小型科研项目的管理而不太适用于团队、重大科研项目管理的问题。我国以国家战略为导向，国家拨款资助，组织结构以科研大团队和梯队组成，进行应用研究。而美国以个人兴趣为导向，分散性投资，以小团队和小梯队组成，进行创新研究。随着学科的渗透、交叉与融合的不断加强，对社会科学的评价越来越要求从重数量向重质量、从重过程向重结果、从重静态向重动态的评估转变。把握学科交叉与综合发展的新趋势，加强综合性研究；创造条件，造就一批专业精通、学科交叉、视野开阔，善于将科学与人文、科学与技术、社会与人生综合起来思考的社会科学的战略家，是今后一项重要的任务。建立一种高质量社会科学研究成果的产出机制，建立一个科学的、合理的社会科学研究评价标准，是科研管理创新的一个重大课题。

第四，形成质量报告制度。要形成向国家和社会定期报告社会科学研究质量状况的制度，公布中国社会科学研究水平指数。基础研究应由公认的学术组织和学术团体做评价，应用研究接受社会相关方的检验。科学与真理同行，也必与丑闻相伴。阳光是最好的防腐剂，公开有利于比较优劣，增强社会知情权，让优秀在阳光下闪光，让不端在阳光下暴露。

第五，坚持教育、制度、监督并重。分类评价基础研究、应用研究，尊重不同层次科研活动的规律，惩教结合，宽严相济，分类处理，立足弘扬科学精神，着力净化学术环境，加强科学道德、科学伦理、科学责任，不断完善科研诚信体系建设，这是保证科学发现和发明创造的基础。应着力提高科技社团和科技工作者的道德水平和公信力，理顺不同机构处理学术不端行为的判定标准和处理程序，维护学术评价的客观中立，建立匿名评审制度和课题结项公示制度，将课题主持人的科研诚信和学风情况作为重要评估指标。实行同行专家推荐制、代表作制、答辩制和异议申诉制，完善成果奖励制度，减少各种名目的评选和评奖活动，把诚信教育纳入学校教育之中。教育青年一代“诚信为人、严谨为学”是大学的责任，社会科学应当成为学风建设的首善之地，建立崇实、唯实、求实的政策环境，建立求真务实的道德风尚符合科研发展规律和科研人才成长规律的科研评价制度。

第六，形成创新文化环境。创新是提高质量的基因（DNA），所有的创新都需要土壤。创新是个既简单又复杂的概念，它简单到就像一层一捅就破的窗户纸，但复杂之处就在于人无我有。衡量创新的标准，就看人们是否需要，市场是否接受。美国专家罗科·马丁诺在对工业革命前后众多国家进行比较后发现，国家财富与个人收入迅速增长的国家都有“崇尚知识和变革”的文化。哈佛大学波特教授指出，“基于文化的优势是最根本、最难替代和模仿，也是最持久和最核心的竞争优势”。

社会科学领域是我国开放的重要领域，受充分开放。从形势发展来看，思想和政策的产出不可能长期被独家垄断，智囊机构也不可能完全由政府来操办，需要引进公平竞争机制以激发活力。中国用30多年走完了西方国家200多年的路程，目前在全球树立国家形象，依靠的还是语言和古老的文化，而缺乏与经济社会迅速发展相匹配的现代文化。没有一流的社会科学成果和人才，一个国家就不可能有真正的软实力，也不可能在国际舞台上占据前列位置。

党的十七大明确提出要“推进决策科学化、民主化，完善决策信息和智力支持系统，增强决策透明度和公众参与度，制定与群众利益密切相关的法律法规和公共政策原则上要公开听取意见”，要求“推进学科体系、学术观点、科研方法创新，鼓励哲学社会科学界为党和人民事业发挥思想库作用，推动我国哲学社会科学优秀成果和优秀人才走向世界”。党的十八大提出发展哲学社会科学，营造有利于高素质文化人才大量涌现、健康成长的良好环境，造就一批名家大师和民族文化代表人物。为此，要把提高社会科学研究质量作为灵魂，把出思想、出精品、出人才作为核心任务，把科研管理体制改革作为关键，以明确质量标准为基础，以评价体系创新为突破口，加快实现社会科学发展方式的根本性转变，带动中国社会科学的标志性革命。

第二章 研究思路

我国正在建设创新型国家（2006 年发布《国家中长期科学和技术发展规划纲要》）和人力资源强国（2010 年发布《国家中长期人才发展规划纲要》和《国家中长期教育改革和发展规划纲要（2010—2020 年）》），质量和创新成为时代主题和国家战略目标。在建设创新型国家和人力资源强国进程中，所达成的共识是：数量是基础，质量是关键。在成为科技大国、人才大国和教育大国之后，下一步的任务是建设科技强国、人才强国和教育强国，这主要看创新成果在国家发展中是否起到主导作用，高素质人才在国家发展中是否起到关键作用，国家综合实力和国际竞争力如何。这不仅是自然科学的重要任务，也是社会科学的重要任务。党的十七大提出要推进哲学社会科学的学科体系、学术观点、科研方法创新，鼓励哲学社会科学界为党和人民事业发挥思想库作用，推动我国哲学社会科学优秀成果和优秀人才走向世界。这对提高社会科学研究质量提出了更为紧迫的要求，是实现社会科学研究发展方式由数量发展为主向质量转型的历史机遇。

一、研究意义

人如果判定一事物对自己的生存和发展具有正面的意义和价值，就会采取行动努力保护这个事物，充分利用和挖掘这个事物的价值和潜力。理论的源泉在于实践，而理论的价值则通过实践体现出来。

（一）理论创新

理论是探照灯。本研究旨在通过对我国社会科学投入与产出的客观分析，揭示当前我国社会科学研究与管理的发展趋势，导引我国社会科学研究投入的方向，为改进社会科学宏观规划与管理的决策提供依据，为科研人员明确研究方向、提高研究质量提供参考，为社会监督提供事实，因此具有重要的理论意义与学术价值。

（二）指标体系

当代中国社会科学评价存在的问题，不是缺乏基本评价，而是缺乏科学的评价，缺乏对社会科学评价深入、系统、持久的综合性研究。如何依据一定的原则、标准和程序对社会科学进行合理评价，并以科研管理手段来有效规范、推进人文社会科学的健康发展，已成为建构知识场域、对学科发展影响深远而又难度极大的基础性任务。本研究通过对我国社会科学研究人员队伍的水平、实力和绩效（总投入与产出比）的分析、评估，揭示社会科学研究成果的价值和特色，提出社会科学研究中突出问题、深层次原因和具体可操作的对策方案。因此，研究本身对提升社会科学研究质量具有重要现实意义。

（三）试点试验

本研究根据教育学科兼具社会科学和人文科学的特点，选择教育学科这一复杂科学为试点先行先试，将质量标准和评价体系引入全国教育科学规划课题，通过系统全面质量管理，制度性大幅度提高教育学科课题研究的整体质量。

本研究为全国哲学社会科学规划办公室和教育部社会科学司、全国教育科学规划办公室等科研管理机构的决策和管理提供理论依据，并供社会科学研究者参考。研究报告将提供系统的或按工作进程展示的充分信息和各种详细的统计数据，包括有关背景知识，题目研究的目的、意义、过程、方法以及数据处理和证明过程等，并提出国内外正反两方面的结果和经验，以便有关决策人员做出判断和评价。

二、核心概念

概念（concept）是人们对事物本质的认识，是反映事物本质属性的思维产物，是逻辑思维的最基本单元和形式。概念是人们用于认识和掌握自然现象之网的纽结，是认识过程中的阶段，是构成理论认识和系统研究的重要基础。人类对真理的认识，是在一系列概念的形成中、在概念的不断更替和运动中、在一个概念向另一个概念的无数转化中实现的。概念明确和术语规范是做好研究工作的前提条件，概念不清就不可能做出合理的分类和准确的事实，直接影响结论和对策的科学性。在此对本研究最直接相关的核心概念和术语做明确的界定。

（一）社会科学

社会科学是一门研究人类行为活动特点及人类社会现象与发展规律的科学，以人的生存价值和生存意义为终极主题，以经世致用为其要义。

第一，社会科学是国际通行的概念。大多数国家对自然科学之外的研究简称为社会科学。但也存在不同的提法，如美国使用“社会科学与行为科学”（social and behavioural sciences）。在德国，社会科学被用来指以经验或观察为依据的学科，而人文科学却被称为“研究精神和心理问题的科学”。

在法国，社会科学和人文科学这两个术语其实是并存的。在我国，自20世纪50年代后官方多用哲学社会科学说法，认为哲学是关于世界观的学说，指导自然科学和社会科学，突出了哲学的领导地位。学术界近年来多用人文科学和社会科学的说法，认为人文科学侧重研究个体，是以人的生存价值和生存意义为其终极主题的；而社会科学侧重研究群体，主要是以经世致用为其要义的，覆盖范围广泛。在教育系统经常使用“文科”一词。这些术语基本上是相同概念在不同语境下的不同表达，都是指与自然科学对应的概念。为体现国际通行的观点，方便易行，本书采用社会科学的提法。

第二，社会科学具有科学性。社会科学具有自身特有的认识论倾向、范式倾向和方法论倾向，是科学的组成部分，它经科学确证并能应用于实际，社会科学具有多样性。社会科学拥有自己的方法论，既有定量的，也有定性的，主要使用调查研究、比较分析方法和统计分析方法，在某些情况下采用实验方法。在社会科学的领域可以发现其科学性的一面：各种表述清晰的假说及其系统检验、测量技术和观念的实施、可证实的观察方法及大型学者群体共用的学术规范。但社会科学研究结论是概然性的，而不是决定论的，正如自然科学中的气象学的预言能力也比较弱，但不能就此否定气候研究的科学性质。社会科学的另一个科学特征是：关注能否被应用于或适用于解决实际问题。公众对社会科学的认可，不仅仅根据它们宣称要使人们更深入地认识世界，还要根据它们的社会实用性，即对决策和解决社会中存在问题的贡献，以及对更好造福民众的贡献。社会科学还具有自然科学所不具备的能力，它不仅能够促进社会变革，还研究科学知识在社会和决策中产生、传递与利用的条件及过程。社会科学同时具有批判性和实用性的特点，使它具有一种特别的地位，在21世纪面临的主要挑战是弥合职业文化和智力文化之间的矛盾，消除理想主义者和现实主义者的争论。

第三，社会科学具有多样性。社会科学的发展与自然科学一样，一方面，呈现出学科的多样性和差异性。哲学、文学等学科侧重人的生存价值和生存意义，更重视思想的发明，更需要个人的思考，更强调学者的力量；经济学、社会学等学科主要以经世致用为要义，注重社会的进步，依赖群体的努力，加强科研团队的建设。另一方面，出现学科界限的模糊化。与人文科学相比，社会科学的科学性较强；而与自然科学相比，社会科学的科学性较弱。人文科学、社会科学、自然科学三大知识领域的科学性依次递增，提升质量是科学高层次发展的必然要求。在社会科学和人文科学之间，往往很难画出一条泾渭分明的分界线，因为各种社会现象显然不可能脱离所有人类特点而单独存在，这些特点包括生理—心理过程。换个角度看，所有人文科学也带有社会科学的特点，如历史学曾被普遍看成一门人文学科，但在20世纪60年代后，至少就历史学的现代研究和方法论而言，它现在已被看成是一门社会科学，处于社会科学的中心位置，它的实用性已经得到广泛的承认，因此本书把人文科学和社会科学统称为社会科学。社会科学已经成为一个知识统一体，也是每个公民都必须获得的整个社会文化的一部分。在大学层面，社会科学得到系统教学和研究。在中小学课程中，社会科学占据重要位置。

社会科学并不是一个界限分明、自主的社会活动领域，它是现代世界知识结构的一部分，大部分处于大学体系之中。如康德讲授从教育学、人类学、自然法到哲学、地理学、天文学和数学等领域的全套课程。随着社会知识的发展分化，特别是从1750年到1850年间，哲学和科学出现分离，形成研究特殊规律和普遍规律的分野，侧重研究善和真的问题，在19世纪的重建大学框架中产生了一系列不同的社会科学学科。在这些学科之间发生了越来越多的知识重叠现象，越来越多的学科要求以新的名称为自己命名，存在名与实的矛盾，面临自然科学和人文科学两种文化的挑战。二战后，社会科学众多的学科分类变得简单而明朗，历史学、经济学、政治学、社会学等获得了学术界的广泛认可，大学体系造就了相当数量的社会科学家。在20世纪70年代以后，社会科学的学科又出现了分化形态。目前，社会科学的各个学科控制着大学的职位和课程，在国内外都有与一门学科有关的主要学术刊物，几乎在每一个国家都有各个学科的全国性的学者联合会，许多国际性学会采用学科的名称来命名，并逐渐成为学者“文化”和“心理”的归属。同时，日益活跃的学术团体和社会要求打破壁垒分明的学科界限。因此，社会科学学科发展的历史轨迹是曲线的：从多个名称到极少的名称，然后增长到多个名称；从多元体制结构到在学术活动的大学中集结，然后又回到多元的结构。这启示着社会发展的复杂性需要前所未有的高度关注，需要社会科学和自然科学交融共生，形成以问题为中心的跨学科研究中心，在大学内部建立统一的研究计划、师生的跨系科工作。

（二）质量标准

质量（quality）是产品或服务的总体特征和特性的优劣，基于此能力来满足明确或隐含需要的程度。质量是产品或服务个适性、内适性和外适性的统一，是与先进水平、满足需求、自身发展相比较的结果。

（1）为质量的理念（concept、conception、idea）：质量第一，为卓越而创新，尊重科学、发扬民主、提倡竞争、促进合作、激励创新、引领未来。

（2）为质量的政策（policy）：精品战略。

（3）为质量的管理（manage）：科学管理。

（4）为质量的方法（method）：现代研究方法。

标准是对产品生产者、生产过程的条件要求和生产结果的规定。一定范围内的标准按其内在联系形成的科学有机整体称为标准体系。标准体系具有综合性、目标性、可分解性、相关性、整体性和环境的适应性等特征。

质量是依据标准对产品或服务与满足需求、先进水平、自身发展进行比较的结果。没有标准就无法判定生产者的准入条件、过程的监督、质量的评判。标准化是真正的经济因素，有研究表明，德国几乎1%的GDP要归功于标准化的使用。①

（三）质量评价体系

质量评价体系是研究和创造的指挥棒，涉及质量评价的观念、标准、机制、主体、领域、技术、方法改进等方面。在科学研究活动中，个人始终在对自己的研究和创造进行着评价，但个人的自我评价和定位没有多人对其的评价和定位准确，准确和客观的评价来自更多人对更多可参考的相关事物的参考。这种评价是多人对个人的评价，是对个人研究和创造活动的反馈完善，因此需要建立一套先进的评价体系，让评价者不受权力、舆论和自身利益干扰。这种评价体系可以让评价者凭自己的直觉和长期积累的经验来评价被评价者，而且最终的评价结论必须是对多个评价者评价结论的合理综合。

三、研究内容

以“明道”之眼观“求真”之学。本研究拟从质量观、质量评价主体、质量评价内容、质量标准、质量评价技术、质量评价机制、质量评价发展阶段等方面进行系统研究，解决“为什么”“是什么”“谁来评”“评什么”“怎样评”等问题，核心是在科学质量观的先导下确立可信的质量标准，形成可行的质量评价体系，从制度层面检验社会科学研究成果质量。

（一）社会科学研究质量观

观念是行动的先导，质量观主要涉及为什么要提高质量和质量是什么的问题。进入21世纪，大质量观已经逐渐被人们接受：第一，从合格产品到用户满意。20世纪的质量观念简而言之是“产品合格”，对于相当多的研究和管理人员来说，质量往往局限于具体的成果或产品，甚至只局限于成果的技术指标，因而一说起质量，就推给质检部门或技术部门。21世纪质量的最终标准是用户期望值的“满意度”和产品的“比较优势”。第二，从单纯学术角度到国家发展战略高度。仅仅从学术的角度来看质量问题，依然有很大的局限性。从全社会的角度来认识质量问题，建立一种全社会的大质量

① 德国人的“标准化”策略为经济节约质量成本［J］. 广东外经贸资讯，2010（9）.

观，既看重产品或服务质量，更看重过程和体系的质量，从国家战略的角度来进行全面质量管理，这当然有利于克服传统质量观的局限性，可以开阔我们的眼界，促使我们从更高更广的角度去考虑社会科学研究的质量战略，显然有利于改进社会科学质量管理，提高社会科学人才质量，进而提高成果质量。第三，从单纯的结果质量延伸到过程质量。以往的社会科学研究质量仅仅是对其成果的检验，而现在的质量观已经扩大到过程领域，对质量的保障条件和质量本身的对应关系进行研究。

（二）社会科学研究质量评价主体

社会科学研究成果要影响社会，也需要由社会利益相关方参与评价，做出各自的独立评判；强化同行评价，加强学术交流，鼓励学术批评；淡化政府评价，侧重投入产出比和成果质量影响，重视人才培养；加强基层评价，着重产出成果、学科建设；加大行业评价，促进学术规范，提高学术影响；扩大公众评价，发挥成果作用，提高学术声誉；引入自我评价，不断完善自我。

（三）社会科学研究质量评价内容

质量评价内容涉及评什么的问题。成果是社会科学质量评价的核心，而成果是人才做出的，需要凭借项目平台，依靠学科支撑，依靠机构的长期稳定支持。反过来说，评价学者的关键是其成果和声誉，评价机构的重点是其拥有的著名学者和高水平研究成果。

（四）社会科学研究质量标准

标准是判断评价的依据，具有权威性、强制性、约束性。标准的原意为目的，也就是标靶。其后由于标靶本身的特性，衍生出一个“如何与其他事物区别的规则”的意思。国家标准 GB 3935.1—83 标准化基本术语第一部分对标准做如下定义：标准是对重复性事物和概念所做的统一规定。它以科学、技术和实践经验的综合成果为基础，经有关方面协商一致，由主管机构批准，以特定形式发布，作为共同遵守的准则和依据。根据国家标准化法规定，我国标准分为强制性标准和推荐性标准两类。关于社会科学的质量标准众说纷纭，有的过于简单，有的过于烦琐，核心要素应当是理论价值、实践意义和社会影响三个重要方面，作为推荐性标准使用，逐步使其规范化，成为约定俗成的产物。

（五）社会科学研究质量评价技术

技术方法的进步有利于缩小与先进水平之间的差距，从简单的定性向定量发展，从数量评价向质量评价转变，其做法：一是推行代表作制度，重点评价优秀研究成果和杰出研究人才；二是实行政府决策与公众生活质量影响力测评；三是记分求平均；四是模糊综合评价；五是开设网络发表和评议平台。

（六）社会科学质量评价机制

机制在任何一个系统中都起着基础性、根本性的作用。“机制”一词最早源于希腊文，原指机器的构造和动作原理。机制的建立主要解决不同主体之间的利益关系，提供事业发展的动力。在理想状态下，有了良好的机制，甚至可以使一个社会系统接近于一个自适应系统——在外部条件发生不确定变化时，能自动地迅速做出反应，调整原定的策略和措施，成为正常运行的动力，实现优化目标。具体做法：一是实行内行管理体制，二是推行同行评议机制，三是建立多元化的学术评估与运行考核机制，四是形成以质量和效益为中心的资源配置机制，五是建立效果取向的问责机制。

（七）社会科学研究质量评价发展阶段

任何事物的发展都要循序渐进，分析社会科学研究质量评价的发展阶段，可以探索其运行轨迹，从以行政评价为主快速过渡到以同行评价为主、技术评价为辅的发展阶段，适应世界社会科学研究质量评价发展的时代潮流，形成中国特色的社会科学研究质量评价体系。

四、研究假设

世界万事万物彼此相互联系，因此存在因果关系和相关关系，一定条件的变化会产生不同的结果，一个变量有可能引发另一个变量。研究假设是研究者根据经验事实和科学理论对所研究问题的规律或原因做出的一种推测性论断和假定性解释，是在进行研究之前预先设想的、暂定的理论，简单地说，即研究问题的有待验证的暂时答案。研究假设一般可分为描述性假设、解释性假设、预测性假设、内容性假设。从经验判断，形成如下两条基本假设。

（一）制定质量标准对提高社会科学研究质量具有重要意义

我国社会科学研究规范和方法存在着严重的不规范现象，主要表现为学术规范、研究手段、研究过程和研究工具等方面的不科学操作，特别是普遍不符合国际社会科学研究标准化的要求。这严重影响了我国社会科学管理和发展以及研究成果的科学性，也影响了国际学术交流，影响了研究成果与国际共享，并直接导致理论和实际脱节、学术浮躁和学术垃圾。当务之急，必须实行国际标准化学术规范和研究方法，强化社会科学研究成果产出过程的科学性。

第一，制定社会科学研究质量标准有利于提高我国社会科学研究的可信度。明确质量标准是繁荣我国社会科学的必然要求，是提高社会科学研究科学性的基本保证，是形成我国自主知识产权的重要前提。

第二，制定社会科学研究质量标准有利于提高我国社会科学研究的社会影响力。明确质量标准有助于增强社会科学研究结论对策的可行性，提高对社会生活的影响力。

第三，采用社会科学研究质量国际标准，是国际社会科学发展趋势的必然要求。这既是社会科学研究产出过程和工具工艺性（研究方法和手段）科学化的体现，也是社会科学科学化发展的关键。采用国际标准化研究方法，有助于社会科学研究成果科学化、研究和管理规范化；有助于社会科学成果的借鉴；有助于确保社会科学探求规律、真理和科学的方向，确保社会科学为全人类服务的目的。

（二）实施分类多元评价可成为提高社会科学研究质量的可行性措施

第一，评价应适用于社会科学内部的基础研究和应用研究。基础研究是为了认识现象，获取关于现象和事实的基本原理的知识，是不考虑应用目标的研究，它产生的是普遍的知识和对自然及其规律的理解。应用研究是有目的地为解决某个实用问题提供方法的研究。应用研究在获取知识的过程中具有特定的应用目的。基础研究所获取的知识表现经过应用研究才能发展为实际运用的形式。相对于生产实践而言，“基础研究是技术进步的先行官”。基础研究确立应用研究的方向：应用研究以创造和研制新产品、新品种、新技术、新方法、新流程、新规范为目标。在社会科学中也存在着由扩展基本知识和追求实用目标共同激发的研究案例。例如，凯恩斯（J. M. Kenynes）的微观经济理论，一方面试图从根本上理解经济的动态发展，另一方面企图解决令人苦恼的经济危机问题。基础研究、应用研究和技术开发之间的关系不再是传统的线性模式，它们之间具有交叉的网状关联。在这种关联中，从基础研究到应用的过程越来越短，有的甚至合而为一，即有的应用研究本身就包括了基础研究，有的基础研究可能是应用研究的成果，每一过程都具有相互促进的作用。在这种正在不断地将基础研究、应用研究与社会科学研究进行整合的背景下，基础研究与应用研究将会成为同一个研究过程的两个侧面，而不是两个极端。

第二，评价应适用于社会科学内部的决策咨询、理论创新、实践指导。决策咨询工作是社会科学服务决策，保证决策科学化、民主化的重要基础。当代行政决策体制呈现出新的时代特点，即“谋”与“断”的相对分工。近年来，主要发达国家逐步形成了政府系统内部的专门咨询机构、半官方的和民间的咨询机构（思想库）相结合的多层次、多元化的决策咨询体系、制度和方法，在政府决策中发挥了强有力的支持功能。这对于我国建立与完善适应时代要求的政府决策咨询机制具有重要的借鉴意义。“思想库”（Think Tank），也有人译为“智库”或“脑库”，简而言之，就是以公共政策为研究对象，以影响政策选择为目标，独立于政府、企业和利益集团之外的非营利性咨询机构。思想库犹如在权力与知识间架设一座桥梁，可视为“政府创新”的一种形式。一般认为思想库有三个主要特点：一是实用性。思想库不做纯学术研究，而是做实用性、实效性、对策性强的经世致用的研究，并且以影响政府决策为最大目标。所以新的思想、合理的对策建议、有效的推销被视为思想库成功的“三大法宝”。二是独立性。思想库不是政府部门，也标榜不代表任何地区、行业或社会集团的利益。虽然实际上几乎所有具备一定规模的思想库都有某种背景，但至少在形式上还要“独善其身”。三是非营利性和公益性。正是这一特点相对保证了研究成果的客观性和公正性，也是思想库能够立足并蓬勃发展的重要原因。

理论与社会（作为一种实践活动的目的，对文化进行整合和在个体主体间分配的功能上的社会）的互动，以及理论与历史的互动，共同促进社会科学研究的发展。社会科学研究作为一种实践活动，是在与其他实践活动的互动中获得发展的机制，而这些互动关系的建立是有内在根据的。对社会科学研究来说，技术是动力，社会是对象，历史是原因，这是互动关系的基本构成。

五、研究方法

研究质量在某种意义上取决于研究方法的质量。要说清复杂的社会科学研究质量问题，必须选择适宜的研究方法，以方法创新带动理论创新，国外与国内结合，宏观与微观结合，定性和定量结合，研究与管理结合，想法与做法结合。

（一）调查研究

科学的调查研究是正确判断的重要依据。实践出真知，调查研究是谋事之基、成事之道。调查研究要突出重点、讲究方法、注重实效，不能停留在表面，不能满足于掌握一般情况，不能简单下结论。社会科学研究与管理中一些应该做好的事情没有做好，一些本来可以解决的问题久拖未决，大多数与调研不深、心中无数、思路不清、决策不科学有关。为此，笔者访问了对我国社会科学政策与管理有重要影响的全国性科研管理机构，如全国哲学社会科学规划办公室、教育部社会科学司，以及若干基层社会科学管理部门，如中国社会科学院、北京师范大学社会科学处、华东师范大学社会科学处、中国人民大学科研处等；并访谈了若干知名社会科学界管理领导，如张国祚、佘志远、袁振国、张东刚、张宝生、耿申、晁克、李建平、苏忱、彭刚等，以及若干社会科学界学术大家，如潘懋元、顾明远、郝克明、谈松华等。

（二）文献分析

文献的现代定义为“已发表过的，或虽未发表但已被整理、报道过的那些记录有知识的一切载体”。它不仅包括图书、期刊、学位论文、科学报告、档案等常见的纸质印刷品，也包括有软件、实物形态在内的各种材料。文献分析法主要指搜集、鉴别、整理文献，并通过对文献的研究，形成对事实科学认识的方法。内容分析法则通过对文献的定量分析、统计描述来实现对事实的科学认识。本研究通过收集和分析国家有关社会科学质量管理的重要政策、法规文献，以及部门和地区关于社会科学质量管理的文件，了解管理部门对提高社会科学质量的重视程度和相关措施。

（三）案例研究

案例研究法是结合社会实际，以典型案例为素材，并通过具体分析、解剖，促使人们进入特定的问题情景和工作过程，建立真实的感受和寻求解决问题的方案。本研究重点分析对国家经济社会发展有重要作用的经济学、管理学和教育学，如以经济学、管理学、教育学为社会科学案例，以文学、史学、体育学、艺术学为人文社会科学案例；计算出自然科学和社会科学投入的合理比例、社会科学投入与产出比、单项课题的资助力度。

（四）比较研究

古罗马著名学者塔西陀曾说：“要想认识自己，就要把自己同别人进行比较。”比较是认识事物的基础，是人类认识、区别和确定事物异同关系的最常用的思维方法。本研究所做的比较有：第一，对社会科学与自然科学进行比较，分析两者的质量标准有何异同，探索可借鉴之处。第二，对社会科学内部不同学科之间进行比较，分析以经济学、管理学、教育学为代表的社会科学与以文学、历史哲学为代表的人文科学在质量标准上有何异同。第三，进行国际比较，选择美国和欧盟、日本作为质量标准的参照对象，从中总结可学习之处。学习一切先进的思想和方法，积极吸收借鉴各国教育思想精华和办学经验，博采众长，为我所用。第四，对社会科学研究与社会生活实际需求进行比较。问题和原因之间，原因和结果之间，常常没有简单的一一对应关系，必须经过梳理、对比、思考，进行深度挖掘，才可能找出规律，并上升为理论，联系实际，了解实情，指导实践，检验理论，完善理论。

（五）行动研究

行动研究丰富和发展了调查、反馈、测量、培训的方法。行动研究方法从科研管理实际工作需要中寻找课题，在实际工作过程中进行研究，由实际工作者与研究者共同参与，使研究成果为实际工作者所理解、掌握和应用，从而达到解决问题、改变社会行为的目的。这种自我参与式的研究，能使组织成员学习到新的管理技术，改变固有的态度，解决实际问题。

本研究以大量的数据和事实为根据，既定量又定性地评估我国社会科学研究的成绩、特色，在基本肯定成绩的基础上，以批判性思维分析出当前存在的突出问题，探讨其背后的原因，进而论证并提出既有国际视野又有中国本土特色，既有理论又有可操作性的我国社会科学研究评价指标（原则、标准）与评价制度（方法、程序、机制）；从社会科学研究评价体系的宏观和微观研究、被评价者（研究成果、研究主体，即个人与机构）和评价者（专家系统、主管系统、受众读者）、人文学科和社会科学学科、评价理论和评价实践等方面进行研究；注重数据与实证研究，力求提出确实可行的具体对策。研究维度考虑绩效产出比、学科比较、国际比较和社会影响力分析。

总之，社会科学经历了从“古典”到“现代”的长期过渡：18 世纪，兴起为专业化领域；19 世纪，社会科学的理论模式及其经验性研究战略的基本形式都已经成形；19 世纪至 20 世纪之交，社会科学研究出现体制化形态；量化的社会科学始于两次世界大战之间，20 世纪 60 年代达到鼎盛时期，制度化的地位相当牢固，成为主要的研究途径，获得了前所未有的发展。我们不能单纯地把社会科学的学科结构作为从认知方面建构人类社会的方法，学科只是认识的结果的系统化。学科分类一出现，几乎立刻各种具体问题就会跨越边界而进入所有领域，社会科学的发展实际上是受用户的知识需求驱动的，学术力量如今在更大程度上集中于那些既非源于学科、也不可能依靠学科理论获得解决的问题。问题是社会科学研究的起点，既有理论问题也有实践问题，既有热点问题也有长远问题。

社会科学的建构应当是开放性的，在 20 世纪表现出以下特点：第一，社会科学总是往复于特殊性和普遍性之间。第二，人们对社会科学提供社会知识以改进社会的目标有着越来越强烈的需求。第三，学科式的思想模式仍然在为社会科学提供有益的参照点，但要警惕其适用性。第四，社会科学不能生活在主观小天地里，而需要在开放性的社会里生存。

当前，党和政府越来越重视社会科学研究的质量问题，要求加强学风建设，提高研究质量效益。全国哲学社会科学规划领导小组、教育部、文化部、新闻出版总署等机构提出了建设学术精品和培养优秀人才的具体措施，中国社会科学院、北京大学等研究机构，以及《中国社会科学》等学术刊物、出版界提出了提高质量、拒绝平庸的操作性办法，学界也不断呼吁加强自身建设。在各方面的合力下，我国社会科学研究的质量时代终于来临，标准越来越明确，学术越来越规范，研究越来越尽责，成果要求越来越严格，打假力度越来越强劲。国家社会科学基金项目和教育部哲学社会科学研究重大攻关课题都涌现出一批精品力作，影响广泛，成效显著。同时，关于社会科学研究质量的成果也越来越多，著名的如卜卫、周海宏等的《社会科学成果价值评估》（社会科学文献出版社，1999 年），刘大椿的《人文社会科学研究成果评价体系研究》（经济科学出版社，2009 年），等等。这些研究成果不仅是在批判不足，更多的是在建设，不仅有可信度，而且有可行性。

这些研究成果和实践经验给后继研究的开展提供了坚实的基础，全球化、信息化的环境为社会科学质量标准研究提供了多种便利条件。研究中国社会科学研究质量标准既要立足国情，着力解决我国社会科学发展的实际问题，也要具有国际视野，致力于缩小与国际先进水平的差距。研究中国社会科学研究质量标准要突出全面、全程、全体的质量理念，着实提高我国社会科学学术质量，更要着重提高我国社会科学对国计民生的贡献度。

第三章　提升质量是社会科学研究的时代主题

西方的学术传统从古希腊和罗马时期开始，当时知识的形态就被分为关于自然的知识和关于人类社会的知识两大类。后来，关于自然的知识被称为“自然哲学”，而关于人类社会的知识则被称为“道德哲学”。17 世纪的“牛顿学说”是关于自然知识的胜利，它使得许多学者确信，在自然界存在着一种普遍规律，这种对规律的探讨就是“科学”。在这种“科学至上”的追求中，那些研究人类社会的学者也开始努力使关于人类社会的知识成为科学知识，即没有时空限制的知识。他们先是在 18 世纪末将“道德哲学”称为“道德科学”，在 19 世纪中叶又将“道德科学”改称为“社会科学”。经过 20 世纪的逐步发展，建立在信息化基础上的全球化加速了社会科学研究的国际化。社会科学在量化研究取得了重大突破，越来越以政策、规划为取向，在 21 世纪越来越受到重视。

社会科学发展的源泉和动力来自社会、经济理论的变动和发展的需要。质量是社会科学研究的时代主题，创新是提高质量的不竭动力，需要社会科学工作者始终以一种忧国忧民的心态对中国的国计民生问题进行深入的研究，把学术引领、战略咨询、科技服务和人才培养结合起来，提出强国富民的治世良策。当代社会科学既发挥了思想解放的作用，又经历了自身的思想解放。正是通过社会科学自身的解放，才实现了它的解放思想的社会功能。

一、提升质量是一切科学发展的本质要求

科学的本质是探求真理，灵魂是创新，提升质量是所有科学研究活动的永恒追求。世界各国特别是西方发达国家，历来都非常重视“智库”的作用。作为政府决策思路和战略分析、引导大众舆论的提供者，智库的发展水平逐渐成为一个国家综合国力的重要组成部分和国家软实力的主要标志之一。我国社会科学研究为科学决策、民主决策提供智力咨询和理论支撑的“思想库”和“智囊团”，已经建立了 2 000 多个智库，对扩大中国在世界的影响力和增强对世界事务的话语权，实现中华民族的伟大复兴发挥着越来

越重要的作用。在当今的科学研究上，质量比数量更重要，规范比激励更重要，影响比生产更重要。

（一）提升质量是科学研究的不懈追求

无论是社会科学研究还是自然科学研究都需要独立之精神、自由之思想、创造之勇气。亚里士多德说过“吾爱吾师，吾更爱真理”，古印度学者坚持“绝对地服从真理，猛烈地牺牲成见”，欧洲中世纪学者坚持“宁可牺牲生命，不愿牺牲真理”。现代科学更以追求真理造福人类为最高宗旨，把提高质量作为核心任务。

在人类社会中，自然是基础，社会是前提，人是中心。社会科学和自然科学一样，以事实为根据，以规律为对象，以实践为基础，是人类认识世界、改造世界和完善自身的思想武器，为人的活动提供价值观念和行为规范，为社会发展提供方向引导。社会科学和自然科学共同构成完整的、不可分割的科学体系。自然科学根据事物的特性告诉我们“是什么”，而社会科学根据人的需要和追求告诉我们“应如何”，决定了主体的意向、客体的趋向和人的活动的方向。社会科学作为科学和价值的统一，重在对人的精神塑造和人格培养。

科学精神要求求真，真理总是在同谬误的斗争中发展起来的，批驳谬误就是发展真理。科学精神要求求实，理论联系实际，发现问题，立足于真正解决问题。科学精神要求求新，科学的本质就是创新，创新是最好的继承，创新是一个民族的灵魂。要真正解决问题，就要提倡精品，少出次品，抵制赝品，拒绝“毒品”。

社会科学与自然科学在追求真理、崇尚创新方面是相同的，但也有一些不同点。

第一，创新的直接动力不同。技术创新的动力可以直接来自以市场为中介的生产发展的需要，科学创新的动力可以来自解决技术难题的需要，二者都与市场关系密切。而有没有自主创新的能力，直接决定产品的技术含量，关系到市场竞争中的成败。可是如果社会科学工作者的产品也以市场价值作为研究的取向，往往容易急功近利、简单重复甚至粗制滥造。这不是说社会科学研究可以完全脱离市场。一部能解决现实问题的好作品，可以有好的销路，可是有好的销路的东西并不都有学术价值。市场不能成为社会科学产品评价的尺度。以市场为导向，可能会诱发社会科学研究工作的不良并发症。社会科学理论工作者须以自己的专业作为科学研究和思想理论阵地，以国家和人民的最高利益为动力，自觉地提高创新能力而不能单纯追求市场效益。

第二，创新的指导原则不同。坚持马克思主义在我国社会科学研究中的指导地位。在自然科学和技术研究中价值可以中立，自然科学和技术的应用可以受价值观影响，但与研究成果的评价无关。社会科学则不同，在我国是为建设中国特色社会主义和实现中华民族伟大复兴而提出提高创新能力和科研成果的质量问题，其研究产品既有科学性问题又有价值性问题。

第三，创新的方式也不同。自然科学领域的发明、创新往往表现为原始创新，即与个人相联系的新的原理的第一次发现。阿基米得原理就属于阿基米得，相对论就属于爱因斯坦。技术创新表现为发明，它可以是在引进、仿造中进行的自主创新。而在社会科学领域中情况不完全相同。尽管社会科学中包括各种学科，各有特点，但总的来说，它更为突出的是综合创新、继承中的创新，继承与创新相互渗透。恩格斯说过，在古希腊人那里，我们可以发现后人许多观点的萌芽和胚胎，这并不妨碍后来哲学家创造众多的哲学体系。如果在社会科学的研究中不以能否解决现实问题为标准，而以是否新奇，是否言人之未言，言人之不敢言为标准，而不管对于实践有用无用，不管是否符合事实，只要是第一原理即视为创造性，必然走向歧路。那种闭门造车、面壁虚构、动辄创造一个体系的所谓创新的做法不应提倡。

（二）提升质量对科学解释和正确回答社会问题意义重大

社会科学具有认识世界和改造世界的重要工具，是推动社会进步的重要力量。社会科学具有创新理论、传承文明、咨政育人、服务社会、引领风尚的重要功能，它以理论的方式面向现实，从理论联系实际的角度看待社会生活，是世界图景、思维方式、价值规范，具有向上的兼容性、时代的包容性、逻辑的系统性和思想的开放性，具有解释现象、澄清事实、批判现实、预测未来、引导舆论等多种功能，在社会生活中具有重要作用。

第一，提升社会科学研究质量有助于科学解释社会现象。在一个迅速变化和日益复杂的世界中，人类需要共同的价值观引导，需要建设一个自由、民主、和谐、稳定、文明、进步的秩序社会。社会科学在帮助人们了解和诠释人类社会文化及经济环境中发挥着前所未有的重要作用。恩格斯曾经说过："只有清晰的理论分析才能在错综复杂的事实中指明正确的道路。"① 现在最需要的是对中国当代社会的自我认识，即从各个方面对它进行清醒、正确的理论把握。如法国政治学家莫里斯·迪韦尔热在《政党政治》中做出的一组经验性观察，被称为"迪韦尔热法则"，涉及选举规则和政党制度的关系：①规定一个选区只选一名议员、多数票当选的选举制度就是促成两党制；②规定一个选区选举多名议员，并以某种形式规定按照获票多少分配议席的选举制度最终导致多党制。两党制鼓励选举前妥协，有利于在立法院形

① 马克思恩格斯全集：第37卷［M］．北京：人民出版社，1971：283.

成更具决定性的决策。而多党制倾向于推动选举后的妥协，在立法机关里形成联盟，不惜以牺牲决策的决定性为代价换取代表性。

第二，提升社会科学研究质量有助于正确回答社会问题。发现问题和研究问题的最终目的是为了准确回答问题的成因，进而找出解决问题的途径，以便改进工作。存在决定意识，有问题存在才会有研究的意义。问题就是事物的矛盾，提出问题、研究问题和解决问题是一种思想方法和状态。问题在哪里，问题是什么，问题怎样定义，问题如何解决。事件是客观的，问题是主观的。任何问题的产生与特定的理论和方法有关，没有理论就不可能有科学的、理性的怀疑。问题意识与理论意识相互关联，即在一定理论概念下思考和分析特殊的理论现象，对社会生活的观察和知识库存——文献是研究问题的重要源泉。今天，在社会科学研究领域，很可能没有什么比破解企业和国家竞争优势之谜更具野心的项目了。

第三，提升社会科学研究质量有助于准确预测未来。社会科学研究具有前瞻性，以对人类行为的可预见性及对集体秩序的稳定性的关注而显示作用。只有紧扣经济社会发展中的战略性、前瞻性问题，准确把握国际社会科学学术前沿，以战略高度、世界眼光和创新思维超前部署，才能把握发展主动权。

社会科学不完全同于自然科学和技术，有其意识形态的特点。它要求有正确的思想指导，根据各个社会的具体情况、自己国家和民族的文化特征来发展和提高。它要求在自己的文化土壤上生根、开花、结果，提出的问题和解决的问题应该是从自己的社会情况出发的。当然，还应该吸收、引进国外先进的社会科学，这也是一个紧迫的任务。可是对于引进的东西，也需要对之进行从本土资源出发的消化、吸收、改造，这样才能真正成为我们的社会科学。

二、提升质量是世界社会科学发展的共同趋势

当今世界社会科学的发展趋势表现为创新、转化和产业化的速度不断加快，原始科学创新、关键技术创新和系统集成的作用日益突出，呈现出群体突破的态势，学科交叉融合加快，新兴学科不断涌现，社会科学与经济、社会、教育、文化的关系日益紧密，国际交流与合作日益广泛。

（一）社会科学诞生于回应复杂社会问题的时代需要

适应时代的需要，西方的学术传统从古希腊和罗马开始，当时知识的形态就被分为关于自然的知识和关于人类社会的知识两大类。严格意义上的社会科学是从18世纪启蒙运动开始的，随着工业化和民族国家的兴起而得以

继续，是对当时经济和政治变革的反映。在 20 世纪，伴随这一过程的是社会科学在理论和方法论建设、制度化及资料形成方面获得惊人的进步，在作为知识基础和统计数据的提供者方面，在作为管理方法和评价方法的提供者方面，同样取得重大的进展。从传统社会向现代社会转型过程中，社会科学的产生与近代世界息息相关，在决策、媒介、社会问题、文化等领域中，社会科学均能发挥重要的社会性作用。

第一，从学科发展的角度看，18 世纪末是社会科学发展过程中的关键时期。19 世纪末是社会科学制度化形成的时期，当时的体制环境主要表现在两个方面：一是民族国家的政治体制，二是以研究为取向的学术体制。既要保证民族文化永葆特色而源远流长，又要探索普遍适用的知识，推动知识和人才的国际化，从民族的社会科学发展为世界的社会科学；促进社会科学从哲学和史学的监护下脱颖而出，获得独立的地位，其科学特征基本具备，并由于向社会提供可靠的知识和有益的导向赢得了某些承认。其后的工业化和大众民主，推动社会科学迅猛发展。到 20 世纪末，建立在信息化基础上的全球化加速了社会科学研究的国际化。自 20 世纪 60 年代以来，社会科学取得了“第二次大突破”，量化研究大为繁荣，越来越以政策和规划为取向。如涂尔干因其对社会的贡献，在法国学术机构中为社会学赢得一席之地，从而加强了“社会学方法”的学术地位，增强了对法国社会重建的信心。从社会学、政治学和人类学三个学科产生而以之为核心的“现代化”理论影响世界发展进程，经济学强调通过国家干预和市场调节手段促进经济增长和社会发展。这样一种把“现代化”和“发展”两个焦点统一起来的社会科学同时具有真正的“全球”而“现代”的属性，致力于推进以对当代政策问题做经验型研究为取向、追求把知识运用于实际的社会科学。虽然 20 世纪 70 年代以来，公众对社会科学的认识论、本体论和方法论的种种批评不绝于耳（主要来自自然科学界和哲学界），虽然学界对社会科学研究成果的兴趣有所减弱，但社会科学始终在不断发展成熟，自觉以科学为自我建设的目标，在社会生活中发挥着越来越重要的作用。

第二，从地域角度说，社会科学在二战后获得了全球性的广泛传播，被用来探索国家系统和全球系统之间的多重联系。社会科学已经在世界所有地区扎根，在大学和研究中心，社会科学的研究与教学随处可见，研究它的学者几乎遍及世界上所有国家，并得到极大的发展，积累了丰硕的研究成果，在一些国家形成了重要的影响。据中国社会科学院文献信息中心统计，世界 148 个国家和地区约有 4 531 个人文社会科学研究机构，包括政府、学校、民办的研究机构及少数基金会、理事会、学会。社会科学研究问题日趋国际化，跨国交流不断加强，但体现出与自然科学不同的两大特点：一是交流总是不脱离民族的形式，二是交流本身却未必都平等。

第三，从历史的角度看，社会科学是在国家的层面上发展的，其研究的重点也集中在本国的社会问题上。1900 年，认可社会科学的科研和教育机构寥寥无几，而且主要是在欧洲和北美。在 20 世纪下半叶，随着众多社会问题的跨国性和全球化，社会科学研究在国际和地区层面的机构化和合作获得了相当大的发展，建立了成千上万的机构，其中有为数可观的人员以此为业。有些学科已经建立了国际性的专业学（协）会，其中大多数是在联合国教科文组织的支持下于二战后建立起来的。1952 年，国际社会科学理事会（ISSC）成立了，现在它把除历史学科以外的所有重要的国际性的专业学（协）会重新组合起来。在地区层面，建立了拉丁美洲社会科学理事会（CLACSO）、拉丁美洲社会科学研究会（FLACSO）、非洲社会科学发展理事会（CODESRIA）、亚洲社会科学研究理事会联合会（AASSREC）等。这些学术团体在推动本地区社会科学的研究、教学和培训方面发挥了重要作用，培育了国际性和跨国的社会科学研究中心，推动多边学术活动的发展，使社会科学在 20 世纪得到很大的发展，知识上走向成熟，政治上和制度上得到广泛承认。

第四，从研究目的看。国外的社会科学家认为，从事一项社会科学研究，关键是确定研究的问题，既不能为研究而研究，也不能急功近利。他们不仅关注一般性的、重大的社会问题，如失业、犯罪、人权、妇女等问题，也关注一些在我们看来不太重要的小问题，诸如社区老人护理、跨国收养、就业市场中的性别不平等，把这些当作重要的社会问题加以研究。事实上，大多数社会科学成果都是通过对具体社会问题的调查与分析产生影响。一些社会科学都有相应的社会工作为对象，但如果以为社会科学的各个学科便足以把人类社会按照领域加以划分，那就等于事先假设社会生活是按照有序的形式发生的。

总之，社会科学经历了 18 世纪诞生、19 世纪发展和 20 世纪繁荣，在 21 世纪初出现兴旺景象，与现代国家的出现及其为了管理经济和社会而对知识和数据的需求有着越来越密切的关系。联合国教科文组织和国际社会科学理事会在 2010 年联合发表的一份关于“知识鸿沟”的报告，是继 1999 年首部世界社会科学报告诞生后又一部专门论述世界社会科学领域研究现状的论著。该报告指出，社会科学如今已遍布全球，其教学几乎无处不在，研究成果也得到广泛传播，且越来越多是通过新的信息技术传播的。社会科学已经制度化，大批社会科学学者在大学任教，其中一些也在国家公共管理部门或私营企业中担任职务。决策者、媒体和公众都十分需要社会科学的专业知识，社会科学概念与理论对舆论及公开辩论的影响比以往任何时候都大。社会科学研究的主导模式过去和现在一贯都是以国家为核心来进行规划、组织，建立基础设施和调拨经费。同时，社会科学研究的国家政策、机构体制以及行为模式有相当的一部分却取决于或至少受国外的影响，朝着经济全球化和社会文化超国家化的方向发展。

（二）以质取胜是世界社会科学研究发展的基本走向

发达国家在社会科学研究方面占据优势，在知识创新、知识应用和知识传播等方面都占据高地。总的来看，美国在社会科学研究领域领先，德国在人文科学研究方面占优。

联合国教科文组织发表的《2005年科学报告》指出，占世界研发活动的1/3以上的美国科研实力居世界第一，近半个世纪以来几乎垄断诺贝尔奖等国际主要科学奖项。原因在于其重视基础研究，研究机构鼓励创新和挑战，大学鼓励学生独立思考，养成批判和创新精神，提供高端人才的外援支持、充裕的研究经费、优越的工作条件以及宽松的学术环境。

美国的社会科学研究是问题驱动型的，同时还具有实证性、实用性、多样性、重视方法创新等特点，社会科学研究成果大都会对其社会与政府决策产生很大的影响。很多媒体常报道一些引起社会科学家重视的社会问题，也常报道一些重要的社会科学研究成果以及不同的观点等。由于信息共享，所有的社会科学研究成果，包括为政府提供的调查报告、统计数字、咨询意见等，除了确实涉及国家安全的信息之外，都会向公众公开，每个公民都可以在网上和有关报刊上看到这些成果并发表评论。这些都促进了美国社会科学研究成果的转化，以及成果评价的社会化，扩大了社会科学研究的社会影响。由于社会科学研究的实用性与问题驱动的特点，政府研究机构与企业研究机构的研究成果进入政府或企业的决策层是很自然的事，美国政府政策的出台往往都要以一定的社会科学研究成果作为依据。如小布什当政时期，曾经提出做决策必须要以数据为基础的研究做支撑。而大型研究机构的研究成果的转化，主要是通过大众媒体和学术出版物实现的，其性质往往取决于研究经费的来源，成果评价的标准也由资助方或基金会来定，关键取决于其取得的社会经济效益。

地处北欧的瑞典、芬兰、挪威三国推进科学研究国际化的经验同样值得借鉴，这包括：第一，在战略上，把本国学者与国外领先者的合作视为学术发展的一个捷径，看作节约科研投入成本的措施。第二，在观念上，把科学研究看作是为本国人民谋福利、为社会知识的积累、世界学术的发展添力量。第三，在目标上，发展科研事业具有增强国际学术竞争力、扩大国际影响的明确指向，鼓励通过国际合作使本国科学家、研究机构和产业掌握国外最新科学知识和先进技术。第四，在科研评价上，把在国际杂志发表论文和国际科学文献引用率当作主要标准，鼓励本国学者与国外学者合作发表论文。第五，在立项上，强调项目申请的国际水平、国际影响和国际合作，聘请外国专家进行评审。第六，在措施上，提供研究基金、开放项目等，积极吸引外国研究者从事研究工作，鼓励本国学者出国开展合作研究。[①] 作为制定政策的重要一环，日本政府各个部门均设有学术审议会，其成员由各大学的教授或知名学者组成。专家学者们的研究成果和专业知识，在审议政府决策的过程中发挥着重要作用。每当重大政策出台前，政府行政长官都要听取审议会专家的意见。经专家学者审议并提出方案后，再由政府部门提出施政方针，这一做法在日本已成为惯例。

发达国家社会研究主要有以下几个特点：

1. 研究方法规范

虽然至今人们对社会科学是否可以称为科学还有争论，但多数西方社会科学家坚持认为，很多社会科学学科符合科学的标准：有自己的理论体系，建立在系统观察（包括参与观察与社会实验）的基础之上，且得到经验观察事实支持，特别是得到一些科学调查数据的支持；其结果能在某种程度上被别人重复，能被别人客观而系统的观察所证实。社会科学家必须通过经验事实和理论分析来证明自己的理论假设。社会科学研究基本上是实证的、量化的和调查性的。因此，各种形式的调查和访问在社会科学研究中被广泛使用，以搜集必要的事实、数据和信息。为了保证材料的客观性，研究者必须对所调查数据的搜集方式和质量进行评价。实际上，美国很多著名的社会科学研究成果都源自著名的社会调查。有时，为了搞清一种社会现象，学者们要进行持续 20 ~ 30 年的调查。如著名的教育调查《科尔曼报告》延续多年，发放调查问卷几十万份，准确揭示了家庭背景与学生学业成就的关系，为改善美国黑人家庭教育状况做出了重要贡献。

2. 引文规范

国外学界经过多年的探索和实践，已经形成了一套比较成熟的学术规范体系，它们各有特点和侧重，分别适用于不同领域和类型的论著。这些体例按照参考文献的编排方式，可以分为温哥华体例、哈佛体例、牛津体例。在适用于各个学科或学科集群的论著体例中，最著名的是被美国最具权威性的书评杂志《书单》（Booklist）列为“三巨头”的美国现代语言协会体例（MLA Style）、美国心理学协会体例（APS Style）和芝加哥体例（Chicago Style）。MLA 手册的出版已有近半个世纪的历史，《MLA 学术论文写作者手册》的最新版本是 2003 年的第 56 版。在社会学领域，美国社会学协会

① 张保生. 北欧三国社会科学考察印象［J］. 中国高等教育，2007（9）.

(American Sociological Association, ASA) 出版了《美国社会学协会体例指南》(The American Sociological Association Style Guide), 1997 年发行了第 2 版。美国人类学协会 (American Anthropological Association, AAA) 在《芝加哥手册》和《韦氏大学版词典》的基础上，制定了 AAA 体例。在美国法学界，百余年来占据统治地位的基本学术规范则是由《哈佛法律评论》(Harvard Law Review) 编辑制定的"蓝皮书"——法律文献引用规则。这些手册对作者写作方面进行了从形式到内容的详尽指导，诸如写作中如何准确区分自己与他人的成果、合理引用、避免剽窃、学术道德、知识产权意识等。几种著名的体例手册还有意识地将学术规范的教育融入学习论文写作的过程当中，使作者认识到学术规范不仅是一种限制和约束，也是与学术同行进行交流的必要工具，作者在潜移默化中接受学术规范的训练，养成遵守学术规范的习惯。绝大多数美国学者都把遵守学术道德作为自己的治学原则和习惯，把学风上的自律和向学术上的不端行为 (scientific misconduct) 作斗争看作建设制度文化的重要措施。

3. 学术期刊评审与录用稿件规范

国外学术论著的发表与出版需要经过严格的同行评议，期刊中 80% 以上是同行评议期刊。事实上，与我国同行评议的最早实施是在科研规划、项目鉴定、成果评奖等方面不同的是，国外是从刊物的论文匿名评审起步的。为了弥补传统同行评议工作的不足，许多学术期刊编辑者采用各种网络评议软件进行稿件的同行评审，如 ESPERE, ManuscriptCentral, PaperPath, RapidReview, XpressTrack 等网络评审软件都已经相当成熟。对于科学资助的网络同行评议的软件，美国自然科学基金委员会开发了 FastLane 系统专门用于对自然科学基金项目的评审。

4. 评价社会科学成果的学术质量与学术影响规范

国外学者的严谨治学原则和自律习惯以及大量的经过严格的同行评议的期刊，使其把成果的发表数量作为评价社会科学成果学术价值的主要指标显得可信并且有效。美国人文社会科学基础研究成果评价的基本方法是同行评议与引文计量分析，应用与发展研究成果评价的基本方法是政策效果评估、民意测验 (即社会评价) 与社会实验，主要是采用美国科学情报所 (ISI) 的人文社会科学三大引文索引:《社会科学引文索引》(SSCI)、《艺术与人文科学引文索引》(A&HCI)、《国际学术会议社会科学引文索引》(ISSTP)。该数据库以收录美国人文社会科学学术论文为主，可以满足出版时间、语言、文件类型等方面的检索，也可以通过互联网检索。引用指数不仅包括引用次数，还可以计算出某一领域的论文在其他领域中的引用情况，成为跨学科评价的一个有效指标。至于社会科学成果的社会影响与社会效益评价，由于其实用性与问题驱动特点，民间与企业研究机构的应用性研究成果进入社会是很自然的事。而大学及其他科研机构的研究成果性质往往取决于研究经费的来源，成果评价的标准也由资助方或基金会来定，关键是看其取得的社会经济效益，例如美国科学基会会（NSF）严格按照《政府绩效与结果法案》（GPRA）对所资助的研究项目和成果进行价值评议。美国的社会科学研究成果评价主体主要分为三类：联邦政府、社会科学研究者（学术同行）、普通民众。社会科学基础研究成果评价的基本方法是：同行评议与引文计量分析。应用与发展研究成果评价的基本方法是：政策效果评估、民意测验（社会评价）和社会实验。

欧盟已将相当可观的研究资助通过“研究框架计划”来分配，许多社会科学研究成果的评价标准也是以“欧洲研究区”（European Research Area，ERA）的相关政策为依据。该计划的任务是进行成果评估方法和课题管理的交流，致力于提出跨国计划或未来评估体系的战略性活动。其中，由芬兰科学院负责协调的一项 ERA—NET 计划“NORFACE”（欧洲研究资助合作的新机遇——社会科学战略）则是针对社会科学研究管理与评价的合作计划，其对社会科学成果评价的原则与标准主要侧重于对社会与政府决策的影响。至于欧洲各国科研成果的学术价值与学术影响方面的评价，主要是通过专家组进行同行评议，但也有许多国家辅以引文分析等文献计量方法，实现了定性评价与定量评价相结合。欧洲各国大学科研成果评价的标准主要有四个方面：研究成果的数量、质量、影响（对其他研究者或知识进步）以及产生的技术、经济或社会效益。而且，各国都坚持成果质量第一的原则。荷兰大学协会的科研评价，除了要求科研人员提供出版物列表，还要求提供5份有代表性的出版物及其质量和声誉的其他指标。

5. 社会科学科研成果评价重点突出

国外对社会科学成果评价研究的显著特点是评价理论探讨实用化、评价目标明确化、评价标准简单化。由于具有良好的评价环境做保障，国外在社会科学成果评价的具体操作中很少出现我国常见的评价原则与评价效果的反差现象，所以也很少有对评价标准进行见仁见智的争议。因为国外的评价目标与评价主体很明确，自然就存在着有针对性的评价标准和评价方法可以作为依据。

在这种严谨的治学规则下，涌现了一批学术伟人，产生了一批扛鼎之作、传世之作，影响世人。如萨缪尔森孜孜以求的《经济学》，科斯的《企业的本质》（其思想被概括为“在完全竞争条件下，私人成本等于社会成本”，并命名为“科斯定理”），哈贝马斯的《公共领域的结构变化》，彼得·德鲁克的《管理实践》（奠定其“现代管理之父”“大师中的大师”地位），罗尔斯几十年磨一剑的《正义论》，诺姆·乔姆斯基的《句法结构》（在语言学领域奠定里程碑地位，使之被称为"当代认知科学之父"、语言学界的"爱因斯坦"，成为全球有影响的100名公共知识分子之一，美国《科学》杂志评选出的20世纪全世界前10位最伟大的科学家之一，人文科学检索被引用次数排名第8位），彼得·圣吉的《第五项修炼——学习型组织的艺术与实践》，詹姆斯·科尔曼的《科尔曼报告》（收集了4 000所学校60万名学生的数据，进行了教育领域最大规模的调研，1966年向国会递交了《关于教育机会平等》报告，对美国教育政策产生了巨大影响）。

三、提升质量是我国社会科学繁荣发展的紧迫任务

中国的改革开放前所未有，所取得的成就巨大，但到目前为止，还没有一种经济理论能够解释中国的经济体制改革，也无力引导未来的发展。创建中国特色、中国风格、中国气派的社会科学理论体系，必须积极主动回应社会发展需要，才能发挥政府智库和大众舆情引导作用。进入21世纪以来，中国政府不断向世人传递一个信息：要从推动民族复兴的战略高度认识和加强社会科学事业，推动社会科学转型，问题是时代的格言，质量是核心任务。

（一）转型期我国经济社会的科学发展迫切需要科学理论指导

我国经济社会正处于全面建设小康社会的关键时期，面临粗放型经济发展模式难以为继，政治体制改革相对滞后，社会保障不健全，区域发展不平衡，社会矛盾尖锐，就业形势严峻，人口老化问题突出，民族团结、粮食问题隐患等社会问题需要研究。当前和今后一个时期，是以科学发展为主题，以加快转变经济发展方式为主线，以改善民生和社会建设为出发点和落脚点，最大限度地激发社会活力，最大限度地增加和谐因素，最大限度地减少不和谐因素，以解决影响社会和谐稳定突出问题为突破口，提高社会管理科学化水平。如何协调社会关系、规范社会行为、解决社会问题、化解社会矛盾、促进社会公正、应对社会风险、保持社会稳定等方面都需要加强社会科学研究。社会科学通过对现存的这些社会问题的分析、研究和解释，可对现实各种紧张的社会关系起到一种缓解的作用；设计政策的总体框架和基本内容，可为决策部门提供解答问题的多种可选择的方案。同时，急需在科学发展观指导下，发挥社会科学认识世界、改造世界的社会功能，使社会科学在弘扬和培育民族精神、提升我国综合国力方面发挥重大作用。

1. 决策科学化需要社会科学研究

决策责任重于泰山，个人难以承担也不可能承担。在现代社会，随着经

济社会、政治文化和科技的巨大变革，人类社会进入了一个崭新的时代，社会变革的加速对于社会科学的需要日益迫切。

目前，发达国家的一般做法是：与政府和企业的政策与战略有关的重大现实问题和应用问题的研究由专门社会科学研究机构承担；社会科学基本理论研究和学科发展主要在大学里与教学活动紧密结合进行，这两类机构的人员是相互流动的。以“思想库”和“智囊团”为模式确立社会科学的定位，是顺应社会变革发展的需要和社会科学研究发展趋势的需要的正确选择。美国政府97%的信息都向公众公开，除了一些关系到国家安全的机密信息，大部分信息都是透明的，甚至一些程序法都要公开。没有信息公开和信息对称，决策研究的进行就很困难，也影响咨询业的发展。

以往我国重大决策程序是：多数人决策一般问题，少数人决策重大问题，一个人决策关键问题，决策时拍脑袋，实行时拍胸脯，出事时拍屁股，既不科学也不民主，造成巨大损失和浪费。中国出现智囊机构是在改革开放之后，邓小平等中央领导很早提出要实现决策的科学化。20世纪80年代初，中央为制订改革方案在各部门中搜集人才，开始是不定期地到中南海去讨论研究，后来才成立了研究机构，这就是今天中央政策研究室和国务院发展研究中心等机构的前身。1986年，时任国务院副总理万里在全国软科学大会上发表讲话，第一次代表党和国家的最高层提出了重大决策的科学化与民主化问题，提出决策失误是最大的失误。这篇讲话在全国引起了极大的震动，被认为是我们党在新中国成立后治国经验教训的一个带有根本意义的总结，也标志着今后中国政治的一个重大进步。社会科学的研究成果是决策的思想理论基础，对于改变长期存在的重技术、轻科学，特别是轻社会科学的传统倾向有重要的意义，加强政府咨询研究部门力量，重大政策决策要经过咨询研究部门的论证。20世纪80年代上半期，政府在这方面做得较好，每有重大决策，都先由国家体改委、中国社会科学院、国务院发展研究中心、国务院农村发展研究中心等政府咨询机构进行专题研究，各自独立提出可选方案，并组织内部讨论会加以讨论，再由政府领导拍板决策。有的地方政府（如武汉）还提出过“不经咨询论证不决策”的原则。但在80年代中期以后，政府似乎越来越倾向于靠下属执行机构来制定政策法规和实施方案，而不征求其他部门的意见。这样就容易出现向执行部门的利益或它们的便利倾斜的片面性。但直到现在，政府的科技部门只管自然科学，院士制度不涵盖社会科学，科学院也不包含社会科学，社会科学属于宣传部门，党政部门的重大政治经济决策很少经过社会科学论证，领导干部听讲座很少有社会科学的内容。这种情况亟需改变，必须提高社会科学和社会科学教学研究人员的社会地位，要由领导带头，形成尊重知识、尊重各种人才的风气。智囊团的出现是时代的产物，它不是几个人，而是一个群体，有些见解是决策者们想都未想到的。近年来，中央一再强调决策的科学化和民主化，要求加快建立健全领导、专家、群众相结合的决策机制，逐步完善民主、科学的决策机制。中央3号文件明确提出，“党委和政府要经常向哲学社会科学界提出一些需要研究的重大问题，注意把哲学社会科学优秀成果运用于各项决策中”。李瑞环曾经提出，如果一个全局性的问题普遍存在，必然是指导思想和工作方针出了问题；如果一个全局性的问题长期存在，必然是我们对事物发展规律的认识出了偏差。这就需要政府决策部门组建由社会科学专家参加的决策咨询机构，与思想库的联系应当制度化，从机制上保证社会科学专家参与决策的到位率。《国家中长期教育改革和发展规划纲要（2010—2020年）》明确提出要建立国家教育咨询委员会，为教育决策提供科学咨询。各级政府组成的决策咨询委员会，不仅应有自然科学专家参加，也应吸收更多社会科学专家参加，以进一步提高决策的科学性和预见性，使社会科学专家在各级党委和政府的决策中发挥更大的作用。不仅政府离不开决策研究，商业也需要咨询服务。2010年7月，中央办公厅和国务院办公厅印发了《关于进一步推进国有企业贯彻落实“三重一大”决策制度的意见》，提出对企业发展战略、产权转移和资产调整等重大决策事项的决策、重要人事任免事项、重大项目安排事项和大金额资金运作事项，必须由领导班子集体决定。这项制度安排意味着“三重一大”已经从内部文件上升到国家条例，在其他行业也在逐步推行，表明企业对决策研究的旺盛需求。

社会科学作为党和政府的“思想库”和“智囊团”，要同决策部门保持密切的联系，以影响政府的决策为科研目标，及时了解决策部门政策制定需要咨询论证的问题，依托社会科学专家的集体智慧，就决策部门的政策问题提供最优化的政策依据和方案，供决策者选择。这就需要有专家的智慧，需要有“思想库”“智囊团”等研究机构为政府的决策提供科学依据，为公共政策的选择提供理论参照，为社会公众提供资讯参考。“思想库”的研究成果不仅是对现行政策的阐释，更重要的是为制定方针、政策提供理论依据、战略思路和政策建议。“思想库”的研究成果，不仅要对决策的可行性进行研究，也要对决策的不可行性进行研究，以为政府决策提供各种选择方案。社会科学的研究咨询，应具有预见性、前瞻性、科学性和公正性，只有这样才能发挥其应有的功能和作用。所提的批评或建议必须是善意的、建设性、有针对性的，特别是要有科学性、操作性和完善性，让决策者可以采纳和运用。这也是“思想库”与一般学者不一样的地方，建议必须是可操作的，看得见、摸得着的。漫无边际是智囊业界人士的大忌，对策建议必须有的放矢，必须是对的，才能发挥作用。

社会科学以“思想库”和“智囊团”为模式，逐步建立自己独立的评估咨询研究系统，这有助于“思想库”保持研究的独立性、公正性和客观性。近年来，我国以政策研究为主业的研究机构多达2 000多家，社会科学研究人员通过一系列的现代化研究方法、手段和新的软件系统用于处理、分析数据，广泛进行大规模的社会调查、预测和科学评估，对政府政策的制定和社会规划产生了重大影响。如中国社会科学院的皮书系列丛书在社会上影响越来越大，黄皮书系列对经济形势进行预测，蓝皮书系列丛书《中国城市竞争力》排名点评中国50个最具竞争力城市，对城市发展产生了重要作用。“中国政府地方创新奖”由相对独立的权威学术机构依据一套科学的评估标准和严格的评估程序，对政府行为进行研究、评估和奖励，在社会上也产生了广泛的反响。但目前我国社会科学参与国家建设的能力还不是很强，唐家璇关于“中国还缺乏世界一流智库”的演讲报告认为，无论从数量还是质量上看，我国智库的研究能力和水平还远远不能满足国家发展战略的需要。应当从理论建设、战略研究、公共服务和政策建言等四个方面加强一流智库建设。

拓展社会科学研究成果的推广、应用渠道和成果转化方式，扩大思想库的影响，要求建立一套完善科研成果转化的渠道和机制。承担政府的委托课题，要提出自己的政策主张，就重大的政策问题提出政策思路和政策设计，直接影响政府的决策；要与实际部门联合举办高层论坛，与新闻媒介合办专题访谈，通过定期出版的期刊、简报、年度研究报告，展示“思想库”的优秀成果和政策思想，从而扩大“思想库”的知名度，充分发挥“思想库”的作用。近年来，我国不仅强化了国务院发展研究中心、中国社会科学院等官方的智库建设，还建立了一些非正式机构性的思想库（如曾培炎领导的中国国际经济交流中心、郑必坚领衔的中国改革开放论坛、201民进中央和北京师范大学联合组建的中国教育政策研究院等），还鼓励发展各种民间智库。民间智库目前已发展到占智库总数的5%左右。

2. *社会生活需要社会科学*

没有理论的实践是盲目的实践。社会科学发展的重要源泉和动力来自社会、经济、政治的变动与发展的需要。社会科学研究以传承民族精神的精华、提升民族的道德素质为己任，大力倡导社会主义的公平正义，为促进各阶层、各民族、各种不同行业、各种群体的平等、和谐，为实现物质文明、精神文明、政治文明、生态文明进行探索，提供思想理论和社情民意的服务。

知情权、表达权、参与权、监督权是人权的一项重要内容，是国家公民的一项重要的政治权利，也是现代民主政治的根本要求。联合国《公民权利与政治权利国际公约》第19条规定："人人有自由发表意见的权利；此项权利包括寻求、接受和传递各种消息和思想的自由。"这一规定以国际法的形式肯定了公民的知情权。但这一项公民权利的诞生是有一个过程的，是在人们经受了法西斯统治和秘密政治的痛苦之后，才逐渐意识到的一项政治权利。尽管早在法国大革命时的《人权和公民权宣言》中就已有了知情权这种朦胧的内容，但这一要求直到20世纪下半期才得到了人们的广泛承认，现在已成为许多民主国家法律中的一项重要内容。建立信息公开制度，保障公民的知情权，已经成为现代民主发展的一个新趋势。目前，世界上有几十个国家制定了信息公开法。譬如，政府每年的行政开支、政府规模的大小、支出的多寡、财政经费的用途等，都要向社会公开披露。除了涉及国家秘密和个人隐私等信息外，任何人都可以查阅政府信息，任何人都有权利向政府请求信息，有专业研究机构从各个角度进行分析解读判断。知情权理论促使美国在1966年制定了《情报自由法》，1976年制定了《阳光下的政府法》，1996年又制定了《电子情报自由法》，建立了信息公开制度。建立完善的信息公开制度是我国政治民主发展的必然要求。我国从20世纪80年代就开始启动了信息公开化的进程，但一直进展缓慢。2003年的"非典"疫情爆发，使我国遭受惨重损失，其重要原因是信息披露不够，充分暴露了公民知情权和信息公开的重要性。及时公开信息有利于公众降低获取信息的成本，提高公信力，垄断和封锁信息反而会成为社会稳定的隐患。公众从来不会因真实信息而恐慌，而只会因虚假信息而恐慌。以此为契机，自2008年5月1日起施行了《政务信息公开条例》。一方面，信息公开是政府的义务，是公民的权利，政府信息以公开为原则，不公开为例外。另一方面，依靠专业研究机构对信息的科学分析，依靠研究者的社会良知和真知灼见，公民的知情权、参与权、监督权才能真正得到保障，才能在阳光透明的前提下当家做主。

3. 扩大国际影响需要社会科学

中国的发展离不开和平稳定的国际环境，任何国家要加快发展，不开放不行，不与世界各国交往不行。要开放，要交往，中国需要全面了解世界，也要让世界更好地了解中国，增进国际理解。向世界阐明我们党和国家内政外交的方针政策和对国际重大问题的原则立场，介绍我国历史和现实的情况，这对于我们加强同各国经济、技术和文化等方面的交流与合作，增进同各国人民的友谊，争取更多的国际支持和帮助，维护我国的政治、经济、文化安全，具有十分重要的意义。但实际上，我们的对外宣传与发达国家相比仍然落后，中国的主流声音被封杀、被排斥在西方主流媒体之外的事实还比较多，我们对外宣传影响较大的只是海外华人群体。因此，要统筹国内国际两个大局，掌握话语权，赢得主导权，增强国际传播能力，努力形成与我国经济社会发展水平和国际地位相适应的对外舆论力量；要完善工作机制，调动各方积极性，形成大外宣格局，努力提高国家文化软实力；要树立和展示繁荣发展、文明开放的良好国家形象，为我国发展进步继续营造客观友善的国际舆论环境。我国已成为国际政治舞台和经济舞台的重要角色，世界各国比以往更需要了解中国的发展。努力把一个团结、稳定、开放、繁荣的中国向世界介绍，使中国和世界更好地沟通和交往，是我们社会科学对外宣传工作肩负的重任。社会科学的对外宣传要成为使世界了解中国，同时也使中国了解世界的桥梁。

因此，社会科学研究一是要加强对全局工作的研究，善于抓主要矛盾，讲全局、谋全局，站在全局看局部；二是要加强前瞻性研究，对新形势、新情况、新问题研究，紧跟新形势，回答新问题，引领新发展；三是要加强对社会公众关心的热点、难点问题的研究，分析深层次原因，提出实用管用的对策。

（二）我国社会科学研究亟待突破质量瓶颈

我国社会科学研究尚处于准专业状态，专业化发展是提升国际竞争力的基础。纵向比较看，我国社会科学先天不足、后天失调。我国社会科学谱系建立的过程大致是：1840—1890 年在“富国强兵”“中体西用”的定位中被冷落；1890 年以后被介绍进中国并于 20 世纪 20—30 年代在中国的大学和知识界占据主导地位，但遭到“学术本土化”的抵制；20 世纪 50 年代被苏联模式所取代，“文化大革命”期间作为一种学术活动完全被取消；1978 年以后，在改革开放驱动下，社会科学作为一种学术活动又得以恢复。由于政治与历史的原因，相对于 19 世纪中叶的西方社会科学，我国的社会科学研究在 20 世纪 80 年代才开始作为一种学术活动得以恢复。但在 20 世纪 90 年代学风不正现象抬头，到 21 世纪愈演愈烈。所以，无论在学科建制方面，还是在科学研究规范与科研活动的管理方面，我们都缺乏必要的历史积淀与文化土壤，缺乏学术素养和学术标准。加拿大教育学者许美德甚至断言：“无论如何，我们可以肯定地说，在中国的传统中既没有自治权之说，也不存在学术自由的思想。”

横向比较，我国与发达国家之间确实存在明显的差距。西学著作的大量翻译出版和畅销，以及学者大量引用国外学者的作品，大量学者到西方留学访问，大量西方学者到中国讲学，社会科学研究理论框架和话语方式多采用西方的，当年的汉译世界名著在当代中国人文学界产生重大影响，中国学术影响力徘徊在国际边缘，也许只有经济学研究获得了某些国际认可。在国际上，中国学者主要还是靠“中国”这两个字吃饭，只有少数人能够靠“学术”立足。纵向比较，中国社会科学还没有为本国消费者提供足够优秀的学术著作，无助于回答和解决中国的实际问题。太多的学术成果既不太像学术，也很难说是成果，学术风气不良，学术不规范，学术制度（如课题项目、重点学科、研究基地、学位点、期刊等）没有起到学术引领的作用，有的甚至带来副作用，从而变成少数人寻租的工具。当代社会科学研究者基本上是在恢复学术传统，有一些创新但缺乏重要的创造，甚至受官本位的影响和市场化的冲击，已经缺乏追求真理和努力创新的动力，经常以问题的政治意义和社会意义替代问题的学术意义，更看重主义、立场和学派，而不是问题本身，更重视预期听众的感受，而不是自己的智识分析的贴切和透彻，以介绍外国学术流派来替代问题研究的著述很多，以新理论搬用替代深思中国问题的研究成果太少，有人甚至以为外国学界关注的问题就是或应当是中国学界关注的问题，主流的学术观点大致是“能抄好就不错了”，不要奢谈学术创新。一些学者过早走上了与大众媒体相结合的“更多公共，更少知识，绝少思想”的公共知识分子道路。

由此可见，由于学术研究评价体系缺乏最核心的质量标准和参照系，不能在社会科学学术系统内形成充分的有效竞争，缺乏足够、可靠的反馈信息，无法形成有效和可信的评价机制，以偏重道德、伦理的话语进行学术评价，对学术的评价和理解方式仍然是人文的，整个社会对社会科学知识的期望不高。因此导致中国社会科学研究整体进步缓慢。我国的社会科学研究显然无法与过去30多年的经济社会发展成就相媲美，社会科学研究的国际影响力远不如中国经济社会政治的国际影响力，大国崛起所需要的思想文化学术的软实力差距很大。因此，由量向质转变是我国社会科学发展的必然选择，从社会科学向社会科技转变是必然趋势，否则就会失去对中国社会问题的发言权，长期处于国际学术界的边缘。

2006年，教育部发布《关于大力提高高等学校哲学社会科学研究质量的意见》，正式把提高质量摆在议事日程上来，从此，“立足创新，提高质量”成为“十一五”期间高校哲学社会科学发展的主旋律。由此可见，提高质量对社会科学研究的重要性和紧迫性，标志着“立足创新，实现哲学社会科学从重数量增长向重质量提升的转变，已经成为进一步发挥哲学社会科学功能的迫切要求”①，也标志着中国社会科学研究开始进行战略转型。

1. 突破观念束缚

学术的本质是求真，科学的灵魂是创新，学者的品质是严谨，学术研究

① 李卫红．以“十一五”规划为契机　开创高校哲学社会科学研究新局面［J］．中国高等教育，2006（18）．

是一种科学探索事业，因此需要自由、独立的思考和批判精神。社会科学的繁荣发展需要学术自由来积蓄知识创新的潜力。社会科学研究从一开始就是经世致用的科学，学问都是建立在一定的理论基础上，是对一个社会事实的科学的逻辑的解释。这意味着做科学并不只是为了有趣好玩，它的价值体现在有多少福利的提高。做好一件事需要思考对国家和人民福利有益的问题，而这需要敢于直面问题，经过长时间的困惑，需要不断的知识积累，需要长时间的思考，需要有追求真理精神和敢于说真话的勇气。一般来说，相对较好的研究成果才能提供相对较好的政策产品。学风如人品，学风如世风，学风关涉国家荣誉，学者是社会的良心，要避免以实用主义的态度对待社会科学研究，要提倡只问是非不计利害，研究无顶峰、无禁区、无偶像，需要提高质量重要性和紧迫性的认识，凝聚质量标准的共识，形成提高质量一致行动。

2. 突破标准缺失

我国社会科学研究学术标准经历了从无到有、从模糊到严格、从粗疏到细致的过程。好的社会科学研究主要是指：①研究中提出根本性的问题；②提出革命性的理论，例如进化论、日心说等不见得完全正确，但是颠覆人们的旧有认识，成为现在整个文明的支撑；③系统的、整合的理论，例如毛泽东思想和马克斯·韦伯的学说；④对人类制度的理解；⑤列举历史事实。不好的社会科学研究主要是指没有理论根据的推理，没有理论根据的预测，没有理论根据的批评，仅仅讲述事实、罗列社会因素等。

17 世纪，西方学术界关于知识分工的变化在中国的知识传统中从来没有发生过。而且在中国历史上从来没有达到牛顿那种对自然的系统认识。这种学术传统的区别使得中国学者很难相信关于自然的科学的和实证的方法可以应用于关于社会现实的研究之中，以至于在很长一段时间内不能接受西方的社会科学及其系列研究方法。不可否认，我国的社会科学研究在政策的制定与论证方面发挥着重要作用，这将成为社会科学研究成果迅速转化与社会推广的制约因素，也使社会效益作为人文社会科学研究成果的评价指标难以具有可操作性。

社会科学研究质量还有一个学术规范指标。遵守学术规范与推进学术创新是统一的，无论是取得国际学术话语权，还是把社会科学研究成果推向世界，都要遵循国际通行的学术研究规则。在这方面，社会科学仍然存在着学术规范意识淡薄的问题，这严重削弱了我们的国际学术竞争力。与国外社会科学家严谨的学术研究方法与规范的引文习惯不同，近年来国内上至知名学者，下至在校学生不断出现抄袭、剽窃等学术失范现象，许多社会科学研究者认为参考文献是“雕虫小技”而不屑一顾。这是与我们长期形成的学术规范意识缺失分不开的。

目前，学术规范与学风建设问题已经引起我国学界与相关部门的关注。对于学术规范的讨论，从 20 世纪 90 年代初开始，一直延续到 21 世纪初。这样一个跨世纪、跨学科的前沿性话题的讨论，其结果也是相当富有建设性的。除了教育部社会科学委员会制定的《高等学校哲学社会科学研究学术规范（试行）》外，还有《学术规范导论》（高等教育出版社）、《学术规范与学风建设论坛》（高等教育出版社）等专题性著作问世。教育部社政司组织高校专家学者编写学术规范读本，作为面向大学生层次读者的学术规范入门读本。由南京大学叶继元编撰的《学术规范通论》于 2005 年由华东师范大学出版社出版，这部书成为在校大学生、研究生学习学术规范的入门教材。2004 年 6 月 21 日《高等学校哲学社会科学研究学术规范（试行）》经教育部社会科学委员会第一次全体会议讨论通过。教育部社科司于 2006 年 7 月 6 日正式发布 2 号文件《教育部办公厅关于成立教育部社会科学委员会学风建设委员会的通知》，旨在“加强高等学校学风建设，倡导严谨治学、实事求是、民主务实、勇于创新的学风，提高社会科学研究质量”。2007 年，教育部组织编写了《高校人文社会科学学术规范》，对学术伦理的各个环节做了纲领性说明。2001 年 11 月，旨在“普及社科知识，提高人文素质”的《人文社会科学是什么》丛书开始由北京大学出版社陆续出版。从学术规范到学科规范，其一是北京大学朱青生的《十六札》（广西师范大学出版社），其二是中国社会科学院法学所梁慧星的《法学学位论文写作方法》（法律出版社），两者分别是艺术史研究、民法研究的学科规范的开山之作。如果能够脚踏实地，把学术规范、学术研究、人才培养、论文写作结合起来，在绝大多数二级、三级学科上，分别写出类似《十六札》和《法学学位论文写作方法》这样的学科规范的奠基之作，学术规范建设就可以大大推进一步。

与传统同行评议相同，我国对网络同行评议工作的尝试也是从基金项目的评审开始的，而不是起步于期刊论文的稿件网络同行评审。国家自然科学基金委员会当前使用的基于 Web 方式的同行通信评议程序是“科学基金网络信息系统（ISIS）”。2001 年教育部实施的人文社会科学研究“十五”规划第一批项目的立项评审改革中，也尝试了网络评审的方法。网络评审将网络技术和专家回避等元素融入专家评审制度中，从程序正义的角度构建了新型的学术评价制度。但是，与国外大量成熟并优先开发的稿件网络评审软件相比，我国在这方面还存在很大差距。我国学术期刊出版部门的运作模式与国外不同。国外在学术期刊出版中运用“business”（企业）经营模式，有时间与资金的限制，从而简化了烦琐的同行评议程序。国内的稿件录用程序不如国外规范，也不具有采用网络信息技术以改进同行评审的强烈动机。由此导致的直接后果是刊物失去国际竞争力，高质量研究论文投给外文期刊，稿源外流。但社会科学研究成果不像自然科学那样是不分国界的，它要求本土化，迫切需要提高我国社会科学期刊的办刊质量，使优秀的社会科学研究成果在中国的土地上脱颖而出。

3. 突破学术批评

学术从来就不拒绝质疑，学术批评是社会科学研究正常发展的空气，实践是检验真理的唯一标准。学人要有“我坚决反对你的观点，但我誓死捍卫你说话的权利”的精神和气度，兼听则明，偏听则暗，谦虚使人进步，骄傲使人落后；要使学术批评常态化，批评者有理有节，受批评者有所启迪，学术的归学术，与其他无关。爱面子是国人的特性，听不进批评，尤其听不得公开的批评，缺乏批评的传统和制度平台，多年来社会科学学术生态园“批评”这朵带刺的玫瑰越来越罕见，而变异的“批评”却大行其道，难批评、乱批评，损害了学术事业的健康发展。让学术批评回到健康、理性的轨道，让学术生态恢复生机活力，才能为社会科学的繁荣发展奠基。毛泽东提出“知无不言，言无不尽，言者无罪，闻者足戒”。早在改革开放初期，周扬就提出“科学无禁区”的主张。胡耀邦主政中央党校时确立了“四不”原则，即不扣帽子、不打棍子、不抓辫子、不装袋子，虽然“课堂有纪律”但“研究无禁区”，鼓励各种思想充分表达，营造了良好的学术氛围。实践证明，一方面，挑战权威才能够成为权威，突破禁区才有创新，克服顶峰才有成功。另一方面，社会要给失败者更多的宽容。缺少创新精神和“成王败寇”的文化应当成为当今社会的集体反思，不能让“失败是成功之母”成为飘在云端里的口号，其实从来没有哪个成功的人没有失败或者犯过错误，他们把错误当成一个警告而不是万劫不复的失败。

4. 突破资源浪费惯性

在我国社会科学资源极其有限的条件下，低水平重复建设就是最大的浪费。经济社会要转变发展方式，实现科学发展，社会科学研究也需要转变发展方式，实现科学发展，应有所为，有所不为，把资源集中在事关现代化建设全局的重大理论和现实问题的研究上，集中在人民群众关切的热点、难点问题上，集中到影响中国的国际核心竞争力问题上，集中到最有研究实力的组织机构和研究者身上，避免大而全、小而全的低水平重复建设，避免撒胡椒面的平均主义。

5. 突破学术环境污染

学者是学术化的人格，是人格化的学术，学风建设是学术界的自我净化。学风引导世风，学风体现世风，学风影响世风，学风不正何以正社会风气。粗制滥造、抄袭成风会动摇国家的发展根基，如果听任把蒋介石翻译成常凯申之类的笑话泛滥成灾①，如果听任弄虚作假大行其道，学术的尊严就会斯文扫地。为维护学术的尊严，教育部成立高校学风建设委员会，各高校相继建立学术委员会，实行严格的学术规范与惩戒系统，这在国外也不多见，与学人所能享受的社会尊重对等。学术造假可以追溯到科学的起源时期，但学术不端行为的概念是近年来才被提出的。1999 年，美国率先将学术不端行为定义为“蓄意、明知故犯或罔故后果地捏造、篡改或剽窃数据或文本”。20 世纪 90 年代的学术不端屡次发生，从个别学者打假，到学者们集体打假，再到制度化的组织打假，表明学术共同体仍然存在自我纠偏和自我修复的能力，表明政府和学术界前所未有地认真对待学术规范标准问题。学风的问题关系到党风、民风，是科学研究的内在要求，没有良好的学风，不可能有高水平、高质量的科学研究。时代要求把学术道德建设作为一件大事摆在社会科学研究的突出位置，无高尚伟大之人格，就不可能有高尚伟大之成果。要弘扬科学精神，恪守科学伦理道德，践行科研行为准则，实事求是、严谨治学、诚实守信，克服学术不端行为，提高学术道德水平，做学术道德的楷模、社会诚信的表率。加强学风建设，养成优良学术道德，既要依靠制约、管理，还要依靠监督、惩戒，学术同行内部评议和社会公开监督相结合，使研究者可以暂时欺骗所有人，也可以永远欺骗一部分人，但不可能永远欺骗所有人，最终达到自省自律的境界，不愿、不能、不敢违反学术道德。

我国在社会科学评价领域的探讨可谓是“百花齐放、百家争鸣”，但每一种科学评价方法的引进与采用都会引起一些负面社会效应与学术抨击。即便提出了具体评价理念或实施方案，也是异常复杂，试图无所不包，可操作性差，或者观点片面偏激，缺乏客观理性与系统性。因此，需要建立以标准为依据的质量评价体系。一是制定相关政策，加强社会科学研究，倡导研究成果的“创新”指标与“质量”导向，积极促进社会科学研究的快速科学发展，是弥补我国社会科学历史积淀不足的当务之急。二是建立良好的社会信誉制度、公众参与意识与公民科学素养是开展社会科学研究成果同行评议与社会公议的社会环境保障；而健康的学术环境、严格的学术研究规范与成果发表机制，会使发文与引文统计等计量评价方法显得可信、有效。三是重视社会科学研究成果对政府决策与社会思潮的影响作用，社会科学研究成果的社会化与社会影响力测评应成为评价实践与理论研究的主要内容，构成社

① 王奇. 中俄国界东段学术史研究：中国、俄国、西方学者视野中的中俄国界东段问题［M］. 北京：中央编译出版社，2008.

会科学成果评价体系中的重要指标。四是实行评价主体的多元化，共同特点是评价目标的明确化，这是确保评价质量的关键要素。在实际评价过程中，评价者适宜选用一些针对性强的较为成熟、简明和实用的评价方法，以提高评价实践的操作效率。五是鼓励跨学科研究。古往今来，真正伟大的思想、伟大的创造，大都是个人钻研的结果。跨学科研究首先是要有能够跨学科的人才，即他应该具备对某一学科的深刻知识和其他相关学科的一般性知识。如果仅仅把只了解自己学科的一些研究者凑合在一起，那并不会形成跨学科研究。

社会科学的质量提高要经历一个较长的过程，它不能像技术那样引进一条先进的生产线就可以把我们的生产水平提高到世界一流。社会科学的发展有自己的规律，要有学术的深厚积淀，要有许多代人的不懈努力。现在的社会科学事业，虽然日益繁荣发展，可是也应该清醒地看到，总的水平不是很高。许多学科是原来所没有的，本来就是引进的，可是长期没有得到发展，甚至一度被停顿、取消，现在的研究还处在初级阶段；有的像文、史、哲等人文科学，虽然有数千年的深厚根底，可是也需要从现代社会、现代科学发展的要求出发，加以改造和提高。因此，如果放眼世界，则社会科学的讲堂上，还是欧美学者居主导地位，无法否认源于西方的研究规范、表达方式、问题意识和学术价值观念长期占据主导地位的事实。我们既很少有堪称世界一流的著作，也很少有堪称世界一流的学者，更缺乏在世界上独树一帜的学派，为其他国家的学者所景仰、所学习、所跟随。科研管理上在调动各方积极性和数量发展方面有经验和能力，但在提高质量和效益方面却经验不足、能力不强。

现在需要有卧薪尝胆的精神，沉下心来，肩负起时代的使命，制定社会科学研究长期奋斗的发展规划，统筹规划，突出重点，以质量提高为主题，以体制机制改革为动力，以理论创新为主导，以学科体系创新为基础，以方法创新为突破口，以改善学术环境为条件，以中国经济社会发展经验为基础，形成自己的话语体系，努力创造世界顶级的成果，为国际社会科学发展做出更大贡献，与我国的国际地位相对称。中国的社会科学研究要在多元中立主导，在多样中谋共识，在理论上形成“中国学派”，在战略研究上要有“中国意识”，在社会引领上要有“中国话语”，在政策建言上要有“中国方案”，只有主动为国家和人民做出贡献，把解决重大理论和现实问题作为研究的根本旨趣，才能真正确立起良好的社会声望，体现自身的存在价值，这就是中国社会科学研究者最大的社会责任。

第四章　社会科学研究质量评价关键领域

积极推动社会科学研究评价导向更加聚焦质量。在社会科学研究中，数量是质量的基础，是发展的基础；质量是数量的灵魂，是发展的标志。要改变简单地以数量多少评价人才、评价业绩的做法，不断强化社会科学研究和评价的质量意识，将质量导向贯穿于社会科学研究和评价的各个环节、各个层面。通过强化社会科学研究评价的质量导向，促进社会科学创新能力和研究质量的提升，促进社会科学优秀人才和精品力作的涌现。为此，要建立社会科学研究分类评价标准体系，以成果评价为核心，以机构评价和人才评价为支撑，以项目、学科和基地评价为基础，以创新和质量为导向，完善研究评价方式方法，健全社会科学评价体制机制，形成强有力的社会科学评价支撑体系，积极推动社会科学在新的起点上实现新的繁荣发展。

一、成果评价

社会科学研究成果是科研人员运用科学方法收集、加工、研究与社会科学有关的信息所得到的具有一定学术价值、社会价值的认识结果，既包含纯粹意义上的科学研究的结果，也包含那些为科学研究提供资料或使科学研究成果获得普及的工作结果。成果是科学研究的产物，是质量的集中表现，是评价的核心。积极推动社会科学研究评价指标更加关注内容。社会科学研究评价需要关注评价对象的外在表象，更要关注评价对象的内在价值，把是否发现新问题、挖掘新资料、运用新方法、提出新观点、构建新理论等作为研究评价的重要内容和关键指标；要正确对待 SCI、SSCI、A&HCI 等国际科学、社会科学、人文艺术类引文数据库，合理利用 CSSCI 等中文社会科学引文索引数据库。

研究成果是社会科学研究成效的集中反映，是判断研究人员、项目、机构绩效和水平的根本依据，是体现社会科学研究创新程度和质量高低的基本载体。在对社会科学人员、项目、机构的科研绩效评价和科研水平评价中，进一步突出成果评价在社会科学研究评价中的重心地位，为社会科学研究评价质量导向的确立提供有力载体，始终坚持以研究成果为主要评价对象，合理考核周期，引导研究人员潜心钻研、铸造精品；适当延长评价时限，让研究成果在较长的时间中接受实践检验。代表作评价是哲学社会科学研究评价的重要方向，要积极鼓励代表作评价的各种有益探索，推动高质量研究成果的日趋丰富。

对成果的价值判断就是对成果满足主体需要程度的判断。社会科学研究成果主要用来满足学术发展的需要和社会发展的需要。因此，满足学术发展需要的程度构成了成果的学术价值判断，满足社会发展需要的程度构成了成果的社会价值判断。所以，价值判断的内容包含两个方面：第一，成果对学术发展的贡献程度，即学术价值；第二，成果对社会发展的贡献程度，即社会价值。社会科学研究成果一般评价指标如表 4－1 所示。

表 4－1　社会科学研究成果一般评价指标

评价指标	指标含义		权重	得分	定性评语
学术价值	科学性	观点、理论、方法是否遵循规律			
	创新性	观点、理论、方法和建议是否有新意			
	客观性	资料数据是否准确完整			
实用价值	方向性	研究成果能否对社会实践起组织引导作用			
	需要性	研究成果是否是社会实践客观所迫切需要的			
	可行性	提出的政策、措施、对策、方案是否切实可行			
社会认可度	国内外反映	研究成果发表的刊物级别，国内外反映情况			
	同行专家意见	专家的肯定意见			
	报刊转摘率	转摘、评论、争鸣和刊用情况			
	被采纳和利用情况	被政府部门采纳、利用次数			
评价结论					

（一）著作类成果评价

成果的理论价值在于其是否具有理论创新意义，表现在学术观点、研究方法和学科体系的突破上，主要针对基础研究。著作是社会科学研究成果的集中体现，是研究者毕生精力的体现，是其研究水平的集中说明。

《国家哲学社会科学研究“十一五”（2006—2010 年）规划》强调：“要完善成果转化机制，充分利用报刊、广播、电视、互联网等大众媒体，加大成果宣传力度，拓宽成果推荐渠道，组织出版《国家社科基金成果文库》，促进国家社科基金优秀研究成果更充分地运用于党和政府决策、运用于经济社会发展、运用于学科建设和发展。”2006 年 3 月，《国家社科基金成果文库》首批优秀成果 10 部专著问世，成为倡导精品力作的典型示范。教育部 2003 年推行高校人文社会科学繁荣计划，设立的哲学社会科学研究重大课题攻关项目研究成果由经济科学出版社统一结集出版，力图成为一批标志性成果，有效提升高校社会科学研究的整体实力。这些说明，国家社科基金和高校哲学社会科学研究项目都很看重著作类成果。

著作类成果学术评价既有一般研究成果的特点，也有其自身特点。目前，中国社会科学院实行的著作评价标准体系相对容易理解和操作简便（如表 4－2 所示），该体系特别看重创新程度，其次是完备程度，在社会科学著作实际评价中比较通用。还有一些学者研究拟定了著作评价标准，也把学术创新或理论创新作为核心指标，把创新指标、硬件条件指标和价值指标重要性的比例关系确定为 5：3：2（如表 4－3 所示）。由此可见，这两类评价标准原理基本相同，但在具体指标和权重方面有所不同。

表 4－2　中国社会科学院著作类社会科学研究成果质量标准评价体系

评价指标	指标简介	A 级	B 级	C 级	D 级	权重
创新程度	理论和方法创新	很大	比较	一般	很差	3.5
难易程度	研究和资料搜集难度	很大	比较	一般	很差	2
完备程度	理论依据、知识系统、引证规范	很大	比较	一般	很差	3
成果价值	对学术和社会发展的贡献	很大	比较	一般	很差	1.5

表4－3　著作类人文社会科学研究成果评价指标体系①

评估因素	评价指标	权重系数	评价指标体系
创新指标	创新程度	1.000 0	是否具有新认识、新观点或新理论
硬件条件指标	出版层次	0.285 7	分为中央级出版社和地方级出版社
	选题来源	0.333 4	国家级重大或重点课题、国家级一般课题、省市重点立项课题
	转载反响	0.238 1	国外转载评论或被译成外文出版、国家级报刊转载、省级报刊转载
	获奖层次	0.142 8	国家级奖励、部委级奖励、省市级奖励、地市政府奖励及单位成果奖
价值指标	难易程度	0.090 9	研究问题的复杂度、理论难度、资料搜集与处理的难度和学科的跨度
	成熟和完备程度	0.272 7	阐述是否全面精当，逻辑概念是否严密准确，研究方法是否科学，引证是否规范
	成果价值	0.636 4	是否对解决关系到社会发展的重大理论或现实问题有推进作用，是否对某一社会领域有巨大的贡献

（二）论文类成果评价

学术论文是在学术刊物上以书面形式发表的最初的科学研究成果，是研究各种人文和社会现象及其内在联系的研究成果，其特征是强调原始创新、严格论证、逻辑严谨和研究方法。论文类成果是社会科学研究成果的重要组成部分，论文评价是社会科学评价的主体部分。

论文类成果与专著类成果在评价方面原理相同，评估的核心指标也是学术创新或理论创新。在一定程度上，学术论文在创新方面的要求甚至高于学术著作，但在理论的体系性或完整性方面要求较低（如表4－4和表4－5所示）。

① 刘大椿．人文社会科学研究成果评价体系研究［M］．北京：经济科学出版社，2009：357．

表 4－4　中国社会科学院论文类社会科学研究成果质量标准评价体系

评价指标	指标简介	A 级	B 级	C 级	D 级	权重
创新程度	理论和方法创新	很大	比较	一般	很差	3.5
难易程度	研究和资料搜集难度	很大	比较	一般	很差	2
完备程度	理论依据、知识系统、引证规范	很大	比较	一般	很差	3
成果价值	对学术和社会发展的贡献	很大	比较	一般	很差	1.5

表 4－5　论文类人文社会科学研究成果评价指标体系①

评估因素	评价指标	权重系数	评价指标体系
创新指标	创新程度	1.000 0	是否具有新认识、新观点或新理论
硬件条件指标	发表层次	0.300 0	世界级学术刊物、“两报一刊”理论版或国家学会基金会级权威学术刊物、其他核心刊物或国家级报纸
	选题来源	0.350 0	国家级重大或重点课题、国家级一般课题、省市重点立项课题
	转载或引用	0.200 0	国外转载评论或被译成外文出版、国家级报刊转载、省级报刊转载
	获奖层次	0.150 0	国家级奖励、部委级奖励、省市级奖励、地市政府奖励及单位成果奖
价值指标	难易程度	0.090 9	研究问题的复杂度、理论难度、资料搜集与处理的难度和学科的跨度
	成熟程度	0.272 7	阐述是否全面精当，逻辑概念是否严密准确，研究方法是否科学，引证是否规范
	成果价值	0.636 4	是否对解决关系到社会发展的重大理论或现实问题有推进作用，是否对某一社会领域有巨大的贡献

① 刘大椿．人文社会科学研究成果评价体系研究［M］．北京：经济科学出版社，2009：362.

（三）报告类成果评价

咨询报告、调查报告属于应用研究的成果，主要是以具有可操作性的建议方案为实际部门的科学决策和科学管理提供可靠依据，以研究成果被决策部门采纳并取得正面影响体现成果价值。有的公开发表，有的以内部报告的形式呈现，其评价方式不同于公开出版的论著（如表 4－6 和表 4－7 所示）。

表 4－6　中国社会科学院研究报告类社会科学研究成果质量标准评价体系

评价指标	指标简介	A 级	B 级	C 级	D 级	权重
难易程度	研究和资料搜集难度	很大	比较	一般	很差	2.0
完备程度	理论依据、知识系统、引证规范	很大	比较	一般	很差	4.0
成果价值	对学术和社会发展的贡献	很大	比较	一般	很差	4.0

表 4－7　咨询报告类人文社会科学研究成果评价指标体系①

评估因素	评价指标	权重系数	评价指标体系
效益指标	社会/经济效益	1.000 0	包括经济效益及社会反响
硬件条件指标	出版层次	0.157 9	国际性学术刊物或世界级出版社、中央级出版社或国家报刊、核心期刊或省级出版社
	选题来源	0.263 2	按照课题的经费资助强度和规模来进行分类
	采纳范围	0.368 4	被何种级别的部门采用，采用的方式，采用的程度如何
	获奖层次	0.210 5	国家级奖励、部委级奖励、省市级奖励、地市政府奖励及单位成果奖

① 刘大椿．人文社会科学研究成果评价体系研究［M］．北京：经济科学出版社，2009：357.

续上表

评估因素	评价指标	权重系数	评价指标体系
价值指标	难易程度	0.090 9	研究问题是否复杂、调查研究规模大小、资料搜集与处理的难度、学科跨度等
	成熟程度	0.272 7	是否具有很强的适用性或操作性，资料数据是否准确系统，论证是否严密
	社会价值	0.636 4	为政府和各级职能部门制定方针政策、法令法规，提出管理手段和实施方案提供参考意见，直接带来较大的经济效益

中国社会科学院的年度报告《中国社会形势分析与预测》（又称社会蓝皮书）已经连续发表了近20年，在国内外引起广泛的关注，成为社会形势分析预测的权威著作。该课题1997年在社会科学院立项，课题组主要负责人为汝信、陆学艺、单天伦、李培林、黄平、陆建华。该课题以中国社会科学院社会学研究所、政治学研究所、法学研究所、人口研究所、民族研究所的研究力量为主，联合中央、国务院有关部门及部分大专院校的专家学者共同合作，利用定性与定量分析相结合的方法，开展我国宏观社会形势分析与预测工作，直接为社会政策的制定、调整和改善社会管理工作服务。该课题对于把握社会整体及社会各组合部分的运行状况，预测对社会发展和社会稳定有重要影响作用的社会现象的发生、发展趋势，针对有可能出现的社会问题提出对策方案，从而保证社会持续稳定协调发展，具有重要意义。每年第一季度出版的社会蓝皮书是课题的主要成果，向国内外发行。社会蓝皮书是中国第一本关于社会形势分析与预测的年度报告，引起了良好的社会反响，从各级领导干部到学术界专家学者，从普通读者到海外人士，都对它给予了高度的评价。社会蓝皮书创造了一种新的局面：由中国的专家学者来评述中国的社会形势，产生了积极的舆论导引作用。

目前，作为我国社会科学研究成果权威发布的皮书系列已经发展为100多个种类，对经济社会发展形势进行年度监测和前景预测，引领学术前沿，引导主流舆论，为学术服务社会、为中国学术走向世界发挥了重要作用，如何更好地维护皮书系列的中国品牌及学术前沿性是一个突出的问题，需要增强皮书系列的权威性，需要增强学术前沿性，加强社会热点、难点问题的论证，保证观点证据的原创性，保证引用数据准确无误、资料翔实，保证政策性判断和建设富有建议性。

研究成果评价是社会科学研究质量评价的核心，人才、项目、学科、机构、期刊等要素的评价是研究质量条件保障的评价。从比较的角度看，中国社会科学院“社会科学成果的评估体系研究”是在1995年由该院科研局和新闻与传播研究所各自承担的招标课题的基础上形成的。中国人民大学刘大椿在对数百位人文社科专家多次进行调查的基础上，1998年分别完成了各自的评估体系。两套评估体系各有千秋，但只以论著本身作为评估对象，不考虑其他外在因素是共同特点，如不以课题来源评价成果，不考虑媒体的报道和评价，不考虑成果是否发表在所谓“核心期刊”上，不考虑成果是否被评上了何种奖项。第一个评估体系首先考察的是成果的规范性，包括研究资料的占有、分析深度、遵循学术引证规则等三方面的情况。其次是考察成果的难度，这里包括成果的规模和复杂程度两方面的情况：规模是指研究本身操作的概念、事实要素或实证研究中变量等的多少，而不是指参加人数的多少。复杂性是指需要处理的逻辑关系头绪很多，运用的知识量大，知识的深度、研究能力等的要求高，而不是指涉及面。有些成果的涉及面很大，但是逻辑关系简单，分析起来并不困难。这个评估体系还特别注意区分成果是研究成果，还是普及成果和资料性成果，并非发表在期刊上的文章就是论文。研究成果必须有新材料、新观点、新视角、新发现，或使用了新的研究方法，另外还必须有规范的引证和参考论著等。在认定成果属于研究类以后，才能开始对成果本身进行评估。对研究类成果的评估标准只有一种，即它的科学性。它包括五个条件：①基本的理论依据或前提的可靠性；②概念使用的科学性（明确、严谨、有效）；③论据（理论或事实）的可靠性和充分性；④论证逻辑的严密性和有效性；⑤研究方法的可靠性。前四项主要考察理论性成果，后一项重点考察实证性成果。认定研究成果的科学性后，还要考察成果的价值，主要是学术价值，实证研究则重点考察其社会价值。决定其价值的五个标准是：①问题的提出或选题对学科发展的贡献。②所提供的新事实、新知识对学科发展的贡献。③所获得的新认识结论对学科发展的贡献。④所提供的分析角度或研究方法对学科建设的贡献。⑤成果的社会价值。第二种方案的优点在于尽可能纳入多方评价，承认现实，考虑到硬件条件指标，指标体系能够有效区分成果的价值，指标体系能有效控制主观因素，分项打分不会使个别因素影响整体评价结果，硬件条件指标可由管理部门操作，排除了人为因素，比专家印象分更准确、客观。但缺点在于课题级别、报刊出版级别、获奖级别等行政差别并不一定能够体现出质量的差别，如现在出版社的评级已经没有中央级出版社和地方级出版社的区分，逐渐淡化行政等级，强化实力差别，这样就给硬件条件指标评价带来了困难。

但即使再完善的评估体系，如果参加评审的人是在现有的评估体制下评出来的“真的假教授”，他要当上评委，评出来的也一定是平庸之作和平庸之才。这个评估体系对此尚只能将具体评委明显的与其评价习惯标准差距过大的数据排除，其他则是无法防范的。另外，评委人数要适度，分布有代表性，结果才会更公正。

二、人才评价

在现代社会发展中，人才是最具活力、潜力和创造力的资源，人才是第一资源，是第一要素，是第一支撑、第一竞争力、第一驱动力。社会科学能力中最重要的是人力资源——科学家队伍。杰出科学家的人数和其杰出的程度是衡量科学家队伍质量的重要标志，此外还有科学家队伍的年轻化。邓小平指出：“我国科学研究的希望，在于它的队伍有来源。”①

把握人才培育战略，更加侧重基础、前沿、人才的战略导向。着力打造培养创新人才和团队的资助链，把创新人才培养作为根本着力点。坚持后备人才和激励一线人才相结合，稳定国内人才和吸引海外人才相结合，促进学术领军人才和培育创新团队相结合。进一步完善基础科学人才、青年科学人才、地区科学人才、外国青年学者、国家杰出青年、创新研究团队的科学基金人才链。完善人才培育资助机制，创新人才发现、遴选和激励保障机制，统筹人才项目，积蓄后备人才、培育青年人才、扶持地区人才、造就拔尖人才、构建创新团队、搭建中外合作平台。建设一支规模宏大、结构合理、素质优良的科技队伍。人才发端于教育，实现于选拔，完成于使命。克服人才不够用、不适用、不被用和学非所用、学而不用的局面。

爱因斯坦曾经说过，科学史表明，伟大的科学成就并不是通过组织和计划取得的，新思想发源于某一个人的心中。科学研究总是向未知领域进发，偶然性、意外的发现、突发灵感起关键作用，而这些都不是在上头拟定指令性课题的人员能够预知的。指令性课题的结论往往是在研究之前就有了，而创新性的结论总是在研究之后才得出。国外的基金会几乎从不发布指令性招标课题，也不对集体发放课题经费，他们一般都是只面对学者个人。获得资助经费之后，是一个人独立完成，还是由多人合作完成，之间的责权利怎么分配，基金会根本不管，他们要的是最后的成果，没有虚假的形式主义和文牍主义的东西。而学者本人，以个人的学术水平、声望和新思想去做抵押申

① 邓小平文选：2卷［M］. 北京：人民出版社，1994：50.

请得到课题经费，他同基金会有契约关系，要倾全力完成课题以维护自己的信誉。同时，申请到课题经费后，学者自由度很大，便于操作。如果学者真要邀请其他人参与做课题，必须签订合同形成契约关系，而被邀请者在分享经费的同时必得按合同按时完成任务，这样就不会有扯皮、推诿，甚至不了了之的情况发生。

1998 年，全国普通高校人文社会科学教师队伍达到 21 万多人，其中，讲师以上人员 15 万人，副教授以上高级职称人员达到 5.7 万人。教师队伍整体素质不断提高，结构逐步优化，具有本科以上学历的教师达到 16.6 万人，占 79%；40 岁以下青年教师达到 14 万人，占 66%，已成为教学和科研工作的主要力量。每年直接从事课题研究工作的全时科研人员超过 6 万人，参加科研工作的在校研究生 4 000 多人。1978—1997 年，高校教师争取到各级各类研究课题近 14 万项。高校承担的国家社会科学基金项目历年都占项目总数的 60% 以上。通过科研和教学实践锻炼，人文社会科学教师队伍的整体素质不断提高，结构逐步优化。1997 年，具有本科以上学历的教师 15.6 万人，占 71%；具有研究生学历者 2.5 万人，其中具有硕士以上学位者 2.2 万人，博士 1 622 人。教师队伍的年龄结构有所改善，61 岁以上者 4 500 人，占 2%；41 ~ 60 岁者 7.8 万人，占 35%；40 岁以下青年教师 14 万人，占 63%，已经成为教学和科研工作的主要力量，开创了许多新领域、新课题、新成果，展示了高校社科研究的新前景。2008 年，高校拥有 1 700 个社会科学研究机构，队伍增长近 40 万人，占全国社会科学力量的4/5（85%），涌现出一批学术领军人物、学科带头人和中青年教学科研骨干。

对专业技术人员进行年度和任期内的考核，是科研管理工作中较为重要的一项工作，考核的结果既与科研日常管理相联系，是科研工作进行得好坏的一个检验表，又与科研人员自身利益相联系，是职务评聘的必要前提和条件。目前对专业技术人员的考核，一般包括德、勤、能、绩四个方面。在进行定性考核的基础上，科研管理部门都在探索量化手段，但迄今为止尚无一统一的、明确的、科学可行的量化考核指标体系。在众多考核标准中，无论哪一种首先应该考虑并且占有较大比重的，都只能是也应该是对研究者的研究成果的考核，即所谓能力和业绩的考核，而其中研究成果的质量问题应是考核的核心所在。量和质是一对矛盾的对立统一，互为因果，互相联系，又有区别。量是质的前提，如果没有一定量的保证，则质无从谈起；质是建立在一定量的积累之上的，质是量的生命，没有质量的粗制滥造的成果，即便再多，也是没有生命力、没有存在价值的。

韦伯在分析从事科学这种职业所应具备的一些条件时，实际上也是对科学家工作特点的说明：第一，一般要进行专业化的训练。第二，要时常对他所从事的事业抱有一股献身的热情和“陶醉感”。第三，光有热情还不够，起决定作用的是科学的灵感。科学灵感的产生以科学热情为先决条件，但是科学热情不能代替科学灵感。第四，要有科学的人格。只有那种把全心全意追求真理作为其行动目标的人，只有那种为学术而学术的人，才具有科学的人格。第五，必须能真正理解学术工作的意义，即每一次科学研究课题的完成，就意味着新问题的提出；学术工作要求、允许和鼓励人家超越，这是科学家的共同命运和奋斗目标。第六，能够在学术工作中做到价值中立。在我们看来，科学家的工作特点比较鲜明的有这么几个方面：承前和独创、求实和诚笃、可错和批判、勤奋和有恒。

首先，就承前和独创而言，科学是在承前和独创的张力中发展的。科学家的承前特点充分体现在牛顿的格言中：“如果我看得远一点，那是因为站在前人的肩膀上。”不虚心承前，科学家将一事无成。贝尔纳说得好：“每一个人都知道，自己的工作有赖于前人和同道的工作，而且自己的工作只能通过后人的工作才能开花结果。”至于独创，主要指基本的概念、原理、理论的独创。独特的创造性成果是超越前人的，不仅包含对前人的继承，更体现出对前人的“背叛”和“否定”——承前和独创的张力概源于此。李克特对科学家独创的评论掷地有声：“在科学中，如果一个所谓的‘贡献’不是独创性的，也就不是唯一的，那么科学共同体就根本不把它看成是一项真正的贡献。”科学家的独创这一工作特点直接给他们带来满足感——这是具有创新性的工作的共有特点，也许在科学中尤甚。

其次，就求真和诚笃而言，科学工作始终基于事实。科学家的研究和成果（一切思想构造物）都必须以经验启示始，以符合事实终，否则就不能算作是自然科学理论。为此，科学家不得不以诚笃为要务：尊重确凿的事实，尊重公认的理论，来不得半点假言与巧饰。巧言令色、弄虚作假、坑蒙拐骗，只能得逞于一时，迟早会被科学共同体揭露或戳穿，最终落个身败名裂的可悲结局和可耻下场。这可以说是科学界亘古至今的“铁律”。一种严厉的诚实是科学探究所必须的。科学家个人并非总是最理想的，但是科学家的诚实程度与其他职业相比是相当好的。他们不可能天生是更好的人，但是科学探究、科学交流、科学声望的获得的性质要求，所有实验主张原则上是任何人在任何地方都可以重复的，倘若人们具有所需要的材料和设备。欺诈的主张不可能长久地促进科学家的个人生涯。

再次，就可错和批判而言，科学理论的可错性说明科学家是可错的——犯错误和改正错误是科学工作的典型特征。既然犯错误对科学家来说是不可避免的乃至是惯常行为，那么科学家坦然地承认错误不仅不丢脸，而且是光明磊落的表现，甚至是备受尊敬的举动。为了及时发现错误和纠正错误，科学家就必须始终保持清醒的批判头脑。科学家就是这样在错误与批判的交织和循环中推动科学进步的。开普勒说："在真理的光芒打开我的心扉之前，我一直在愚昧的黑暗中摸索，走了很多弯路，碰了多次壁。"法拉第说，科学家对自己的初步设想常常进行严厉的批判和自我审查，所实现的不过是其中的十分之一。物理学家比特（F. Bitter）承认，许多科学家会犯正当的错误，这些错误会由他们的同事来修正。波普尔则言简意赅地道出了科学家的批判特征："人之所以成为科学家，并不是由于他占有知识和驳不倒的真理，而是由于对真理的持续的、不顾一切的批判的探求。"

最后，就勤奋和有恒而言，科学家忘我地勤奋工作，大都无暇他顾或心无旁骛。1973 年，耶鲁大学校长托马斯（L. Thomas）说过："我不知道任何投身人类其他事业（甚至我所见到的艺术事业）的人会如此沉醉，如此全神贯注，他们的能力和智慧超负荷地运转。"科学家也特别有恒心，因为只有持之以恒，才能攀上理论的巅峰，达到光辉的科学顶点。开普勒为了在浩繁的天文观测数据中清理出行星运动的规律，数十年如一日地伏案计算。爱因斯坦为了构造狭义和广义相对论，前后各花费了整整 10 年时间，更不必说统一场论耗去他最后 40 年的全部心血了。

赛义德认为知识分子应当具备三个标准：人文立场、社会良知和批判精神。一个社会科学家应当具备的基本素质是：需要有坚实的社会责任感，具备基本的历史知识，进行广泛的阅读，有坚强的毅力和高度的总体自信，并在研究的过程中不断弥补自己的知识缺环。

以上关于科学家工作的特点，是就一般情况和正常状态下科学家角色的总体而言的。遗憾的是，由于社会大环境的熏染，科学共同体管理不善，科学家自身自律不严，致使部分科学家背离这些特点。这严重损害科学家的形象，毒害科学共同体的空气，危及科学事业的健康发展。对此，我们需要认真反思并着力矫正。科研是个高危行业，学者的声誉一毁不返。发表论文是个建立声誉的方式，更是一个毁坏甚至毁灭声誉的简单途径。"不为良相，即为名医"的选择。

第一，较高的专业造诣。学术素养：对科学的敬畏程度。第二，良好的学术道德。学术声誉是学者的学术生命线。学术道德有三个底线：原创、真实、遵守版权。"学术不端"基本包括侵犯这三个底线的四类行为：抄袭、数据造假、一稿多投、购买论文。原创性和真实性是科研行为的两大传统基本准则，抄袭和数据造假行为历来为学术界所不齿。而基于论文数量的单一评价机制又催生了"一稿多投"的行为。最后是购买论文，一般比较低端。第三，较高的学术声望。学者以其学术思想和成就引领科学发展，贵在讲学术不打官腔，说实话不说空话，说真话不说假话，凭事实不说大话。第四，广泛的社会影响力。伟大的声誉来自伟大的对科学或实践的推动贡献。如胡适等人开创了哲学史、思想史的繁荣，而顾颉刚作为“古史辨”派的代表，成为中国古典学术的终结者和现代学术的先驱，开创了历史学的新时代，奠定了历史考据或史料批判作为现代史学基本纪律的地位，成为中国现代历史地理学的奠基者、中国学术结构性转换中的关键人物、中国现代民俗学的开路人，铸造古籍整理的新典范。[①] 对建立声誉而言，论文贵精不贵多，宁缺毋滥，顾颉刚凭七册《古史辨》构成了学术史上的辉煌一页，赢得了时人和后人的广泛称誉。没有人会去数一个诺贝尔奖获得者发表过多少 SCI 文章，发表过几篇 Science 和 Nature，也没有人去统计他/她获得过多少科研项目和经费。为国家和人民服务的高度责任感、理性的治学态度、高尚的学术道德、深厚的学术素养、科学的研究方法，是学者通往重大学术贡献的必经之路。

（一）推行代表作制

为克服追求论文发表数量带来的弊端，国外早已实行代表作评价制度，对研究者把精力放在提高质量上起到了较好的效果。为解决当前学术成果评定机制中“重数量轻质量”的问题，20 世纪 80 年代传入我国，北京大学、清华大学、中国人民大学、南开大学等高校率先试点推行论文代表作制度。

中国人民大学从 2009 年开始在全校范围推行论文代表作制，过去有的学科评选教授需要 6 篇核心期刊论文，副教授要求 4 篇，现在数量要求下调到一个很低的标准，甚至一篇有学术分量的代表性作品便可替代，而且邀请校外专家对论文或著作进行匿名评审，并将专家评审意见提交学校评聘委员会。[②]。该校方立天教授号称为奉行“一本书主义”的佛学家，他用时 15 年完成的 91 万字巨著《中国佛学哲学要义》，成就了其一生学术生涯，站在该领域研究的学术顶峰，被同行誉为“中国佛学哲学研究的里程碑”，任继愈称赞他“锲而不舍，金石可镂”。《光明日报》将该书誉为“十五”时期我国哲学社会科学研究领域的四项重大标志性成果之一。[③]

南开大学在今后的学术成果评定和职务晋升评审中实行代表作制度。按照这一制度的规定，每位申请人须提出代表自己学术水平的成果，即一部著作或两篇论文，并就该成果涵盖的学术范围、选题性质、意义、前人相关研究状况及该成果的发展、推进之处，在理论、实践、方法等方面的创新点及

① 中国现代学术史上的顾颉刚［N］．光明日报，2011－01－11．

② 罗德宏．人大推出论文代表作制，评教授不再只看论文数量，一篇论文够分量可当选教授［N］．北京晨报，2009－10－30．

③ 刘好兴．人生可以尽在自己掌握［N］．中国教育报，2010－08－16．

其意义，以及学术水平的综合评价等方面做出具体说明。此代表作以及申请人的自我评价，将作为“教授会议”的主要评议内容接受同行审议。2003年，与此相对应，南开大学建立健全了“教授会议”评议制度。在基层专业技术职务聘任中，建立由本单位全体教授（2/3以上参加为有效）参加的“教授会议”评议机制。申请人经报名、初审合格后向“教授会议”报告工作，“教授会议”就申请人的自我评价与学术水平进行审议，并不记名提出咨询性意见。若“教授会议”对自我评价与学术水平中任意一项的否定意见超过半数，该申请人即失去参评资格。

杭州师范大学走出人文社会科学学术量化考核困境，于2010年出台《人文社会科学振兴计划指导意见》，标志着一个“不唯数字论”的人文社会科学学术评价新体系的诞生。要点是：第一，构建“有数字论，不唯数字论”的符合社会科学规律的学术评价体系。学校将组建人文社会科学学术委员会，该委员会成员由各学科教授民主推荐，并报学校人文社会科学振兴计划领导小组批准。人文社会科学学术评价体系的核心是“有数字论，不唯数字论”，对高端人才，打破按年考核的常规学术评价和考核标准，根据其累积和持续的学术影响，实行学术代表作评价制度和知名同行评议制度；对艺术类学科，要充分尊重其学科属性，制定有别于其他人文社会科学类学科的考核政策和标准；对学术贡献突出的青年教师，还可以根据学校相关规定，给予低职高聘待遇。第二，创新管理模式，成立直属学校的“国学研究院”，试行建立“人文社会科学学科特区”。以本校高水平学者（包括离退休资深教授）和柔性引进的双聘高端学者为主要力量，营造具有肥沃“土壤”的人文社会科学建设与发展示范区。第三，设置人文社会科学特聘教授岗位。在学校常规岗位聘任的基础上，专设人文社会科学特聘教授岗位，特聘教授不再需要通过传统的“需要多少论文著作”等量化评定，而改为直接提名。特聘教授提名办法是：学院院长等直接提名，而现任学院院长、部门负责人中若有符合特聘教授岗条件者，由校长直接提名。第四，营造符合人文社会科学发展的学术生态，倡导优良学术风气。既鼓励大胆创新、异想天开，又提倡严谨求实、踏踏实实，以最大的努力，营造人文社会科学学科发展的肥沃土壤和最佳生态环境。在走向成功的道路上，既要有渴望出现一位大师的期待，也要有允许一百位努力者失败的胸怀。这一创举是对人文社会科学出大师、出精品的有力支撑。

（二）创新研究方法

一个学科的科学性质，是由该学科所采用方法的特点决定的，而不是由该学科研究题目的稳定程度来决定的。社会科学研究的主要方法是从“已知”求“未知”，需要借鉴现代自然科学研究方法，甚至采用社会科学实验室进行模拟研究，使各种思想被发现、分析、评价，并在全世界得到传播。

美国2010年3月启动的第23次人口普查，设计了简单易答的10个问题，是其建国以来问题最少的一次。问卷内容涉及每个家庭成员人数、性别、年龄、种族、住房等信息，其中有一个问题是首创，即“此人是否有时在别处居住”，这有效地解决了人口重复计算的问题，减少了登门核实的工作量。而同期在印度开展的人口普查项目却极其复杂烦琐，着重摸清底数，面面俱到。统计指标的选择显示出两国在人口学研究能力方面的差距。

美国经济学家熊彼特曾说，科学的经济学家和其他一切对经济课题进行思考、谈论与著述的人们的区别，在于经济学家掌握了三门基础学问：历史、统计和理论。其中，历史最重要，统计次之，理论再次之。正如《新唐书·裴行俭传》中所说的“士之志远，先器识，后文艺”，深感“东海西海，心理悠同；南学北学，道术未裂”（钱钟书）。

历史虽然不等同于“器识”，但一个人的器量和见识确与他的史学修养有关；统计和理论不等同于“文艺”，但从“解释的工具或手段”方面理解，确又与“文艺”二字所包含的“学理与技巧”相通。熊彼特说：“当前经济研究工作中所以出现许多根本性的错误，主要原因是经济学家缺乏史学修养和历史知识。”这里所说的“史学修养和历史知识”，大体上等于史学家所说的“史识”。而“史识”的含义，就与“器识”十分接近了。宋代学者刘挚说：“士当以器识为先，一命为文人，无足观矣。”龚自珍有句名言：“灭人之国，必先去其史。”“读史早知今日事。”历史对学术研究尤其具有重要意义，故历史学素有“社会科学的数学”之称。现代学术重视数理化和定量化，著名经济学家萨缪尔森坚信，没有数学形式的经济学理论是不系统的，也是不明晰的。但只有了解历史，关切研究对象的特殊性、非重复性和复杂性，数学工具这块好钢才能用到刀刃上。而如果缺乏历史洞见，单纯强调统计方法和资料，极容易割断某种社会现象与其本身发生发展之间的血肉联系，忽视这一现象和其他诸多现象间的相互作用和影响，犯“只见树木，不见森林”的经验主义错误。清代学者陈澹然就说：“自古不谋万世者，不足谋一时；不谋全局者，不足谋一域。”现代科学诞生以来，凡具有重大影响，能够启迪人的智力，改变人们看待世界、看待生活方式的鸿篇巨制，多是学者在把握社会发展大势和坚持政治正确性的基础之上，再出色运用科学的研究方法，熟练地使用数学工具进行深入细致研究的结果。

通过研究，从实践经验中总结、概括出的理论，的确能够帮助我们加深对事物的理解，明辨是非，但如固执地认为“没有正确理论指导，就没有正确行动”，甚至以为社会科学研究的根本目的在于提出和创建理论，这就从一个极端走向另一个极端了。人类社会在采集狩猎阶段，几乎没有理论可言，但人类并没有因此停止前进的脚步。理论大多落后于实际，甚至落后于政策，正所谓“理论是灰色的，生命之树常青”。不同社会的发展各有其特点，现代化也没有一个固定的模式。任何理论都不能脱离历史与现实，否则就会张冠李戴，削足适履，犯教条主义的错误。即使是好的理论，也只能为行动提供参考意见，其本身代表不了实践。故萧乾说：“理论、理论，充其量不过是一张地图，它代替不了旅行。”①

讲求研究方法适切。在学术上，向来有两种人，一种如徐霞客实地考察，托克维尔游历美国，达尔文周游世界；另一种如康德守着小镇用一辈子思考，罗尔斯藏在哈佛大学几十年磨一剑。田野调查与青灯残卷、实证与规范，从来就是社会科学的两重途径，并无高下之分。但社会科学治学毕竟与自然科学治学有所不同，在具有强烈的问题意识基础上，还要有相当的学术积累，掌握现代研究技术和方法。只有在充分掌握既有学术成果的基础上，才能够比前人有所进步。

（三）专业技术手段

零点调查集团公司总裁袁岳明确提出应当把社会科学变成社会科技，他创办的独立民意调研机构——零点调查公司让分散的民间意见变成了听得见的公共声音，带动了中国咨询业的发展。有人用“盗火者”形容袁岳，因为他是将科学的专业技术手段运用到中国民意调查中的先行者代表。在中国乃至亚太地区范围内，有一套由零点集团所表述的、带有中国印迹的管理思想和管理模式。这是袁岳带领零点调查公司的努力目标。袁岳给公司起名为“零点”，是因为调查结论不代表正也不代表负，而是中性的。“零点”代表了公司的精神：中立和坚持中立。

我国的社会科学学术生态处在浮躁的世俗之下，要采用新技术、新方法，对过去的学术成果勇于质疑，对现在的学术权威敢于批判，对未来的学术发展充满期望。要评价一个科研人员的学术成就，光是看其发表的论文总数并不妥当，还要看这些论文的质量，但是把期刊的影响力视为论文的质量指标也是不妥的，必须具体地看论文的情况，全面地衡量论文被引用的情况。一种常用的简单方法是统计一个人发表的所有论文的被引用总次数，但这不是一种准确的方法。如果某人曾经发表过一两篇被引次数很多的论文，即使其他论文被引次数少，他的总体成就也会因此被夸大，特别是如果被引次数多的论文有多名作者，其水分就更多了。而有的综述文章的被引次数会比原创论文高得多，但是它并不代表作者的学术成果。另一种方法是把被引

① 萧乾. 历史、统计和理论［N］. 光明日报，2010－04－03.

用总次数除以总论文数，得到平均被引次数，但这种做法对发表论文少的人有利，而对发表论文多的人不利。还有的办法是设置门槛，只统计某个人“重要论文”（被引次数较多）的数量，或这些论文的被引总次数，但把门槛设在哪里，并无一定的标准，是任意设置的。

我国高校哲学社会科学人才资源丰富，队伍结构合理，学科门类齐全，基础研究优势明显，国际学术交流活跃，特别是改革开放 30 多年来，高校为繁荣我国哲学社会科学做出了重大贡献，为国家经济社会发展、文化繁荣和人才培养做出了显著成绩。2003 年教育部组织实施哲学社会科学人才培养和奖励计划，启动“哲学社会科学新世纪学术带头人培养计划”和“学术新人培养培训计划”，倡导在“长江学者奖励计划”中设立哲学社会科学特聘教授岗位，增加高校文科教师在“高校优秀青年教师奖”中所占的比例，将高校文科教师列入“骨干教师培养计划”，鼓励高校从实际出发设立哲学社会科学资深教授岗位，并给予与自然科学和工程科学院士相应的待遇，首次传达了尊重社会科学杰出人才、“文科院士”或“社科院士”的理念。

自 2004 年开始，北京大学、武汉大学、厦门大学、四川大学和吉林大学等国内著名高校，先后设立了“哲学社会科学资深教授”岗位，作为各高校内部哲学社会科学领域的最高学术岗位，并给予与两院院士（指中国科学院院士和中国工程院院士）相应的待遇。2006 年，作为我国哲学社会科学研究的最高学术机构和综合研究中心的中国社会科学院成立“中国社会科学院学部”，并推出首批 47 人为学部委员和荣誉委员。文化部的中国艺术研究院实行首聘终身研究员，聘用条件为：公认的一流学者，为学科创立建设发展做出突出贡献，具有宽广的学术胸怀和高深的学术造诣。郭汉城、周汝昌、冯其庸、资华筠、范曾、刘梦溪等 7 人受聘，这对人文科学的发展具有里程碑意义。① 各省也纷纷推出奖励社科学者计划，如湖北省表彰了马克昌、章开沅、张培刚、谭崇台等首批 13 人为“荆楚社科名家”。这些举措对于推动我国哲学社会科学的繁荣与发展无疑发挥了积极作用，并为探索建立国家级的人文社会科学家荣誉评价制度做了很好的铺垫，为系统地纠正“重理轻文”的不良社会风气开了好局。

当代社会科学研究要求学者素质综合化，不仅在本学科深具造诣，而且能够关注社会，影响他人。如著名法学家钱端升、江平等，经济学家孙冶方、刘国光、林毅夫、茅于轼、张培刚等，历史学家侯外庐、顾颉刚、文怀沙等，管理学家周三多、苏东水等，哲学家杨献珍、熊十力、邢贲思、蒙培

① 湛强．中国艺术研究院首聘终身研究员［N］．光明日报，2010－11－29．

元、汤一介等，人口学家马寅初、田雪原等，社会学家费孝通、李强等，劳动经济学家蔡昉等，教育学家郝克明、顾明远等。这些学者的最大特点是立足学科，思考国家民族发展，能够从国家发展战略和经济增长可持续性的宏观角度看待和研究中国社会问题，理性地提出可行的政策建议。

提高社会科学研究质量，要使科研资源配置体现科学精神，符合科学规律，用制度化抵制科研行政化，否则就是对国家不负责任。一是优先倾向真正的研究者。不能让外行占据科研资源，尤其是不能助长学术行政化风气，避免“973”首席科学家七成头衔带“长”行政事务缠身的尴尬现象①。二是保证研究者将主要精力投入科研工作。至少保证研究者70%的时间投入科研工作，学者型的行政官员精力有限，在繁重的行政工作之余，再做科研工作，承担国家重大课题，确实是心有余而力不足，行政岗位待的时间越长，学术水平越低，以他们为首席科学家的课题研究不可能产生真正高水平的研究成果。社会科学管理应学习借鉴教育部关于《长江学者和创新团队发展计划》规定，特聘教授在聘期内一般不得担任高等学校实质性领导职务，包括校级领导及学校有关职能部门负责人。在各种科研项目管理中限制官员的比例，应当成为一种质量评价标准。三是鼓励合作研究。有数据表明，我国社会科学合作研究比例很低，2000—2004年科学论文的平均合著力度为26.9%，合作形式主要是以两人为主，占70%，而且基本是师徒合作，而同期科技论文的合著比例超过了80%。②

三、项目评价

项目制是国际上普遍采用的一种有效的研究与开发活动组织形式。课题制是按照公平竞争、择优支持的原则，确立科学研究课题，并以项目为中心、以课题组为基本活动单位进行课题组织、管理和研究活动的一种科研管理制度。课题制打破了传统的以单位为中心的计划任务管理模式，更适合科学技术发展规律和市场经济的要求，可以提高资源配置的效率，充分发挥科技人员的创新潜能。同时，项目的竞争从一定意义上说是人才（作为课题责任人的优秀人才）的竞争、组织管理（研究梯队构成、科技资源整合）的竞争和政策制度（调动科技人员积极性、主动性的合理政策制度）的竞争。因此，课题制在全面推行后，对科研科技管理工作产生了巨大的影响，活跃了科研活动。

---

① 雷宇，叶铁桥．973首席科学家七成头衔带“长”［N］．中国青年报，2011-01-06．

② 苏新宁．中国人文社会科学学术影响力报告（2000—2004）［M］．北京：中国社会科学出版社，2007：13．

项目是科学研究成果的重要支撑，项目评价是科学研究争论评价的重要方面。科学研究重在创新，而创新与否离不开合理的科研评估。科研评估贯穿课题管理始终，从课题立项时的申报到结题时的科研成果的鉴定都离不开评估。如果缺乏科学、合理的评估，创新得不到肯定，重复也就得不到监督。为此，建立科学的科研评价机制相当重要。科学研究的评价方法对研究活动还具有很强的导向作用。而不合理甚至违反科学规律的评价方法必然对科研活动产生误导，从根本上损害科学研究。现有的评价体系中存在很多问题。如评估的主体、评估的标准等多具有任意性，缺乏规范；咨询专家的评审“指南”在不少情况下会犯主观主义的毛病，缺乏现实性、合理性、可行性；他们习惯于把参照目标集中于国外已经做过的工作上，而对具有原创性但非共识性项目，仅仅因为前期基础和研究思路等方面存有争议，便予以搁置，而专家认可的选定项目往往又缺乏创新；片面地追求数量指标，导致研究的短期行为。

2010 年，我国科研投入已居世界第 4 位，但创新指标在 40 个主要国家中仅居第 21 位，未来五年是国家创新能力向世界“中上水平”迈进的关键时期。[①] 2012 年，我国科研投入首超日本，仅次于美国。2013 年，全社会研发支出占国内生产总值比重超过 2%，财政社科经费年均递增 20%。虽然基金资助论文的发表率和转引率均高于自主研究论文：已有数据表明，2002—2004 年，基金资助的论文篇被引率平均为 0.829，学术影响普遍大于非基金论文，但省级基金项目论文被引率与非基金论文差别不显著，甚至还低于非基金论文。[②] 但这并不能充分说明基金项目就是高质量的，需要进行项目绩效评价。

国家两大科学基金会的资金不断增长。2010 年，国家自然科学基金会计划资助 95 亿元，收到 1 837 个依托单位提出的各类基金申请 114 955 项，同比增长 17.5%，根据基础研究发展的新趋势，突出更加侧重基础、更加侧重前沿、更加侧重人才的战略导向。国家自然科学基金会和财政部决定，自 2010 年 5 月至 2011 年对科学基金资助和管理绩效的国际评估，将从战略定位、资助绩效、管理绩效、社会影响等四个方面展开，聘请具有国内外广泛影响的战略科学家和科技政策专家组成评估专家委员会，这是我国首次对公共财政支出科研经费资助与管理活动进行的大规模整体绩效国际评估获得

① 我国首次发布国家创新指数 [N]. 光明日报，2011-02-25.

② 苏新宁. 中国人文社会科学学术影响力报告（2000—2004）[M]. 北京：中国社会科学出版社，2007：30.

专家认可。① 地方上也开始进行绩效评估，如北京市科研经费领跑全国，研究开发经费支出从450亿元增长到700.2亿元，年均增长15.9%，远高于1.7%的全国平均水平，测算科技对首都经济增长的贡献率达8.7%。② 而社会科学研究项目主要是内部工作评价，尚未开展面向社会的绩效评价。国家社科基金经费总量大幅增长，资助领域不断向纵深拓展，作用日益凸显，越来越成为哲学社会科学繁荣发展的重要载体和有力抓手，得到中央领导和学界的高度认可。③

（一）立项率

立项率高低是进口宽严的一个重要标志，是项目难度的直接表现。立项率一方面反映社会关注度和影响力，申报数不断增长；另一方面反映从业者底数和项目资助能力，与社会科学科研生产力相适应。与自然科学基金项目申报不同，社会科学从业者领域比较宽泛，门槛比较低，因此增速惊人。如2010年国家社会科学基金项目23个学科共申报27 171项，每项课题需要有5位专家评审，初评专家达5 362人，发出材料近14万份，从中确定了4 652个入围课题，入围率为17.1%；再由280位专家终评，评选出22 85项课题。从申报的27 171项到筛选出2 285项，评审规模浩大，但申报质量差强人意，初评全国平均分为67.6，入围平均分为77.9，而65分以下低分课题占34%，没有入围的低分课题相当多，结果还有空额现象，这表明已经到了非控制不可的地步了，因此提出2011年实现限额申报计划。④ 国家社会科学基金项目通信评审意见如表4－8所示。全国教育科学规划课题评审标准如表4－9所示。2010年社会科学研究各主要资助机构立项情况如表4－10所示。

表4－8 国家社会科学基金项目通讯评审意见表

评价指标	权重	指标说明	专家评分							
选题	3	学术价值或应用价值，对国内研究状况的评价	10分	9分	8分	7分	6分	5分	4分	3分
论证	5	考察研究思路、内容、重点难点、方法、基本观点和创新点	10分	9分	8分	7分	6分	5分	4分	3分

① 国际专家认可我国科学黄金体系［N］．光明日报，2010－03－24．

② 科技对经济增长的贡献率达8.7%［N］．光明日报，2010－12－09．

③ 为建设社会主义文化强国夯基铺路：十六大以来国家社科基金发展巡礼［N］．光明日报，2012－09－28．

④ 关注重大理论和现实问题 推动哲学社会科学研究深入发展——全国哲学社会科学规划办公室负责人谈今年国家社会科学基金项目评审［N］．光明日报，2010－06－18．

续上表

评价指标	权重	指标说明	专家评分							
研究基础	2	课题负责人的前期相关研究成果和主要参考文献	10分	9分	8分	7分	6分	5分	4分	3分
综合评价										

表4－9　全国教育科学规划课题评审标准

评审内容	权重系数1.00	评审标准			
		A级（高限100分）	B级（高限80分）	C级（高限60分）	D级（40分以下）
研究价值	0.20	有重要创新性或应用性	有比较重要的创新性或应用性	创新性或应用性一般	基本属于重复性工作
研究基础	0.15	已有相关成果丰富，熟悉研究现状，所列参考文献具有代表性	已有比较丰富的相关成果，比较熟悉研究现状，所列参考文献比较有代表性	已有一般相关成果，一般了解研究现状，所列参考文献有一定代表性	没有相关成果，不了解研究现状，所列参考文献没有代表性
研究设计	0.40	目标明确，内容充实，思路清晰	目标比较明确，内容比较充实，思路比较清晰	目标基本明确，内容基本充实，思路基本清晰	目标不够明确，内容空泛，思路模糊
研究方法	0.15	方法适切	方法比较适切	方法基本适切	方法不当
研究条件	0.10	完全具备	比较具备	一般条件	不具备

表 4－10　2010 年社会科学研究各主要资助机构立项情况比较一览表

类型	申报数/个	立项数/个	立项率/%	金额/亿元
国家社会科学基金项目	27 171	2 285	8.42	6.00
教育部人文社会科学项目（2009）	20 000	3 200	15	4.00
教育学科规划课题	10 000	800	8	0.30
国家自然科学基金项目（2008）	83 877	16 639	19.8	95

一般评审课题看重理论意义和应用价值，以及是否体现学科发展的前沿水平和理论创新的要求。评审制度采取初评“背对背”的匿名评审。专家从库中随机抽取，确保“小同行”评审，按规定评分标准和名额打分，最后由计算机自动生成排序。

（二）结题率

结题率是课题负责人履行项目承诺，按时完成研究任务的体现。有意思的是，我国每年签订的经济合同大约有 20 亿份，但履约率只有 50% 左右。而科研项目的履约率几乎高达 100%。科研项目高履约率（结题率）与科研项目的“高成功率”，与科研活动“失败多于成功”的常识不相符，也与国际项目评价的常态不相符。

科学史上的诸多事实提醒我们，科研活动充满了风险和不确定性，越有挑战性的项目成功的几率越低，但贡献越大，风险越低的项目失败的几率越低，但贡献越低。因此，项目结题率的高低与科研管理部门的要求宽严有关，与研究者选择的项目难度系数有关。目前，科研项目绩效评价的指标体系各不相同，但基本内容比较一致，主要是从发表论著、研究创新和延伸、国际影响、人才培养以及独立指标增值等方面进行评价，如发明专利、成果转让、获重大奖励、国际特邀学术演讲等。

项目结题率与成果要求明确与否和标准高低成正比：对成果要求越明确，要求越高，则结题率越低，反之亦然。社会科学基金因为有严格的管理制度，严把进口关和出口关，结项制度越来越严格，进门不容易，出门更不容易，导致项目结题率长期低下已经是一个不争的事实。根据全国哲学社会科学规划办公室的统计，2009 年以来共受理结项申请 2 549 项，其中一次性结项 1 839 项（结项率为 74.78%），暂缓结项 609 项，终止 6 项，撤销 5 项。全国教育科学规划办公室明确了成果的形式要求和内容要求后，特别要求所有成果都要公开发表，所有成果全部上网公示，使结题率大幅度下降，一次结题率始终低于70%。教育部人文社会科学项目鉴定表如表4-11所示。

表4-11 教育部人文社会科学项目鉴定表

指标	权重	优秀	合格	不合格
按合同完成任务				
研究内容的前沿性和创新性				
研究成果的学术价值、应用价值或社会影响				
研究方法和学风				
		90分以上且 4/5专家认可优秀	65分以上且 4/5专家认可合格	65分以下或 2/5专家认可不合格

（三）优秀率

在项目等级评价中，经常采用优秀、良好、合格、不合格四个等级。按照科研活动失败多于成功的铁律，优秀应当是成功的标志，其所占比例应当是少数。但有研究者发现，项目实际评价中，获优秀的比例很大，鲜有失败之例。如国家自然科学基金会“八五”重点项目已结题的重点项目中，获“优秀”的比例为89.1%，获“良好”的比例占到9.0%。[①] 这个绩效评价主要突出数量、质量和影响力三个方面，学术创新的比例并不高，合格的要求比较低。国家自然科学基金会科研项目绩效评价的指标体系表如表4-12所示。

表4-12 国家自然科学基金会科研项目绩效评价的指标体系表

指标项目	指标内容	评分参考	得分
报告论著	a. 在国外重要期刊或有用影响的国际会议上发表论文及做特邀报告； b. 在国内重要期刊上发表论文或出版专著； c. 较好地完成了研究报告； d. 在学术期刊上发表论文或研究报告水平一般； e. 无报告，无论文； f. 专家加分	a. 9~10 b. 6~8 c. 4~5 d. 1~3 e. 0 f.	

① 马健. 科研项目评价制度的缺陷及其完善［J］. 新华文摘，2011（4）：121.

续上表

指标项目	指标内容	评分参考	得分
学术创新	a. 提出创新观点并获国际同行承认，或获国家级奖励； b. 提出创新观点并获国内同行承认，或获省部级奖励； c. 研究报告、论文有新意，或获有关奖励； d. 无创新； e. 专家加分	a. 11 ~ 14 b. 6 ~ 10 c. 1 ~ 5 d. 0 e.	
政策建议	a. 对国家宏观政策产生重要影响； b. 对部门、地区、企业决策或管理产生重要影响； c. 对决策、管理产生影响； d. 无政策建议或虽有而无影响； e. 专家加分	a. 9 ~ 10 b. 5 ~ 8 c. 1 ~ 4 d. 0 f.	
收益水平	a. 取得相当大的经济效益和社会效益； b. 有较大（含潜在）的经济效益和社会效益； c. 有经济效益和社会效益； d. 无效益； e. 专家加分	a. 7 ~ 8 b. 4 ~ 6 c. 1 ~ 3 d. 0 f.	
国际交流	a. 项目推进了有实质性内容的国际合作； b. 在开展项目研究中与外国有交流； c. 无国际交流； d. 专家加分	a. 3 ~ 4 b. 1 ~ 2 c. 0 f.	
人才培养	a. 在项目研究中培养出学术带头人； b. 与博士生、硕士生参与项目研究； c. 无人才培养； d. 专家加分	a. 3 ~ 4 b. 1 ~ 2 c. 0 f.	
专家加分		总评分	
评价（特优大于 31 分；优 21 ~ 30 分；良 11 ~ 20 分；中 6 ~ 10分；差小于 6 分）			

优秀率应当是项目成果质量检验的直接反映，是项目管理单位履责尽职的重要表现。评优就是奖励优秀，树立典型，激励后进。优秀的标准应当是没有硬伤和瑕疵，理论上有所创新，实践上有所贡献。目前，科研管理单位比较重视抓进口关，因为立项具有竞争性，有指标的硬性限制，而出口关则没有客观标准，鉴定活动是个别化进行，甚至是由项目负责人自行组织，没有参照系，没有竞争压力，内部人评价导致优秀率一直居高不下，与实际的社会评价相差很大。根据经验判断，达到优秀率的比例在5%～10%之间比较正常。

没有不合格就没有合格，没有淘汰就难以保证质量。国家社会科学基金率先实行严格的鉴定制度，使初次鉴定不合格率达30%左右。2010年1—10月，研究成果质量有了一定提高，初次鉴定不合格率约为26%。[①] 全国教育科学规划积极跟进，制定明确的验收标准和鉴定标准，使鉴定成果初选通过率为30%左右，一次鉴定不通过率为12%，有效地提高了成果质量。

项目评价应该逐渐改变传统的单指标评价，不应当仅以论文发表数、获奖次数等作为课题结项的条件，也不应仅以课题数、课题级别和经费数等指标作为单位科研的评价标准。而应构造一个科学的评价指标体系，从知识生产率、创新程度、知识存量、人才培养、项目管理等各维度，以定性与定量相结合的方法进行评价，使评价更能体现知识创造的规律。这个指标体系必须将被评对象的大量相互关联、相互制约的复杂因素之间的关系层次化、条理化，并能够区分它们各自对评价目标影响的重要程度，以及对那些只能定性评价的因素进行恰当的、方便的量化处理。

评价指标体系的制定是一个很困难的问题。一般来说，指标范围越宽，指标数量越多，则方案之间的差异越明显，有利于判断和评价，但确定指标的大类和指标的重要程度也就越困难，处理和建模过程越复杂，因而歪曲方案的本质特性的可能性也越大。评价指标体系要全面反映出所要评价的系统的各项目标要求，尽可能地做到科学、合理、可操作且符合实际情况，并基本上能为有关人员和部门所接受。为此，制定评价指标体系需在全面分析的基础上，首先拟定指标草案，经过广泛征求专家意见，反复交换信息，统计处理和综合归纳，最后确定系统的评价指标体系。

层次分析法（the analysis hierarchy process，简称AHP法）是美国运筹学家T. L. Saaty于20世纪70年代提出来的一种定性与定量分析相结合的多目标决策分析方法，适用于结构较复杂、决策准则多且不易量化的决策问

① 全国哲学社会科学规划办公室. 以成果验收结项工作为抓手推动项目研究引导学风建设[J]. 国家社会科学基金管理工作简报，2010（16）.

题。层次分析法需要建立层次结构模型，通过分析复杂系统所包含的因素及其相互关系，将问题分解为不同的要素，并将这些要素分解为若干有序层次。再根据对一定客观事实的判断，就每一层次的相对重要性给予定量表示，利用数学方法确定出每一层次的全部要素相对重要性次序的数值，并建立判断矩阵。判断矩阵是将同层次的元素两两比较而建立的，它是由定性过渡到定量的关键环节。然后求解判断矩阵的特征向量，并对判断矩阵进行一致性检验，一致性检验考查诊断者的思维是否具有一致性。最后是计算层次的总排序，即各因素相对重要性或权重。层次分析法将提供了一种能够综合人们不同主观判断并给出具有数量分析结果的方法。社会科学项目评价指标体系的权重与重要程度如表4－13所示。

表4－13　社会科学项目评价指标体系的权重与重要程度

评价维度	权重①	评价指标	权重②	总排序权重③＝①×②	次序
课题完成情况	39%	选题针对性与重要性	27%	10.53%	2
		调研的深度与广度	52%	20.28%	1
		理论科学性与独创性	13%	5.07%	8
		建议合理性与实用性	8%	3.12%	12
课题难度	6%	研究涉及的知识面	29%	1.74%	15
		研究与实验工作量	64%	3.84%	9
		研究部门协调难度	7%	0.42%	17
课题成果	25%	课题发表论文数	39%	9.75%	3
		研究成果经济效益	33%	8.25%	5
		课题投入产出比	15%	3.75%	10
		科研项目计划完成率	11%	2.75%	13
课题成员	13%	课题成员的学历构成	63%	8.19%	6
		课题成员的年龄构成	26%	3.38%	11
		课题成员的职能构成	11%	1.43%	16
课题管理	17%	课题经费使用合理性	16%	2.72%	14
		课题管理工作	54%	9.18%	4
		协作态度	30%	5.1%	7

值得说明的是，尽管层次分析法采用数学的方法将复杂的决策系统层次化，把定性的问题定量化，但不可避免的是这种方法仍存在较大的主观性，如判断矩阵就建立在专家的主观判断基础之上。首先，在实际工作中，运用层次分析法确定评价指标的权重时，应成立专家组统一意见，或扩大调查范围，尽可能降低主观性。其次，对科研课题的评价，要坚持公开、公正、公平的原则，强化质量标准，鼓励原创研究，形成正确的激励导向。要通过聘请职业道德高尚、工作能力强的资深专家学者对科研课题研究的必要性及可行性进行论证，强化评价工作的严肃性。只有健全科学的科研课题评价制度，才能实施科学的管理，才能最大限度地调动科研人员参与科学研究的积极性和创造性，产出精品力作，提升高校的竞争力和社会影响力。

此外，还要建立科研项目多次评价制度，进行历史的追踪评价，把优秀成果评奖和成果鉴定结合起来分析；增加学术创新指标的权重，把结题导向转变为创新导向；设立计划外新发现评价指标。事实证明，人们只能计划科学研究，不能计划科学发现。只有在制度上安排科学发现的规律，才能做到追求学术创新。

四、学科评价

学科评价是长线建设。学科构成社会科学研究的基础，是学者的专业领域。据统计，当代科学体系含有 2 500 个学科（包括一、二、三级学科），社会科学约占总数的 2/5，成为一个庞大的分层次、综合性的学科群。[①] 但社会科学的发展一直存在学科知识的精细分工和问题领域的综合复杂之间的矛盾。学科分支越来越细化使得学者越来越专，甚至出现在同一研究领域彼此互不相通的局面，研究先秦的，是“乃不知有汉，无论魏晋”。但与此同时，社会问题日益复杂，对任何一个问题的解决都很难归属为某一个具体学科，而需要从不同学科的角度共同寻求解决之道。

按照国际上的划分，社会科学学科可分为社会学、政治学、心理学、经济学、统计学、语言学、人类学、考古学、艺术学、法学、哲学、教育学、管理学、现象学、语言学、符号学等 22 个主要学科。

根据《国家教育部学科专业目录》，普通高校的学科门类包括哲学、经济学、法学、教育学、文学、历史学、理学、工学、农学、医学、管理学 11 个学科门类，军事院校还设有军事学。去掉理学、工学、农学、医学，社会科学包括 8 个学科。

---

① 刘仲亨. 国外社会科学发展百年回顾［J］. 国外社会科学，1999（6）.

按照国家学科分类标准，人文社会科学学科共有20个学科，即马克思主义、哲学、宗教学、历史学、考古学、民族学、中国文学、外国文学、语言学、艺术学、管理学、经济学、政治学、法学、社会学、教育学、心理学、新闻学与传播学、图书馆情报与文献学、体育学。

把国家社会科学基金项目26个申请学科与教育部人文社会科学项目25个申请学科进行比较，如表4－14所示。

表4－14　社会科学学科标准分类

	学科数/个	相　同	不　同
国际通行	22	社会学、政治学、心理学、经济学、统计学、语言学、人类学、考古学、艺术学、法学、哲学、教育学、新闻学	
国家学科分类标准	20	马克思主义、哲学、宗教学、历史学、考古学、民族学、语言学、艺术学、管理学、经济学、政治学、法学、社会学、教育学、心理学、新闻学与传播学、情报与文献学、体育学	中国文学、外国文学
国家社会科学基金学科标准	23+3	哲学、统计学、政治学、社会学、人口学、法学、考古学、民族问题研究、宗教学、语言学、新闻学与传播学、图书馆情报与文献学、体育学、管理学、教育学、军事学、艺术学	马列·科社、党史党建、理论经济、应用经济、国际问题研究、中国历史、世界历史、中国文学、外国文学
教育部人文社会科学项目学科标准	25	哲学、逻辑学、宗教学、语言学、艺术学、历史学、考古学、经济学、管理学、政治学、法学、社会学、民族学与文化学、新闻学与传播学、图书馆情报与文献学、教育学、心理学、统计学、体育学	马克思主义理论/思想政治教育、中国文学、外国文学、港澳台问题研究、国际问题研究、交叉学科/综合研究

教育部社会科学委员会按学科门类分为12个学部，包括马克思主义、哲学、语言文学、新闻传播学和艺术学、历史学、经济学、法学、政治学、社会学和民族学、管理学、教育学和心理学、综合研究。

国外有学者把学科划分为硬科学和软科学、纯科学和应用科学，认为这种分类方法比较细致，简单易行，能够把人们的注意力引向学术领域的认知特征，引向学术领域和研究群体的社会特征。社会科学的知识发展具有重复性，知识结构呈现为有机与整体的结构，注重特殊性和复杂性，具有个人色彩，价值观影响明显，知识的正误标准存在争议，对所要解决的问题缺乏共同认识，成果表现为理解或阐释。①

（一）人文社会学科分类评价

狄尔泰在《人文科学导论》中谈及人文科学作用方式时强调“人文科学的目标——即理解社会历史现实中的单一和个体，认识其形成过程的一致性，为其未来发展建立目标和规则”②。人文科学以人的精神活动及其产品为对象，它直接作用于现实的个人及由其组成的人类自身。伦理学提高人的道德素质，历史增加以史为鉴的智慧，逻辑训练人的思维能力，文学艺术提高人的审美力。政治学、经济学、法学、社会学等社会科学学科都旨在发现支配某一社会生活领域的尽可能普遍的规律，并力图用这种普遍规律去解释个别的社会事件。在 19 世纪后期这些学科刚刚独立的时候，为了获得成为“科学”的入门券，这些学科甚至还不得不服从自然科学的“科学”标准，并大量借用自然科学的方法。20 世纪以后，各门社会科学逐渐形成了与自己的独特研究对象相适应的研究方法，但在致力于探索和发现支配本学科研究对象的普遍规律、获取关于本学科研究对象的本质和规律的普遍知识这一点上，却没有任何变化。如果一定要说有什么变化，那就是它们由于有了合用的、更有效的方法而比以往做得更好。总之，“抽象化”或“普遍化”与“具体化”或“个别化”，是一切科学（包括自然科学和社会科学）与人文学科在致思方向上的重要区别。社会学科是群体工作，以研究客观规律为目的。社会学为现代化社会科学的基石，内蕴功能结构，外接环境网络，下接文学文化，上承民生民俗、国计民生。

自然科学的命题都是价值中立的事实命题，它们原则上都是可实证的。虽然社会科学的命题也是事实命题，但由于这些命题所意指的社会事物往往与研究者之间存在着这样或那样的利益关涉，因而这些命题在多数情况下并不完全是价值中立的，其实证性实际上比自然科学命题要低得多。社会科学家们常常倾向于为他们所提出的社会科学命题的价值中立性做辩护，因为价值负荷的存在毕竟会损害社会科学命题的科学性，它们本身是社会科学命题

① （英）托尼·比彻，保罗·特罗勒尔．学术部落及其领地：知识探索与学科文化［M］．唐跃勤，等，译．北京：北京大学出版社，2008：3.

② 狄尔泰．人文科学导论［M］．北京：华夏出版社，2004：29.

不完善的表现。按照其总的旨趣和致思方向，社会科学命题必然会不断地趋向于价值中立，不断地提高其实证性或可证实度。

人文学科（humanities）这一名称本身就是科学所界定的，是20世纪对那些被排拒在自然科学和社会科学之外的学科的简便总称。人文学科的主干可以现成地用人们常说的“文（文学）、史（史学）、哲（哲学）”来指称，或者再加上艺术。较广义的“人文学科”还可以包括诸如现代语言和古典语言、语言学、考古学，乃至含有人道主义内容并运用人道主义的方法进行研究的社会科学。人文学科的兴盛能为一个国家带来真正的兴旺发达，同时也会为人类带来长久的福祉。而人文学科的衰弱，将使一个国家的发展变成无源之水和无本之木。人文学科的一般特征，主要是在与自然科学、社会科学的比较（尤其是后者）中展开：①根源性。人文学科可以说是今天许多其他学科，尤其是社会科学诸学科的母体，它们大多是近代以来从其分化出来的。②历史性。与社会科学相比，人文学科主要是纵向的，有一种历史的纵深，根基深厚，眼光长远，这不仅对深入认识现代社会及其未来发展是不可或缺的，而且认识人类的历史本身亦是一自在的目的。③差异性。或者说联系于各民族、各文明传统的特殊性。自然科学、社会科学较注重探讨普遍规则，而人文学科则与各民族的特性紧密相关，它不仅有助于个人确立恰当的认同，也提醒人们注意文明和文化的差异性、多元性，以及交流和互补。另外，人文学科还有一种联系于个人的特殊性，它注重个别。④综合性、贯通性。人文学科相对来说眼界广阔，适用广泛，它们不是太重视具体专业的界限（或者说本身是领域宽广的专业），它着眼于培养通才，或者说使任何专业的人才都有广博的眼光和胸襟，有专业以外的知识和对文学、艺术、道德的较高鉴别力。它尤其与语言文学有关，重视通才、通识，“君子不器”，或不为小器而正欲成大器，具有某种业余性，不仅中国古代的君子之学如此，柏拉图《理想国》中的教育亦如此。⑤经典性。人类现在公认的经典绝大部分可说是人文经典，而学习人文学科的主要方法也是亲近大师，了解经典。⑥悟性。人文学科更重智慧而不是知识、定律。它不像自然科学、社会科学那样注重普遍规律和累积知识，而是更注重一种智慧和能力的培养，更注重紧张和有创造性的探讨过程而非固定的结论。它对个人的独创性留有更浩大的空间和更多样的表现形式。⑦非实用性。指对外在物质条件和利益的某种独立性和距离。一方面，人文学科一般不像自然科学、社会科学那样依赖实验条件和物质条件；另一方面，由于它并非直接实用的学科，一般也不能给其学习者或从业者带来直接的物质利益，但将带来一种心灵的丰富和满足。人文学科是关于人类内心世界的学问，也与社会科学有所区别。文化学科在研究对象时则总是致力于“具体化”或“个别化”，它强调和珍视各种个别的东西、富有个性特色的东西、独特的东西的价值，并借此来开掘人的生存的丰富意义。文学、史学、哲学的研究都是只有在表达了一种独特的价值时才会受到人们的重视。人文学科是个体工作，以研究价值观为目的。人文学科的旨趣在于表达一定的价值观念或价值理想，因而它的思维方式不可能是实证的，尤其是哲学的思维方式是非实证的。人文学科中那些体现出某种人文精神的命题，往往看起来是一些事实命题，而实际上却是一些价值命题。例如，普罗塔哥拉的“人是万物的尺度”、克罗齐的“一切历史都是当代史”、丹纳的“艺术是一种既高雅而又通俗的东西”等命题，莫不如此。这些价值命题既不能从事实命题中推导出来，也不可能用经验来予以验证，它们都是非实证的。

虽然人文学科的思维方式是非实证的，但也并不意味着各门人文学科的思维方式都是一样的。虽然各门人文学科的根本旨趣是相同的，都是要揭示人的生存意义、探索人的价值及其实现途径，但它们的思维方式也是很不相同的。其中，文学和艺术是表达性或“显示性”的，语言学和历史学是理解性的，而哲学则是反思性的。

社会科学特别是人文科学与一般公认的“科学”标准（可检验性、解释性、内在完备性、预见性）尚有较大差距，因此无法把人文学科与社会科学截然分开。人一开始就是社会的人，人类精神文化活动就是在社会场景中展开的，本身就是一种社会现象；同时，社会现象又源于人类精神活动的创造。人文现象与社会现象都是由人、人的活动以及活动的产物构成的，这就是人类社会生活的内在统一性。人文学科与社会科学的研究对象是同一个社会生活整体，它们从不同的侧面以各自不同的方式反映同一社会生活，相互补充、相互渗透、相互影响。正是这种水乳交融的紧密联系，构成了二者内在的亲缘性与统一性，成为人文学科与社会科学一体化的客观基础。对此问题，皮亚杰有很深刻的见解，他认为：“在人们通常所称的‘社会科学’与‘人文科学’之间不可能做出任何本质上的区别，因为显而易见，社会现象取决于人的一切特征，其中包括心理生理过程。反过来说，人文科学在这方面或那方面也都是社会性的。只有当人们能够在人的身上分辨出哪些是属于他生活的特定社会的东西，哪些是构成普遍人性的东西时，这种区分才有意义……没有任何东西能阻止人们接受这样的观点，即‘人性’还带有从属于特定社会的要求，以致人们越来越倾向于不再在所谓社会科学与所谓‘人文’科学之间作任何区分了。”① 正因为如此，现在人们往往把相对于自然科学而言的知识领域，即人文学科与社会科学统称为人文社会科学，有时

① （瑞士）皮亚杰. 人文科学认识论［M］. 北京：中央编译出版社，1999：1.

也简称为社会科学。社会科学是在承认人文现象与社会现象、人文学科与社会科学之间差异的前提下学科融合的产物，这一趋势充分体现了学科综合的时代特征。[①] 社会科学被组织成以人文学科和社会科学为大类，以各一级学科为主干，其他级别学科按隶属关系依次展开的“树状”多级分类结构。这是一种人文社会科学体系的平面静态结构，展示了诸学科间的垂直隶属关系，但人为割断了学科间的横向联系，难以包容综合性学科。事实上，由于人文和社会领域的复杂性，除纵向隶属关系、层次关系外，学科之间还存在着横向的并列、邻接、交织关系。正是这种纵横交错的内在联系，把人文社会科学的各个单元联成一个统一体。同时，人文社会科学体系通过下向因果链，统摄、整合和规范各学科的发展，促进研究领域的扩展和深化。与生产实践活动相比，修身养性、安顿生命的人文实践与创造社会生活的社会实践，更需要理论支撑和方案、对策设计。与自然科学的学科分化不同，人文社会科学从诞生之初，就是在基础研究、应用研究和开发研究层面同时展开的。人文社会实践是催生人文社会科学的温床，是促进人文社会科学发展的动力源泉，同时也是人文社会科学理论的外化过程。沿着从理论到实践的顺序，人文社会科学体系结构形成了元科学、基础理论学科、应用基础学科、人文社会工程学科四个层次。

从学术引证的角度看，改革开放30多年来，总体上是社会学科不断发展壮大，而人文学科逐步衰落萎缩，无论是绝对数量还是相对比例上看都是如此。[②] 西方社会科学作品在中国学界的主导影响，是我国学术发展最为醒目的特点，社会科学更多受美国大学所支配，人文学科则为德国大学所主导。

（二）强化特色突出重点

社会科学具有很强的地域性特点，特色学科是相对于大众而言的，特色学科建设要统筹国内和国际两个大局：一是世界体系内的中国特色学科，一是中国体系内的地方特色学科。特色学科是社会科学学术研究和教学的专长领域，是高等学校的核心竞争力，是办学特色和优势的具体体现，是高等学校安身立命之本，是高等学校各项工作的重中之重。学校的发展离不开特色学科的支撑，重点高校要形成中国特色的学科，普通学校要形成具有地方和民族特色的学科。

如山东大学自20世纪50年代以来，以杨向全等“八大学者”为核心

---

① 刘大椿．人文社会科学研究成果评价体系研究［M］．北京：经济科学出版社，2009：8.

② 苏立，陈春声．中国人文社会科学三十年［M］．北京：生活·读书·新知三联书店，2009：168.

的一批专家学者，为山东大学赢得“文史哲”荣誉。其中，历史学科是国家重点建设的“一类特色学科专业”，拥有国家重点学科“中国古代史”等重大学术平台，学科综合实力多年来位居全国高校前列。山东大学历史研究的特色引起世界关注和尊重，第 22 届国际历史科学大会将于 2015 年在山东大学召开，这是近百年来这一国际大会首次在中国及亚洲举行，意义重大。如北京外国语大学目前已基本形成了以外国语言文学学科为主体，文、法、经、管多学科协调发展的专业格局，其中，外国语言文学是该校具有传统优势的特色学科。

重点学科建设是社会科学学科建设的重要举措。国家重点学科是国家根据发展战略与重大需求，择优确定并重点建设的培养创新人才、开展科学研究的重要基地，在高等教育学科体系中居于骨干和引领地位。其建设目标是：一批学科总体水平处于国内同类学科前列，其中部分学科达到国际同类学科先进水平；提升我国高等教育的创新能力和人才培养能力，为建设创新型国家提供人才和智力支撑。

重点学科的具体标准是：①主要学科方向对推动学科发展、科技创新，促进我国经济建设、社会进步、文化发展和国防建设等具有重要意义。②拥有学术造诣高、具有一定国际影响或国内知名的学术带头人，有一支结构合理的高水平学术团队。③应有完整的本科生和研究生培养体系，培养的博士生质量和数量位于国内同类学科的前列。④具有鲜明的学科特色，在本学科领域有较大的学术影响；已取得较高水平的成果，对经济建设和社会文化发展做出了重要贡献；承担着国家重要的研究项目。⑤教学、科研条件居国内同类学科先进水平，具有较强支撑相关学科的能力，有良好的图书文献和现代化信息保障体系。⑥学术气氛浓厚，国际国内学术交流活跃。

国家重点学科一般按照一级学科和二级学科分设，其口径以现行的《授予博士、硕士学位和培养研究生的学科、专业目录》为依据。规划内容主要包括建设目标、主要研究方向、队伍建设、人才培养、环境和基础条件建设、经费筹措、预期成效等方面。

凝练学科方向是做好国家重点学科建设规划的核心，各国家重点学科要与国际同类高水平学科进行比较，掌握本学科领域发展动态，紧密结合国家创新体系建设和哲学社会科学繁荣计划，瞄准国家及区域重大需求，根据自身学科优势，确定本学科研究方向。

师资队伍是国家重点学科建设的关键，各国家重点学科所在单位要制定相应的优秀学术骨干选拔和引进办法，明确学科负责人在学科建设中的职责，为优秀学者和学术团队的发展创造条件，完善激励和约束机制。基础设施条件是国家重点学科发展的重要保障，各国家重点学科所在单位要加强对国家重点学科的实验室、现代化信息环境、图书文献等基础设施和条件的建设。到2006年，国家重点学科经过近20年的建设，其教学、科研条件得到了明显改善，学术水平、培养高层次人才和承担国家重大任务的能力得到了显著提高，促进了高等学校学科结构的调整和优化，已成为我国高等学校重要的具有骨干和示范作用的教学、科研基地。加强国家重点学科建设的指导思想是："服务国家目标，提高建设效益，完善制度机制，建设一流学科。"国家重点学科在规模基本稳定的基础上，重点是根据国家和区域经济社会发展特别是创新体系建设的需求，对学科结构布局等方面进行调整。国家重点学科在按二级学科设置的基础上，增设一级学科国家重点学科。一级学科国家重点学科的建设要突出综合优势和整体水平，促进学科交叉、融合和新兴学科的生长。二级学科国家重点学科的建设要突出特色和优势，在重点方向上取得突破。国务院学位办公室设立国家重点学科，省级设立省级重点学科，学校设立校级重点学科。这三级学科建设带动研究成果、学科带头人、人才梯队和教材体系，在知识创新、人才培养和社会服务等方面做出贡献。

国家重点学科建设需要加强领导，坚持标准，突出重点，要以培养高层次创新人才和提高自主创新能力为目标，瞄准世界科学技术发展前沿，抓住能够促使学科上水平、凝方向、聚人才、筑基地、出成果、做贡献等关键方面，集中力量进行建设。发挥国家重点学科的骨干和示范作用。国家重点学科建设要构筑能够承担国家重大任务的学科平台，建立资源共享机制，提高建设效益；要利用国家重点学科在教学、科研、人才培养、师资等方面的优质资源，大幅度增强高等学校科研和创新能力，带动高等教育整体水平的提高。国家重点学科的考核每五年进行一次，考核的依据是各国家重点学科制订并备案的学科建设与发展规划，考核的主要内容是各国家重点学科规划的完成情况。对符合条件的将重新确定为国家重点学科，对建设成效差、经整改后仍不符合要求的将予以淘汰。

（三）注重跨学科研究

单学科是学术研究的专门领域，而社会问题都是综合的。学科是与知识相联系的一个学术概念，是自然科学、社会科学两大知识系统（也有自然、社会、人文之三分说）内知识子系统的集合概念。学科是分化的科学领域，是自然科学、社会科学概念的下位概念。学科也是教学、科研等的功能单位，是对人才培养、教师教学、科研业务隶属范围的相对界定。术业有专攻，学者有专长。学科是科学知识体系的分类，不同的学科就是不同的科学知识体系。

构成一门独立学科的基本要素主要有三方面：一是研究的对象或研究的领域，即独特的、不可替代的研究对象。二是理论体系，即特有的概念、原理、命题、规律等所构成的严密的逻辑化的知识系统。三是方法论，即学科知识的生产方式。学科发展的目标是知识的发现和创新。学科以知识形态的成果服务于社会，一般称之为科研成果，科研成果又可分为科学型和技术型两种。

跨学科与交叉科学（interdiscipline）是在同等意义上使用的，因此，也将跨学科称为交叉科学。具体而言，是指专门学科的综合科学含量，每一门科学都有它的跨学科性（包含其他的科学范畴）和跨学科发展。学科间的严格分界曾被视为现代科学发展到较高水平的重要标志，而当下社会却向我们呈现出另外一幅图景：学科间严格的分界逐渐被打破，呈现出更多的流动性和渗透性；在传统学科版图之外的交叉学科不断出现；学科作为一种“知识的社会秩序”的声望在逐渐衰退和减弱。以问题导向、政策和产业驱动、跨学科交叉合作为特征的新的科学研究模式日益受到关注。推进跨学科研究也成为世界知名大学和其他研究机构应对重大现实问题、提升科研竞争力、保持领先优势的有效路径。

跨学科研究指通过整合来自两个及两个以上学科或专门知识模块的信息、数据、技能、工具、观点、概念或理论，来提升基本的知识理解或解决那些单一学科或研究实践无法解决的问题。跨学科研究的方法和关注点都是多元的。它可以由科学的求知欲驱动，也可以由实际的需求促发；可以由单个研究者来进行，也可以通过组建团队来实施。真正的跨学科研究不是简单地把几个学科拼凑在一起，而是追求各个学科在思想和方法上的融合，通过学科间的商讨与合作，建构一个共同的研究框架，获取一个整体的或系统的研究成果。在这一意义上，它不同于多学科研究，即各个学科围绕一个共同的问题独立地同时工作或依次工作。多学科研究实际上是一种加和，它不挑战学术共同体的结构或功能，也不要求研究者本身的学术观发生任何改变；超学科研究是由一种学科专家和社会参与者共同完成的知识生产。超学科研究试图彻底地超越学科思维，从问题的提出到问题的解决都独立于任何一个学科背景。

跨学科研究的兴起缘于三种强大的驱动力，并迅速成为当前科学研究的基本趋势。首先，很多科学问题处于学科的交汇地带或组织机构的空白地带。对这些交汇地带和空白地带的探究促成了学科间的合作，并且促发了新的交叉学科领域的产生，比如环境心理学（涉及心理学、社会学、地理学和建筑学）、认知科学（涉及心理学、脑科学、计算机科学、语言学、哲学等）、神经科学（涉及心理学、生物学和计算机科学）等。探究这些新兴的交叉学科领域是任何一门单一学科所无法胜任的。

其次，跨学科研究是应对复杂现实问题的重要手段。通过引入多维视角，跨学科研究大大拓展了我们解决问题的行动空间。从曼哈顿项目、人类基因组计划、载人航天技术这些重大项目的组织实施，到当前人类社会面临的一系列复杂问题，如经济全球化、气候变化、能源、贫困等问题的应对，都需要跨学科协作。与此同时，为了应对日益激烈的全球竞争，各国对需要通过跨学科协作来进行的问题导向研究越来越重视。欧盟在1998—2002年实施的第五框架项目（FP5）集中关注跨学科整合，尤其是将社会经济的研究视角引入研究与技术发展领域，从而提高欧盟在信息技术、通信技术和生命科学等一些主要产业部门的技术创新能力和经济竞争能力，以及欧盟在一些复杂社会问题上的决策能力。我国在“985工程”二期中，着力建设了一批创新平台，突出重大科学问题和现实问题引导，凝聚不同学科背景的研究者开展跨学科交叉研究。美国在这方面的措施和成就都非常显著，美国国家科学院就此问题发表了一系列研究报告，称跨学科研究是“人类进行的最具成效和鼓舞人心的事业之一”。

最后，跨学科研究是引发创新的重要源泉。创新行为通常包含将先前不相干的东西联系在一起。在跨学科研究中，旁观者的视角、其他学科的方法和结果以及信息的交流，构成了创新的催化剂。随着传统学科研究路径的回报率越来越低，在一个学科内获得创新的难度也逐渐加大，而在学科交叉领域无疑更容易取得创新性成果。正如控制论的创始人维纳所言，“在科学的发展上，可以得到最大收获的领域是各种已经建立起来的部门（学科）之间的被忽视的无人区”。

虽然推进跨学科研究广为认同，但人们对成功的跨学科研究的复杂的社会过程和智力过程还缺乏完整、清晰的认识。在很多大学，尤其是研究型大学中，各类跨学科研究中心在数量上甚至已经超过传统的系，但是系科网络仍然是现代大学的基本组织架构，资源的分配、教师的聘任和晋升、项目的评审等都是围绕系科来运作的。这种制度安排无疑增加了跨学科研究的成本，也阻碍了跨学科研究的进一步发展。作为对这一现状的积极回应，各国高校先后实施了一系列组织创新，积极探索推进跨学科研究的策略。

1. 设立激励性资助项目

跨学科研究一直以来都是“大学财政结构中的孤儿”，无法像学科研究一样获得常规性的资助或奖励。激励性资助较好地解决了这一问题。这些资助通常以“种子基金”的形式出现，学校资助设立具有明确跨学科研究内容和研究目标、具有重大发展前景的跨学科研究机构或研究项目，以期这些机构能够逐渐发展壮大，争取到各级重大项目及其他各类外部资源，从而获得自我生存、自我发展的能力，形成新的优势研究领域。美国俄亥俄州大学设立了“重大跨学科基金发展项目”，获得资助的教师必须承诺申请国家层面的项目。我国部分研究型大学也通过设立各类学科交叉预研基金项目，大力扶持和促进学科交叉与融合。

2. 改革教师聘任机制

为促进跨学科研究，一流大学开始发展出一些新的教师聘任策略。双聘制是目前国内外高校采用较多的一种聘任方式，它是指一名教师同时受聘于校内的两个学术单位，可以是两个系、两个学院或者一个系或学院和一个研究机构，但是只有一个行政归属的聘任方式。美国宾夕法尼亚州州立大学实施了一项联合资助计划。研究机构为某个系或学院的职位提供一半的资金，受聘教师在行政上归属于系或学院，但必须为促进跨学科合作做出贡献。不同于双聘制的是，系或学院在设置该职位时已经将跨学科研究机构的要求考虑在内。而在双聘制中，研究人员在两个学术单位的研究进程是相互独立的，从而经常在时间分配上产生矛盾。威斯康星大学在 20 世纪 90 年代中期推出集群聘任计划。集群指投身跨学科研究的教师群。目前，这所大学共有 49 个由不同领域整合出来的集群，共聘任了约 140 位研究人员。受聘人员在行政上归属某个系，但全部由学校专款聘任。集群已成为支持优先发展领域、吸引优秀科研人才、保持领先研究地位的重要手段。

3. 改革项目评审机制

适宜的评价模式必须不仅能够充分地考虑到跨学科研究的独特价值，比如不同知识类型的整合、创新的研究方法、学科间的交流、团队合作的技巧等，而且要充分考虑到跨学科研究的一些特殊需求，比如跨学科研究项目通常需要较长的启动期，因为研究者需要花费额外的时间和精力学习新的方法、语言和文化。这些额外的付出也许无法带来直接的成果，但却是一个成功的跨学科研究所必需的。目前，很多项目资助机构都对传统的同行评价机制进行了适度的改革，以适应跨学科研究项目的评审要求。方法之一是在学科评审委员会内部倡导跨学科研究，加强他们对跨学科研究重要性的认识，以确保跨学科研究项目得到平等对待。方法之二是设立专门的跨学科项目评审委员会，从而避免与学科研究项目竞争同一项基金。英国经济与社会研究理事会建议在项目评审书中设置是否为跨学科研究项目的选项，如果是跨学科研究项目，申请者必须明确陈述涉及了哪些学科，以及为什么要包含这些学科，这样有助于在评审时选择合适的专家。它还建议评审委员会中应包含跨学科合作方面的专家，以确保研究项目的跨学科合作质量。

4. 增强团队协作能力

虽然个体研究者也可以进行跨学科研究，但是组建跨学科团队是一种更为有效的方式。跨学科研究团队的成功有赖于制度的保证，也取决于研究领导者的才能。一个跨学科团队的领导除了是其学科领域的专家之外，还应该对项目所涉及的学科领域有较好的理解和把握，并且善于培育共识、引领方向、促进交流和做出决策。具有灵活性与适应性，善于倾听、交流与合作是一个跨学科团队成员应具有的品质。交流问题几乎存在于所有的跨学科团队中。通过发展一种共同词汇，尽量避免使用专业行话，利用图示来澄清一些易于混淆的概念，构建一个团队成员可以商谈交流的平台，是克服交流障碍的有效途径。

重点研究基地是跨学科建设的一种形式。1999 年 6 月，教育部颁布《普通高等学校人文社会科学重点研究基地建设计划》，从我国经济建设和社会发展及高等教育改革发展的需要出发，按照优化结构、合理布局、突出重点、兼顾基础和应用研究的要求，滚动评审了 100 个左右具有国家级水平的重点研究基地，实施重点学科基地建设，先后在 66 所高校设立了 150 多个人文社科方面的重点研究基地，辐射带动各省（自治区、直辖市）建立了 400 多个省际重点研究基地，许多高校建立了校级的重点研究基地，从而形成了一个金字塔形的科研平台创新体系。这种以研究基地为中心、研究所和团队为代表的学术组织在整合学术资源、发挥群体优势、突破重大问题方面发挥了重要作用，是对“学校—院系—教研室”行政化组织形式的有益补充。

重点研究基地建设的标准是“凝练学科方向，汇聚学科队伍，构筑学科基地”。形成了以下四种学术组织形式：一是依托传统一级学科或二级学科的研究所或研究中心；二是跨学科的研究所或研究中心；三是人文社会科学创新基地；四是网络组织结构 E—研究院，以跨学科、跨地区为特点，以汇聚人才、培育人才、出大成果为目的，以共享性、开放性和协同性为其特点，创造“十年一规划，三年一考核”的宽松科研环境。“机构开放、人员流动、内外联合、竞争创新”和“带课题进基地，完成课题出基地”的运行机制，以及以项目为纽带的主任负责制、聘任合同制、驻所研究制度、学术休假制、学术委员会制等，使以固定人员为中心的运行体制向以研究项目为中心的新运行体制转变，逐步改变了人浮于事和科研力量分散的状况。

2003—2004 年，教育部按照“不合格淘汰、达标替补”的动态管理要求，对重点研究基地进行了达标评估，以 10% 的淘汰率引起了震动。北京大学中国经济学研究中心进入重点研究基地行列，表明成功或成果最有说服力，而说服力本身最没有说服力。

学科建设采用了折中的办法推进，即新的单位绕过旧的单位，而旧的单位依然存在。目前，高校普遍存在两种学术组织形式彼此重叠的现象。从学校发展的要求看，教学和科研都是其生存和发展的命根子。

根源于人类精神活动与社会活动的特殊性，人文社会科学具有与自然科学不同的特点，这也是应该仔细分析的，认识两者之间的差异有助于了解它们的特点。

1．从研究对象角度看

人文社会现象与自然现象、技术现象的差异是造成人文社会科学与自然科学差异的根源。自然现象具有不依赖于主体而存在和发展的客观性和普遍性，科学研究活动中的主客体界线分明，具有较强的实证性，即使涉及人，也是把人作为没有意志的客体看待的，如医学、心理学、人类学视野中的人。而人文社会科学的研究对象具有主观自为性和个别性，其中充满复杂的随机因素的作用，不具备重复性。研究对象本身又是由有意志、有目的和有学习能力的人的活动构成的，涉及变量众多，关系复杂，贯穿着人的主观因素和自觉目的，认识活动中的主客体界线模糊，即使涉及自然物，也是用以再现社会关系与人类精神，如诗人眼中的玫瑰花表示爱情，经济学家眼中的商品体现着劳动价值、生产关系等。自然科学的研究对象大多与时代背景无直接关系，而人文社会科学的研究对象与时代发展息息相关，多带有强烈的时代背景色彩。只有把研究对象置于具体时代背景之中，才能揭示研究对象的本质。总之，与自然现象和技术现象的自在性、同质性、确定性、价值中立性、客观性等特点相比，人文社会现象具有人为性、异质性、不确定性、价值与事实的统一性、主客相关性等特点，从而形成了人文社会科学的诸多特色。

2．从研究方法角度看

自然科学是以实证、说明为主导的理性方法，而人文学科更多地使用内省、想象、体验、直觉等非理性方法。（自然）科学和人文学科可以互相补充，因为它们在探究和解释世界的方式上存在根本区别，它们属于不同的思维能力，使用不同的概念，并用不同的语言形式进行表达。科学是理性的产物，使用事实、规律、原因等概念，并通过客观语言沟通信息；人文学科是想象的产物，使用现象与实在、命运与自由意志等概念，并用感情性和目的性的语言表达。①

人文社会世界的主体性、个别性、独特性、丰富性特征，要求认识主体具备把握意义世界的主观感悟能力，而这种能力的形成与个体的生活经历、生命体验密切相关，人文社会科学的认识活动因而带有个体性与差异性特点。因此，一些哲学家认为解释学能够提供适合人文社会科学的客观性的方法论。（自然）科学和人文学科的区别在于其分析和解释的方向。科学从多样性和特殊性走向统一性、一致性、简单性和必然性；相反，人文学科则突

① 简明大不列颠百科全书［Z］．北京：中国大百科全书出版社，1985：760.

出独特性、意外性、复杂性和创造性。

3. 从研究手段角度看

自然科学通常使用实验手段，在人为控制条件下，使研究对象得到简化、纯化和强化，使对象的属性及其变化过程重复出现，从而观察和认识研究对象，达到客观统一的认识。而人文社会科学很难使用实验方法，即使社会科学研究中采用的“试验”“试点”，也总是随时间、地点和具体对象而改变，很难做到研究对象的简化和纯化，也不可能使研究对象的属性重复出现，与自然科学研究中的实验大相径庭。此外，数学方法是自然科学研究中普遍使用的基本方法。但由于人文社会科学现象的复杂性，至今只有经济学、社会学等个别社会科学门类，采用数学方法作为辅助研究手段。至于人文现象，则更难以量化和纳入数学模型，很少有采用数学方法进行研究的成功案例。

4. 从研究目的角度看

自然科学主要是在认识论框架下展开的，目的在于揭示自然界的本质与物质运动的规律，追求认识的真理性，试图规范和指导改造自然的实践活动，造福人类。工具理性维度构成自然科学的核心，价值理性维度多在自然科学视野之外。人文社会科学主要是在价值论框架下展开的，目的在于通过对人类文化与社会本质、发展规律的研究，丰富人类精神世界，提升生活质量，指导改造社会的实践活动，兼具工具理性与价值理性。人文社会科学不仅有助于营造一个促进经济与社会发展的和谐环境，而且注重探讨与人类生存、发展、幸福有关的价值与意义。“如果人文科学想要求得自身的生存，它们就必须关心价值。这种关心是人文科学与自然科学的最明显的区别。”

5. 从学科属性角度看

自然科学具有客观性和真理性，忽视价值判断，可为任何阶级、民族和国家服务。自然科学内部不同学派之间的争论，多是基于认识差异上的学术争论，一般不涉及阶级偏见。而在人文社会科学活动中，认识者往往既是认知主体，又是被认知的客体。作为主体，他能认识客体与自己；作为客体，他是人生意义的产生者、民族文化的承担者、社会活动的参与者、自我认识的历史存在。人文社会科学是真理性、价值性与艺术性的统一，多属社会意识形态，往往程度不一地打上阶级或民族的烙印，难以毫无差别地为一切阶级、民族和国家服务。因此，人文社会科学比自然科学更多地受到统治阶级的干预和控制。正如贝尔纳所说：“社会科学的落后主要不是由于研究对象具有一些内在差别或仅仅是复杂性，而是由于统治集团的强大的社会压力在阻止着对社会基本问题进行认真的研究。”①

此外，自然科学研究以集体劳动为主，人文社会科学研究以个体劳动为主。自然科学的时代性较弱，继承性较强；人文社会科学的时代性较强，继承性较弱。自然科学体现的是一种以探索、求实、批判、创新为核心的科学精神；人文社会科学体现的是以追求真、善、美等崇高的价值理想为核心，以人的自由和全面发展为终极目的的人文精神。总之，人文社会科学与自然科学在许多方面都存在着差异，正是这些差异使人文社会科学成为与自然科学相区别的相对独立的知识体系。

有为才有位，有位更有为。自 1978 年改革开放以来，中国拉开了探索并建立社会主义市场经济体制的序幕，经济学日益成为显学，经济学家也相应受到高度关注，成为媒体曝光率最高的学术团体。1995 年中央实施科教兴国战略和人才强国战略，教育学受到重视。1997 年党的十五大提出“依法治国”方略，法学家受到社会高度关注，对社会生活的影响力与日俱增，媒体曝光率也较高。党的十七大提出把保障和改善民生作为工作重点，突出社会管理的重要性，法学家、哲学家、管理学家、社会学家、教育学家、心理学家逐渐受到重视。

五、机构评价

1977 年，邓小平主持召开了科学和教育工作座谈会，在会上明确提出：“高等院校，特别是重点高等院校，应当是科研的一个重要方面军，这一点要定下来。它们有这个能力，有这方面的人才。事实上，高等院校过去也承担了不少科研任务。随着高等院校的整顿，学生质量的提高，学校的科研能力会逐步增强，科研的任务还要加重。朝这个方向走，我们的科学事业的发展就可以快一些……我们现在还不能让所有的高等院校普遍加重科研的分量，但是重点大学都要逐步加重科研的分量，逐步增加科研的任务。从科研队伍的数量来说，若干年后，学校的科研机构也许同专业研究机构大致相等。”② 他认为，“重点大学既是办教育的中心，又是办科研的中心”③。由此，高校和社会科学研究院所成为我国社会科学研究的主要机构，其研究综合实力和竞争力是重要的指标。哈佛大学、剑桥大学等世界一流大学的建设

① 人文社会科学工作者总是从属于一定的阶级、民族和国家等利益集团，与人文社会现象之间存在着或多或少的利害关系，研究成果往往渗透着各自的知识背景、价值观、民族文化传统，带有阶级倾向性。如历史的“辉格”解释等。这也就是为什么世界上只有一种物理学、化学、天文学，却并存着多种哲学、历史学、法学的原因。

② 邓小平文选：2 卷［M］. 北京：人民出版社，1989：53.

③ 邓小平文选：2 卷［M］. 北京：人民出版社，1989：35.

经验昭示，一流大学必然有一流的自然科学和人文社会科学。

我国的社会科学研究机构大部分按照计划经济体制运行，与改革前的国有企业有些类似：研究人员的终身制、分配上的大锅饭、论资排辈缺少竞争机制。科技体制改革更多地触及自然科学领域，社会科学体制改革相对滞后，科研机构以固定人员为中心的运行机制逐步向以研究项目为中心的新型运行体制转变。

社会科学研究机构的竞争力评价的意义在于为建立完善的研究质量保障和评价监督体系贡献力量，为政府部门管理和决策提供定量依据，为研究机构的竞争和发展提供定位信息。需要处理好以下关系：正确处理定性与定量的关系，坚持定性分析和定量评价相结合的原则；正确处理投入、产出与效益的关系，实行三者兼顾的原则；正确处理自然科学与社会科学的关系，坚持两者同等重要，实行分类评价的原则；正确处理规模与效益的关系，适当偏重于效益的原则；正确处理数量与质量的关系，适当偏重于质量的原则；正确处理国内数据与国外数据的关系，既要两者基本对应，但又适当偏重于国外数据，这有利于与国际接轨，鼓励社会科学研究人员走向世界。

评价是管理的基础和前提，“没有科学的评价就没有科学的管理”，评价是为管理和决策服务的。因此，评价工作既考虑消费者、投资者和社会民众的需要，又特别重视政府管理部门和高校管理者的需求，坚持管理导向与消费者导向相结合的原则。“科学、合理、客观、公正”是评价工作的生命线。我国的评价工作必须注意从以下五个方面来开展：一是站在独立的第三方立场上来开展社会科学研究评价工作。二是遵循科学规律和社会科学研究工作的特点，抓住影响科研竞争力的主要因素，研究和构建了比较科学、合理的科研竞争力评价指标体系（分社会、人文科），并采用科学的方法计算了各指标的权重。三是以全国哲学社会科学规划办公室为牵头单位，建立比较全面、系统的权威数据来源渠道；订购各种有关评价的数据库；开发有关统计软件，开展统计工作，能够把握各种数据的来源和内涵，以确保原始数据的客观、准确和可靠。四是建立评价工作的程序、规范和责任制，严格按照评价程序和规范进行；把评价责任分解到评价工作的各个环节，并落实到人，严格把关，尽量消除评价过程中的随意性和误差。五是采用统一标准、统一指标和统一的数据来源，力求做到客观、公正。

实行分类评价，不断提高科研评价的公信度；区别不同评价对象，明确各类评价目标，完善各类评价体系，使其更具有操作性。

在评价中，我国从两个方面进行了探索和尝试：一是从科研活动的规律和特点出发，第一次以投入、产出、效益为主线，将社会科学研究分为“社会科学”与“人文社会科学”两个不同的学科领域，采用不同的数据来源、指标和权重，分别对社会科学创新竞争力与人文社会科学研究竞争力进行评价，并得到了两个分类的评价报告，体现了分类评价的原则。二是在《社会科学创新竞争力评价报告》和《人文科学研究竞争力评价报告》的基础上，分别按六种类型的评价得分进行排序，以体现“同类比较，分类评价”的原则。坚持定性评价与定量分析相结合，正确处理好评价中的几个关系，在确定指标体系和权重时就采用了层次分析法与专家意见相结合的方法；同时，还要处理好管理导向与市场导向、数量与质量、规模与效益、投入与产出等方面的关系，兼顾了各方面的利益和要求，因而使评价结果获得较好的公信力。今后，还需要更多地学习和借鉴国外经验，尽量与国际评价规范接轨。

（一）丰富的研究资源

在我国的社会科学研究体系中，社会科学院系统是中坚力量，高校是主力军，部门科研系统、党校行政学院、党政军群研究机构和民间研究机构是辅助力量。可以说，科研系统和高校系统是我国社会科学研究的骨干力量，国家级科研院所和中央直属高校是社会科学研究的核心力量。国内主要社会科学研究机构功能定位如表4－15所示。国内主要知名社会科学研究机构如表4－16所示。

表4－15　中国主要社会科学研究机构功能定位

系列	工作属性	专业性	研究重点
社科研究机构	专职	专业	问题
党政军群研究机构	专职		政策
行业院所	专职		政策
高校	兼职	专业	学术
党校和行政学院			政策
民间研究机构			问题
合作型研究机构	混合型		政策

表4－16　国内主要知名社会科学研究机构（非排名）

类型	1	2	3	4
高校	北京大学	中国人民大学	复旦大学	北京师范大学
社科研究机构	中国社会科学院	上海社会科学院	北京市社会科学院	天津社会科学院

续上表

类型	1	2	3	4
行业院所	中国教育科学研究院	中国艺术研究院	出版科学研究院、科技发展战略研究院、人事科学研究院	宏观经济发展研究院、财政科学研究所、劳动保障科学研究院、体育科学研究所
党校和行政学院	中央党校	国家行政学院		
党政军群研究机构	国务院发展研究中心	军事科学院	中国青少年研究中心	

1. 科研院所系统

科研院所系统由为全局工作服务的社会科学院系统、党和政府研究机构，以及为部门工作服务的研究机构组成，拥有政策资源、信息资源和半行政资源，贴近决策，贴近实际。

社会科学院系统由中国社会科学院、30 多家省（自治区、直辖市和 15 家中心城市）的社会科学院组成，共计有 400 多个研究所，专业人员 8 000 多人，教学和研究人员 2 万多人。

中国社会科学院是我国社会科学院所的排头兵，前身是中国科学院哲学社会科学部，1977 年单独建院，事业经费从 2001 年的 3.25 亿元增长到 2005 年的 5.06 亿元，增幅为 56%。以学术著作、科学论文、调查研究报告、资料翻译和文献整理等形式向社会各界提供科研产品。自建院以来，中国社会科学院共出版学术著作 4 293 本，科学论文 54 517 篇，调查报告、研究报告 7 268 份，翻译著作 2 787 本，翻译论文 16 108 篇，以及相当数量的古籍整理、校勘、注释，各种工具书和普及读物；年平均出版学术著作 300 本、科学论文 3 890 多种、研究报告 510 多篇；“十一五”期间，完成专著 1 668部、论文 19 487 篇、研究报告 4 582 份、译著 400 部、译文 1 386 篇，获省部级奖励 142 项。这些科研成果阐述、丰富和发展了马克思列宁主义、毛泽东思想的基本理论和邓小平建设有中国特色的社会主义理论；为国家改革开放和经济建设发展战略决策提供理论依据及政策咨询；为社会发展和民主法制建设提供理论指导和实施方案；整理和弘扬传统历史文化，推动社会主义精神文明建设；研究和吸收世界各国的优秀科学文化，推动学科建设。许多研究成果在国内外学术界产生了重要影响，在改革开放和经济、社会发展中取得了良好的社会效益。中国社会科学院以学科齐全、人才集中、资料丰富的优势，在中国改革开放和现代化建设的进程中，进行创造性的理论探索和政策研究，肩负着从整体上提高中国社会科学水平的使命。

上海社会科学院创建于 1958 年 9 月 7 日，是新中国最早建立的社会科学院，由当时的中国科学院上海经济研究所和上海历史研究所、上海财经学院、华东政法学院、复旦大学法律系合并而成。上海社会科学院初期设有哲学、经济、历史、政治法律和国际问题 5 个研究所。1978 年 5 月正式复院，目前为上海唯一的综合性人文和社会科学研究机构，是全国最大的地方社会科学院。其发展目标是：构建国内一流、国际知名的社会主义新型智库；成为繁荣发展哲学社会科学与马克思主义中国化建设的基地之一，成为党和政府信得过、用得上、靠得住、离不开的重要智库，为党和政府决策提供理论支撑、战略思路、社会动向，为地方政府和地方发展提供可选择、可操作的战略蓝图和政策方案，为社会和公众提供符合时代要求的文化服务、精神产品和价值引导。上海蓝皮书是该院推进智库建设的主要产品之一，充分发挥社科院多学科交流、跨领域专家合作等优势，围绕上海发展中的重大热点和焦点问题进行分析，对决策咨询和引领社会等具有重要的价值和作用。

北京市社会科学院是隶属于北京市委市政府的综合性社会科学研究机构，其前身是北京市社会科学研究所，于 1978 年 8 月成立。1986 年 1 月，北京市社会科学研究所更名为北京市社会科学院。其主要职责是研究首都经济、政治、文化、社会协调发展的中长期战略规划，研究在改革、发展、实践中所遇到的重大理论问题和实际问题，为市委、市政府的科学决策提供理论支持。该院注重发挥本院优长学科的作用，承担着重要的社科基础理论研究和学科建设任务，突出首都特色，以理论和实践的双重创新，认真实践“三个代表”重要思想。该院坚持“重视基础理论研究，加强应用研究和对策研究，推动科研工作走上经济建设主战场，为首都两个文明建设和社会发展服务，使社科院成为市委、市政府‘用得上，信得过，离不开’的科研机构”的办院方针，造就了一支多学科、综合研究实力较强的科研队伍，在首都经济、企业文化、北京史、满学研究、城市问题、文化产业、社区建设等研究领域形成了自己的特色，取得了较大的成绩。据不完全统计，自建院以来，该院共完成专著 457 部，论文 5 554 篇，研究报告 253 份，以及大量的学术资料、教材、普及读物、译著、工具书等成果。其中，获得国家级、省部级等奖励的成果 167 项，10 卷本《北京通史》获得全国“五个一工程”奖，《北京历史地图集》获全国测绘系统优秀图书一等奖、北京市科技成果进步一等奖。近年来，该院首都文化发展战略研究和首都文化产业研究、社区问题研究和北京市年度经济形势分析与预测三大研究课题，分别被列入国家级和市级重大科研项目，受到中央有关部委和市委、市政府、市人大、市政协的高度重视，产生了较大的社会影响。

国务院发展研究中心及省级政府发展研究中心是政府的智库，具有政府提供的特定资源。国务院发展研究中心是直属国务院的综合性政策研究和决策咨询机构，成立于 1981 年。其主要职责是：①围绕国民经济、社会发展和改革开放中的全局性、综合性、战略性、长期性问题开展跟踪研究和超前研究，为中央提供政策建议和咨询意见，为制定国家中长期发展规划和区域发展政策提出建议；接受委托参与或组织对有关部门和地区拟定的发展规划进行研究和论证，提出意见和建议。②研究国民经济的发展动态，分析宏观经济形势，对宏观经济政策的综合运用提出意见和建议。③研究产业经济发展和产业政策，对产业结构、投资结构、企业组织结构、所有制结构的调整方向，对国民经济发展的技术选择、技术创新和高新技术发展政策提供咨询意见和建议。④研究我国对外开放的新情况、新问题；研究对外贸易政策以及利用外资政策，提出对策建议；研究世界经济发展的趋势及其经验教训，为我国改革和发展提供借鉴。⑤研究国民经济和社会发展中的人力资源开发、收入分配与社会保障政策和自然资源的合理开发与利用、生态平衡与环境保护政策。⑥开展国际合作研究以及与有关国际组织和研究机构的交流，向中央和有关部门提供涉外参考资料和政策建议。30 多年来，该中心积极参与了国家的国民经济和社会发展五年计划和长期规划的制定，以及各阶段改革开放的重大政策研究和决策过程，并主持或参与了许多重大国家级的研究项目以及一些地区性发展战略和规划的研究。在促进中国的改革开放和发展等方面，该中心做了许多开创性的工作，已经成为国内国际知名的政策研究咨询机构，在宏观经济政策、发展战略和区域经济政策、产业经济和产业政策、农村经济、技术经济、对外经济关系、社会发展、市场流通、企业改革和发展、金融以及国际经济等领域拥有许多国内外著名的经济学家以及高素质的专家和研究人员；与许多国家的政府机构、学术界和实业界以及国际组织建立有广泛的联系，并开展了各种形式的双边与多边国际交流与合作。该中心承担过一些重要国际组织和国外基金组织援助的在华重要研究项目，以及中国政府有关国际经济合作和区域经济一体化等问题的双边和多边合作研究项目，取得了许多建设性成果；发起和组织了“九十年代中国与世界”高层次系列国际会议，2000 年起主办的“中国发展高层论坛”受到中国政府和中外政界、学术界和实业界高层人士的重视和高度评价。通过这些交流与合作，该中心吸收借鉴国际有益经验，促进中国的改革开放和发展，同时帮助世界了解中国，促进世界和平与发展。该中心自创立以来就以其拥有高素质的专家队伍和创造性的工作业绩而驰名中外。在新的世纪，该中心将为决策的科学化和民主化贡献自己的智慧和力量；保持并发展同政府部门、研究机构和企业界的广泛联系，用高质量的研究成果为政府和社会服务；保持并发展同国际社会的广泛联系，开展国际合作与交流，增进中国人民同世界各国人民之间的了解，促进世界的和平与发展。

部门科研系统是各个行政主管部门的附属机构，具有很强的部门特点，更加注重为本部门服务。如中央教育科学研究所、中国科学技术发展战略研究院、中国艺术研究院等。

中国教育科学研究院（2011 年）是教育部直属的国家级综合性教育科学研究机构，其前身是 1941 年中国共产党在延安建立的中央研究院中国教育研究室，1957 年 1 月 26 日，经国务院和中央书记处批准建立中央教育科学研究所。70 多年来，在党和国家领导人的亲切关怀下，在教育部的直接领导下，中国教育科学研究院始终坚定不移地贯彻党和国家的教育方针，认真扎实地研究我国教育改革和发展中的重大理论、政策与实践问题，为我国教育科学事业的繁荣发展和社会主义教育现代化建设做出了重要贡献；现已形成以为重大教育决策和教育改革实践服务为导向，重视理论创新，以调查研究、实验研究和应用研究为特色，集教育科研、图书出版、报刊编辑、人才培养、产业研发为一体的综合性、大科研、多功能的发展格局和生长形态。近年来，该院坚持以科学发展观为统领，与时俱进，走产学研相结合的发展道路，通过科研机制创新、优化与完善，形成了一大批服务决策、指导实践、丰富理论、富有特色的科研成果，造就了一支勇于探索、锐意创新、充满活力的科研队伍，在教育改革的理论、政策和实践研究等方面发挥了引领指导作用，为重大教育决策咨询、教育理论学术创新、高级专业人才培养、先进教育思想传播、教育科学事业发展做出了重要的智力贡献和人才支持，特别是在制定《国家中长期教育改革和发展规划纲要（2010—2020年）》中出了大力，立了大功。

中国科学技术发展战略研究院的前身是中国科学技术促进发展研究中心，成立于 1982 年，在 2007 年更名。作为科技部直属的综合性软科学研究机构，该院主要从事国家科学技术发展战略、政策、体制、管理、预测、评价以及科技促进经济社会发展等方面的研究，为国家科技、经济、社会发展的宏观决策提供咨询和建议。1982 年以来，该院积极参与了国家各个阶段科技改革与发展的重大政策研究和决策过程，主持和参与了许多国家级重大研究项目和地区发展战略与规划的研究，积极开展了企业咨询服务工作，在 20 世纪 80 年代对国家 12 个重要领域的技术政策进行了大规模的研究论证工作，参与制定了从“七五”到“十一五”期间的国家科技发展规划，全面参与了制定 2006—2020 年国家中长期科学和技术发展规划纲要的战略研究。伴随着科技体制改革的历程，该院广泛开展了科技管理体制改革、科研院所改革、科技成果转化、产学研合作、科技评价与奖励制度等研究。在国内引领科技指标研究工作，该院在科技进步贡献率、地方科技进步监测、创新型国家评价指标等方面成绩卓著，出版了中英文《中国科技指标》系列；在国内率先开展了科技预测与评估方法、国家重点领域关键技术选择、国家科技计划项目评价、前沿技术领域前瞻和国家技术路线图、产业技术路线图等方面的研究；超前开展技术创新政策研究，对高新技术产业高新区及其孵化器的发展、高新技术走出去、应对技术贸易壁垒、技术标准战略等开展了深入的研究，为高新技术及其产业提供了决策参考；服务于区域和地方的科技经济发展，开展了乌江流域经济综合开发等研究；着眼于科技促进社会发展，在科技风险于社会治理、西部城乡居民生活状况调查与监测、重大自然灾害重建快速需求调查等方面做了大量开拓性研究工作；在财政科技投入、科技金融和创业投资等方面的研究具有独特优势，提出了建立引导基金、股权代办系统、发展创业投资、设立科技发展银行、建立多层次资本市场等具有理论和政策创新的研究成果；参与了三峡工程经济评价等一系列重要工程的论证研究，成为在国内外颇具声誉、对国家宏观决策发挥支撑作用的综合性软科学研究机构。该院采取“小核心、大网络”的组织方式，建立国家目标和自由探索相结合的选题机制，形成开放、流动、竞争的选人机制，参与国家科技发展战略研究的顶层设计，致力于服务国家科技事业，建设具有国际视野、开放竞争、水平一流的思想库、智囊团的国家科学技术发展战略研究机构，又踏上了崭新的征程。该院紧密围绕建设创新型国家、提高自主创新能力这条主线，开展前瞻性、全局性和综合性的战略问题研究；坚持服务于国家、服务于科技事业的方针，将战略研究院建设成为能有效支撑科技宏观决策和管理、具有国际一流水平的国家科学技术发展战略研究基地。

中国艺术研究院由文化部主管，是中国唯一的国家级综合性艺术科研、创作和教育机构，是全国艺术理论研究领域最高学府，被称为全国文艺理论研究的“国家队”。这里汇集了中国当代各个艺术门类的一大批最优秀和具有代表性的专家学者和艺术家，是从新中国成立初期成立的中国戏曲研究院、中央民族音乐研究所、中国绘画研究所的基础上发展起来的。毛泽东同志于 1951 年为其前身中国戏曲研究院成立题词“百花齐放，推陈出新”并题写院名。该院的主要成就在于收集、整理、保存各艺术门类的资料，培养艺术研究高级人才，对文艺理论进行深入研究。在新的发展时期，该院坚持科学发展观，提出构建艺术科研、艺术教育和艺术创作三足鼎立的发展格局，努力建成“全国一流，世界著名”的艺术科研中心、艺术教育中心和国际艺术交流中心。

2. 高校系统

高校占据我国社会科学研究的半壁江山，是我国社会科学的主力军，从整体上看大约有 1 700 个研究机构，高校社会科学工作者占全国社会科学工作者总数的 85%，获取的社会科学研究项目占全国社会科学研究项目的 85%。改革开放以来，高校以其学科人才密集、人才队伍庞大、学科体系齐全、科研基地广布、基础研究实力雄厚、科研与教学结合的特点而逐渐成为社会科学研究的学术研究中心、文献辐射中心、先进文化孵化中心和决策咨询服务中心，成为推动社会科学繁荣发展的发动机和推进器。跨学科团队攻关的能力大大增强，研究解决重大理论和现实问题的能力明显提高，参与国际对话的能力显著提高，增强了在国际学术舞台上的话语权，扩大了中华文化的影响力。从体制上看，高校形成了一个较为全面和完备的学科体系，形成了一套较为规范完善的科研项目资助体系，建设了一批堪称“国家队”的研究基地，培养了一批相当规模、较高水平的教学科研队伍，涌现出一批具有较高水平的研究成果。①

高等院校是社会科学研究的主力军。2009 年，全国高校拥有社会科学研究机构 1 600 多个，从事社会科学工作的人员有 42.6 万人，占全国社会科学工作人员总数的 80% 以上，其中高级职称人员占 15.7 万人。社会科学成果的 2/3 以上出自高校，高校学者的发文量占全部发文量的 60% 以上，而且呈增长趋势。

教育部直属高校是聚集社会科学研究人才的战略高地，2008 年，人文社会科学研究与发展人员有 31 642 人，比上年的 30 335 人增长 4.3%，2005 年为26 014人，2006 年为 27 573 人。其中，全时人员规模持续增长，2008 年约为 11 600 人，比 2007 年的 11 213 人增长 3.5%。2005 年、2006 年分别为10 730人、10 927 人。从事社会科学研究的人员规模达到千人以上的院校有 10 所，如中山大学、西南大学、吉林大学、武汉大学、湖南大学、南开大学、浙江大学、东北师范大学、中国人民大学、复旦大学。规模为 500 ~ 999 人的有 12 所院校，如清华大学、华东师范大学、北京大学、厦门大学、南京大学、西南财经大学、四川大学、上海财经大学、中国政法大学、中国矿业大学、陕西师范大学、同济大学。2008 年，直属高校人文社会科学经费 21.88 亿元，占当年社科经费总数的 60%，比 2007 年增长 19.3%，75 所直属高校中社会科学经费达 1 亿以上的学校有 6 所，其中北京大学达到 1.4

① 《紧扣时代主题　扎根社会实践努力构建高校社会科学创新体系》——刘延东国务委员在高等学校科学研究优秀成果奖（人文社会科学）颁奖大会上的讲话［N］. 经济日报，2009 - 12 - 13.

亿多元。[①]

北京大学、中国人民大学、北京师范大学是我国高校社会科学研究的排头兵，这些学校在人员数量方面的增长并不明显。从1991年到2007年，北京大学只增长了200多人，北京师范大学基本持平，中国人民大学还减少了400多人，但研究项目平均增长了13倍，项目当年拨入经费增长了1 243倍，出版专著平均增长了69%，在国外及全国性刊物发表论文数量增长了3倍。[②]。

北京大学创办于1898年，初名京师大学堂，是中国近代第一所国立大学，被公认为中国的最高学府，也是亚洲和世界最重要的大学之一。在中国现代史上，北京大学是中国“新文化运动”与“五四运动”等的中心发祥地，也是多种政治思潮和社会理想在中国的最早传播地，有“中国政治晴雨表”之称，享有极高的声誉和重要的地位。丰博的学识、闪光的才智、庄严无畏的独立思想，又与先天下的严峻思想、刚正不阿的人格操守以及勇锐的抗争精神相结合，构成了一种特殊的精神魅力。百余年来，这里成长着中国几代最优秀的学者，出现了冯友兰、徐志摩、茅盾、朱自清、俞平伯、罗常培、顾颉刚、傅斯年、范文澜、冼星海等一大批饮誉海内外的文科大师，在全国人文学科领域独占鳌头。

中国人民大学的前身是在抗日战争时期创办于延安的陕北公学，1950年定校址、校名于北京，成为新中国的第一所综合性国立大学。中国人民大学始终坚持“实事求是”的校训，以培养“国民表率，社会栋梁”作为自己的使命，坚持“立学为民，治学报国”的人大精神，为党和国家培养了一批又一批活跃在政界、商界、学界的社会领袖。该校充分发挥社会科学学科在全国高校数量最多、门类最全、综合水平最高的优势，积极为国家经济建设和社会发展培养高层次的理论型、应用型、管理型人才。从陕北公学至今，该校培养了许多著名的经济学家、管理学家、政治学家、法学家、企业家、哲学家、教育学家、历史学家、文学家、党和政府高级领导干部以及新闻、法律、文学艺术工作者和其他优秀人才，为革命和建设事业做出了重要贡献。作为中国人文社会科学研究的重要基地，中国人民大学积极面向现代化建设的主战场，研究重大政治、经济、文化和社会问题，充分发挥高校“思想库”“智囊团”的作用，为国家经济建设和社会发展提供了强大的理

---

① 教育部直属高校2008年人文社会科学研发经费拨入前十名，中国高校人文社会科学信息网社科统计，2008年数据排行。

② 张保生．北京高校社会科学研究改革开放三十年发展回顾与展望［M］．北京：中国政法大学出版社，2010：25.

论保证和有力的智力支持。党的十六大以来，该校已有王利明、曾湘泉、黄卫平、许崇德、史际春、秦宣、李景治等教授为中央政治局集体学习做报告，是参加学者最多的高校。中国人民大学是国内外学术文化交流的重要平台，先后同32个国家和地区的118所大学建立了学术交流关系，引进、翻译出版了大量适应中国改革开放需要的教科书和学术著作，聘请了包括诺贝尔奖得主在内的200多名世界各国有关专家学者及知名人士担任名誉教授和客座教授；引进、翻译出版了“经济科学译丛”“工商管理经典译丛”“人力资源管理译丛”“金融学译丛”等国际上最前沿最具影响力的教材；每年举办如“世界百所著名大学法学院院长论坛”等具有重大影响的高水平国际会议数十次，开展了一系列重要的交流合作项目，主办或承办了一系列高水平的国际学术会议。中国人民大学是中国著名的人文社会科学资料中心、信息中心和图书出版中心。学校图书馆设施先进，馆内藏书250万册，并设有“教育部文科文献信息中心”。人大书报资料中心是中国收集、整理、存储、发布人文科学、社会科学、经济和管理科学信息资源的权威机构，编辑的年度报刊资料索引是中国四大文献检索索引之一。中国人民大学出版社是新中国成立以后建立的第一个大学出版机构，是高等学校文科教材和人文社会科学学术、理论著作的重要出版基地。2002年4月28日，江泽民亲临学校考察并发表重要讲话，衷心祝愿中国人民大学“在新世纪创造新的成就，为祖国、为人民、为社会主义现代化建设作出更大的贡献，成为以人文社会科学为主的世界知名的一流大学”。

3. 混合型研究机构

混合型研究机构由不同体制之间、公办与民办之间组合而成。如由海南省政府和国家体改委共同主办中国（海南）改革发展研究院。中国民主促进会与北京师范大学合作建立中国教育政策研究院。文化部体制改革领导小组办公室与第二外国语大学共同建设学术研究机构——国家文化发展国际战略研究院，为我国文化“走出去”提供理论支持和政策咨询。

中国（海南）改革发展研究院成立于1991年11月1日，是一家以转轨经济理论和政策研究为主，培训、咨询和会议产业并举的独立性、网络型、国际化改革研究机构。办院宗旨是“立足海南，面向全国，走向世界”。办院方向是服务于经济改革的政策决策，围绕中国经济转轨中的重大理论和实践问题进行超前性的研究，以“直谏中国改革”为己任，提出政策和立法建议报告。该院应改革而生，伴随改革而成长，以直谏改革为己任，前瞻性地围绕政府转型、公共服务体制、股份制经济、国有企业改革、金融体制改革、农村改革、基础领域改革、非公经济发展、收入分配制度改革、社会保障制度改革等展开研讨活动，适时提出具有可行性、实用性和超前性的研究报告和政策建议。在服务于政策决策的同时，该院积极推动研究成果向政策咨询转化，先后承担多项国内外政府、机构委托的政策咨询项目，在推进区域经济社会转型方面发挥了作用。如联合国开发计划署（UNDP）委托撰写的《中国人类发展报告 2007/08》、海南省政府委托的海南国际旅游岛建设方案及其他多项课题、湖南省政府研究课题“长株潭城市群两型社会建设综合配套改革总体方案建议”、广东省重大课题“广东基本公共服务均等化规划（2009—2020 年）”等都产生了重要影响。一些研究成果已直接为中央决策所采纳，写进了党和政府的文件，有些已成为制定政策和法规的重要参考，还有一些前瞻的观点将影响中国未来的社会发展。

（二）一流的人才、学科和成果

科研院所的发展方向是建设国家和人民信得过、靠得住、用得上的一流国家智库。一流科研院所的标准是：①拥有国际一流的研究成果；②拥有在国内外有一定的影响主要学科；③有一批有广泛声誉的学术带头人；④拥有丰富的图书，先进的研究技术，庞大的学术资料库、数据库；⑤拥有广泛影响的学术刊物。

重点科研单位是承担国家科研项目的主力军。2010 年国家社会科学基金项目评审中，中国社会科学院入围率高达 46%，北京大学、中国人民大学、复旦大学、南京大学、浙江大学等综合性大学入围率达到 33% 以上，明显高出全国平均水平。

2000—2009 年全国高校及其他机构发表 CSSCI 论文总数前 10 名排行如表 4－17 所示。

表 4－17　2000—2009 年全国高校及其他机构发表 CSSCI 论文总数前 10 名排序表①

名次	2000—2004 年		2005 年		2007 年		2009 年	
	机构	篇数	机构	篇数	机构	篇数	机构	篇数
1	北京大学	7 895	社会科学院	1 885	中国人民大学	2 109	中国人民大学	2 197
2	中国人民大学	7 148	中国人民大学	1 866	社会科学院	1 900	社会科学院	1 862
3	武汉大学	6 515	北京大学	1 809	北京大学	1 846	北京大学	1 801
4	南京大学	6 340	北京师范大学	1 656	北京师范大学	1 700	北京师范大学	1 664

① 教育部社会科学委员会秘书处. 中国高校哲学社会科学发展报告 2008 [M]. 北京：高等教育出版社，2008：615.

续上表

名次	2000—2004 年		2005 年		2007 年		2009 年	
	机构	篇数	机构	篇数	机构	篇数	机构	篇数
5	北京师范大学	6 133	南京大学	1 569	南京大学	1 693	南京大学	1 659
6	浙江大学	6 119	武汉大学	1 399	武汉大学	1 636	武汉大学	1 563
7	复旦大学	5 669	浙江大学	1 264	南开大学	1 417	南开大学	1 420
8	华南师范大学	4 798	复旦大学	1 224	复旦大学	1 321	复旦大学	1 418
9	南开大学	4 186	南开大学	1 185	华南师范大学	1 239	华南师范大学	1 205
10	清华大学	4 045	华南师范大学	1 137	厦门大学	1 094	四川大学	1 183

发达国家对社会历史进程、制度变迁发生重要影响的主要甚至边缘人物事件非常关注，先后涌现了胡佛研究院、盖洛普咨询公司、兰德公司、布鲁克斯学会等一流智库。

盖洛普咨询公司由美国著名的社会科学家乔治·盖洛普博士于 20 世纪 30 年代创立，是全球知名的民意测验和商业调查/咨询公司。在长达 80 多年的时间里，该公司用科学方法测量和分析选民、消费者和员工的意见、态度和行为，并据此为客户提供营销和管理咨询，取得卓越的学术和商业成果，处于全球领先地位。除了其全球著名的盖洛普民意测验外，公司的商业研究和咨询产品主要分布在以下 4 个相互关联的领域中：工作环境监测、培训和咨询，员工选拔与培养，顾客满意度和忠诚度测量与咨询，战略性品牌和营销研究、测量与咨询。多年来，公司以其独特的研究和产品为大批客户提供了高质量的服务，其中包括政府部门、著名跨国公司、医疗和教育机构等。目前，该公司共有 3 000 名分析、咨询和培训专家，在全球 25 个主要国家设有分公司，涵盖全世界 60% 的人口和 70% 的总产值。10 年来，其营业额平均年增长 25%。

1948 年成立的兰德公司是美国最重要的以军事为主的综合性战略研究机构。它先以研究军事尖端科学技术和重大军事战略而著称于世，继而又扩展到内外政策各方面，逐渐发展成为一个研究政治、军事、经济科技、社会等各方面的综合性思想库，被誉为现代智囊的“大脑集中营”“超级军事学院”，以及世界智囊团的开创者和代言人。它可以说是当今美国乃至世界最负盛名的决策咨询机构。公司的长处是进行战略研究。它开展过不少预测性、长远性研究，提出的不少想法和预测是当事人根本就没有想到的，尔后经过很长时间才被证实。正是通过这些准确的预测，该公司在全世界咨询业中建立了自己的信誉。成立初期，由于当时名气不大，公司的研究成果并没有受到重视。但有一件事情令公司声名鹊起：朝鲜战争前夕，兰德公司组织大批专家对朝鲜战争进行评估，并对“中国是否出兵朝鲜”进行预测，得出的结论只有一句话：“中国将出兵朝鲜。”当时，公司欲以500万美元将研究报告转让给五角大楼。但美国军界高层对兰德公司的报告不屑一顾。在他们看来，当时的新中国无论人力财力都不具备出兵的可能性。然而，战争的发展和结局却被兰德公司准确言中。这一事件让美国政界、军界乃至全世界都对兰德公司刮目相看。战后，五角大楼花200万美元收购了这份过期的报告。二战结束后，美苏称雄世界。美国一直想了解苏联的卫星发展状况。1957年，兰德公司在预测报告中详细地推断出苏联发射第一颗人造卫星的时间，结果与实际发射时间仅相差两周，这令五角大楼震惊不已。兰德公司也从此真正确立了自己在美国的地位。此后，兰德公司又对中美建交、古巴导弹危机、美国经济大萧条和德国统一等重大事件进行了成功预测，这些预测使公司的名声如日中天，成为美国政界、军界的首席智囊机构。兰德公司的研究成果举世瞩目，已发表研究报告18 000多篇，在期刊上发表论文3 100篇，出版了近200部书。在每年的几百篇研究报告中，5%是机密的，95%是公开的，而这5%的保密报告随着时间的推移也在不断解密。这些报告中，有“中国21世纪的空军”“中国的汽车工业”“日本的防御计划”“日本的高科技”“俄罗斯的核力量”“南朝鲜与北朝鲜”“数字化战场上的美国快速反应部队”等重大课题。兰德公司被誉为美国的“思想库”“大脑集中营”，它影响和左右着美国的政治、经济、军事、外交等一系列重大事务的决策。在为美国政府及军队提供决策服务的同时，兰德公司利用它旗下大批世界级的智囊人物为商业企业界提供广泛的决策咨询服务，并以“企业诊断”的准确性、权威性而享誉全球。兰德分析家认为，世界上每100家破产倒闭的大企业中，85%是因为企业管理者决策不慎造成的。随着全球商业化竞争的加剧，一个企业管理者决策能力的高低，在很大程度上决定了企业的前途和命运。

中国的咨询业在改革开放后兴起。1992年袁岳下海创办了零点调查公司，11年经营使得零点调查公司成为国内调查业中重要的声音。当今社会是数字社会，在10多年前调查公司还是很新鲜的名词，目前正占据着越来越广阔的空间。做调查公司的专业需要4个学科：社会学、心理学、应用数学（计算机）、经济学。调查工作不同于传统社科研究，与学者个人做的研究也不一样。

有些国外高校社会科学研究处于先进行列。如英国伦敦经济政治学院在社会科学研究和教学领域处于世界领先地位。该院早在 1894 年就确立了“学院作为社会科学规范者的角色与在全球化后工业社会中新兴人文精神领域内社会科学翘楚，领导者并重”的发展目标，提高教学研究的专业水平、学术领导者和政府政策的先锋影响力。自 1861 年创建以来，麻省理工学院就一直是一所以理工科为主导学科和强势学科的大学；从学科发展和专业布局来看，该校实际上也是一所综合性大学。该校人文学科有 4 个特点：第一，学科专业齐全、完备。该校现有包括人文及社会科学学院（School of Humanities，Arts and Social Sciences）在内的 6 个学院和一个联合项目。人文及社会科学学院下面设有人类学、经济学、外国语言文学、妇女研究等 10 多个学科专业，有着一流的教学研究设施和学术氛围。此外，人文及社会科学学院还设有国际研究中心、妇女研究协会等研究机构。长期以来，该校的人文学科与理工科、社会科学比肩发展，一直对该校的战略发展和国际学术地位产生着重要影响。第二，产生了一代又一代大师级学者，并形成了在许多领域具有世界性卓越建树和声誉的学科群。如世界著名的语言学大师、转换—生成语法理论的创始人诺姆·乔姆斯基（Noam Chomsky），即是这个学科群的代表人物之一。乔姆斯基 1955 年自宾夕法尼亚大学获得博士学位后加盟麻省理工学院，曾任该校语言学与哲学系主任。他在语言学方面的建树被称为“乔姆斯基革命”，影响了世界语言学、哲学、心理学乃至计算机科学的兴起和发展，是众望所归的国际语言学大师。麻省理工学院的人文学科正是由于拥有和产生了众多像乔姆斯基这样的国际级学术大师，在全校范围内极大地提高了人才培养的档次，才形成了学养深厚、生动活泼的学术氛围。这也从众多层面对麻省理工学院的国际性声誉产生了积极而重大的影响。第三，学院对人文学科发展的重视，使得其人文学科专业课程的丰富程度令人叹为观止。仅以前面提到的人类学专业为例，近年该专业即开设有“人类学理论研究”“人种学实地考察研究”“巫术、魔法与精神世界”“暴力、人权与正义”“毒品、政治与文化”“计算人类学”等共 30 门左右的课程。此外，该校还开设有众多定期和不定期举行的人类学专题及高级专题讲座、人类学学术研讨会以及各种各样的方法论课程。其人文学科在学校发展战略中的地位由此可见一斑。第四，麻省理工学院有关人文社会科学建设的理念卓尔不凡。该校人文及社会科学学院简介中对此有着言简意赅的陈述：在麻省理工学院，许多从事人文社会科学的先驱们穿梭于教室、工作间、微机实验室以及各种练习场所，这种不断更新观念、注入活力的氛围，吸引着世界各地最优秀的教师、学生及研究者们；他们意识到当今面临的挑战是全球性的、跨学科的，他们懂得人文及社会科学学院将给予其知识和技能，使之走在日新月异的世界前列。在人文及社会科学学院，学生们学习从历史的角度观察问题，站在全球性的高度分析问题，并在言论和文字中表现其洞察力。事实上，人文及社会科学学院是麻省理工学院学生大学本科教育的公分母，因为它在每一个领域都提供了终身学习的知识基础。

（三）高水平的对外交流合作能力

对外交流合作水平是机构研究实力和影响力的一大证明。世界文明发展的进程表明，任何一个国家与民族的发展都离不开学习借鉴其他国家与民族的文明。因此，应积极开展国际学术交流与合作，向世界展示我国社会科学的优秀成果，在对话交流中取长补短，增强在国际学术领域的话语权。按照国际对等原则，从机构的交往对象和合作水平可以看到一个机构的发展水平和国际知名度：一是看交流的规模，二是看交流的层次，三是看以我为主的合作项目。

第一，高校的学术交流。2010 年 8 月，北京大学邀请被称为“认知科学之父”的麻省理工学院教授诺姆·乔姆斯基来华访问，这是继 20 世纪初罗素和杜威来访之后的最重要的社会科学研究人物的到来。在人类对于自己的语言的研究历史上，有两个重要的里程碑：一个是 20 世纪初期索绪尔的结构主义。索绪尔把语言作为一个体现在某一个时间点上的抽象符号系统，将研究符号之间的复杂抽象关系作为语言学的中心任务。另一个就是 20 世纪 50 年代乔姆斯基建立的生成语法理论，开创了形式语言学的先河。乔氏理论重新定义语言学的目的和任务，把语言学明确定位为对人类认知结构的研究，把过去侧重于研究语言自身和语言文本转为集中研究主司语言的人脑和语言的生物学属性。这一理论对 20 世纪认知科学的发展起了奠基性的作用。海峡两岸学术界为此共同成立了一个筹备小组，开通网站，接受全球听众报名。乔姆斯基接受了北京大学授予的名誉博士学位并发表题为“世界秩序勾勒：持续与变化”的演讲，2 000 多位大学生以及语言学、哲学、数学、心理学、信息科学等相关领域的学者聆听了这位当代“认知科学之父”的演讲。2004 年，在中国人民大学举行的“中国人文社科论坛”上，诺贝尔经济学奖获得者、美国哥伦比亚大学教授罗伯特·蒙代尔和斯坦福大学教授米切尔·斯宾斯等国际知名经济学家，与中国学者进行了深入的交流与切磋。罗伯特·蒙代尔教授还提议两校在经济学领域共同建立一个国际化、世界级的博士点。中国高校人文社会科学研究竞争力评价指标权重如表 4－18 所示。

表 4-18 中国高校人文社会科学研究竞争力评价指标权重

一级指标	一级指标权重	二级指标	二级指标权重	三级指标（基础指标）	三级指标权重
投入	0.364 3	人力	0.520 3	社科博导	0.473 4
				教师队伍中社科英才（教育部青年教师奖获奖者）人数	0.236 7
				高级职称占教师总人数的比重	0.193 3
				教师队伍中 R&D（全时人员）人数的比重	0.096 6
		R&D 基地	0.192 0	国家级重点学科（社会科学）数	0.549 9
				教育部重点人文社科基地	0.240 2
				博士点数	0.209 9
		项目	0.161 4	国家社科基金项目数	0.666 7
				社科项目总数	0.333 3
		经费	0.126 3	当年科研支出经费	1.000 0
产出	0.536 8	著作与应用成果	0.092 4	专著（部）	0.750 0
				提交有关部门的研究报告数	0.250 0
		收录论文数	0.181 8	SSCI、A&HCI 收录论文数	0.412 6
				ISSHP 收录论文数	0.327 5
				CSSCI 收录论文数	0.259 9
		论文质量	0.323 4	社科各学科顶尖论文	0.412 6
				SSCI、A&HCI 被引次数	0.327 5
				CSSCI 被引次数	0.259 9
		奖励	0.402 4	获教育部人文社会科学奖	0.800 0
				全国百篇优秀博士论文(社科)	0.200 0
效益	0.098 9	效率	1.000 0	人均产出率	0.500 0
				百元产出效率	0.500 0

资料来源：中国青年报，2004-07-08.

按照这个评价指标测算，2005 年度高校社会科学研究竞争力前 10 名的单位是北京大学、中国人民大学、北京师范大学、武汉大学、复旦大学、南开大学、浙江大学、南京大学、中山大学、华东师范大学。[①] 由此可见，排名前 10 名的高校分布在北京、上海、湖北、广东、江苏，均为传统的教育大省、经济强省，在社会科学研究方面基础扎实，实力雄厚，投入较大，影响显著。

第二，科研院所的对外学术交流。自“十一五”以来，中国社会科学院年出访量达到 800～1 000 人次。“十五”以来，广西社会科学院有 19 批 35 人（次）前往新加坡、泰国、越南、日本、美国、加拿大、德国、奥地利等国家和中国香港、中国台湾等地区进行学术交流，接待越南等国家和中国台湾等地区多批人员来访；单独举办或与有关单位联合举办多次学术研讨会，并为各类研讨会提交主题研究报告和论文，其中影响较大的有自治区政府主办、筹办的“中国（广西）——东南亚经济合作论坛”和与广西生产力学会联办的“中国——东盟建立自由贸易区研讨会”、与自治区政府发展研究中心主办的“广西经济形势分析会”、参与承办的“中国东盟博览会与广西发展专家论坛”等。

六、学术期刊评价

学术期刊是报道研究工作并通过严格审查所发表的论文的学术性刊物。学术期刊至今已有 340 多年的历史，法国议院参事戴·萨罗于 1665 年创办了世界上最早的期刊《学者杂志》。目前全世界期刊总数约 20 万种，社会科学类期刊约 13 万种，其中约 3 万种为社会科学学术期刊，而中文期刊及学术期刊的产生迟于国外 100 多年，至今不到 200 年。[②] 学术期刊是传播学术研究成果、传承学术、推出新人、导引学术研究的重要阵地，是提高社会科学研究质量不可缺少的组成部分。学术研究与学术期刊历来是相互促进、共同发展的关系。近年来，我国社会科学学术期刊数量稳定增长，大约为 2 770种，整体质量有所上升，品种有所丰富，品牌开始形成，诸如科研院所系统的《中国社会科学研究》《历史研究》《经济研究》《哲学研究》《教育研究》《文艺研究》等，高校系统的名刊《北京大学学报》《中国人民大学学报》《北京师范大学学报》《复旦大学学报》《南开大学学报》《南京大学学报》《武汉大学学报》《文史哲》等，文摘类如《新华文摘》《中国社

① 刘大椿. 人文社会科学研究成果评价体系研究［M］. 北京：经济科学出版社，2009：338.

② 叶继元. 中国哲学社会科学学术期刊布局研究［M］. 北京：社会科学文献出版社，2008：13，15.

会科学文摘》《全国高校文科学报文摘》以及人大书报复印资料中心等。这些学术期刊的发展对扩大我国社会科学研究的影响力发挥了重要作用。但与学术发展的要求相比，与国外社会科学学术期刊（如哈佛大学的《经济学季刊》、剑桥大学的《经济学杂志》）水平相比，我国不少社会科学学术期刊存在学术性不强、质量不高、读者量少、被引用率低、影响力小等问题，迫切需要加快转型，把发展重点从注重数量转移到提高质量效益上来。

评价学术期刊的质量是一件复杂的工作，也是由来已久的工作。早期的研究集中在期刊论文的质量上，这样不免带有评价者的主观因素。从20世纪60年代后期开始，研究着重借助文献之间的相互引用来评价期刊的学术影响，这一方法显然比较客观。期刊的学术影响力来自多方面，需要从形式和内容两个方面、学术影响和社会效应两个层面进行综合分析，既有传统的影响因子、被引数量、被引广度、被引速率、半衰期、Web即年下载率等指标外，也有学科影响因子、期刊学术规范指标、他刊引用速率、学科引用速率、被引广度、二次文献转载等指标，这样的多元化评价方法，兼顾了普遍性和个别性（如表4－19至表4－22所示）。从简便易行出发，这里把投稿量、读者面和转引率作为评价学术期刊质量的核心指标。

表4－19　CSSCI 2010年高校学报社科期刊影响因子排名

排名	期刊名	总被引频次	他引影响因子
1	中国人民大学学报	511	0.429 6
2	北京大学学报	635	0.358 9
3	浙江大学学报	350	0.357 9
4	清华大学学报	288	0.350 9
5	华中师范大学学报	375	0.328 6
6	北京师范大学学报	463	0.322
7	南京大学学报	293	0.316
8	吉林大学学报	324	0.260 7
9	文史哲	323	0.218
10	复旦大学学报	392	0.199 2

表 4 - 20　中国知网 2010 年“中国学术期刊影响因子年报”（综合性社科期刊）

序号	期刊名	复合影响因子	综合影响因子
1	中国社会科学	5. 354	2. 675
2	中国人民大学学报	2. 337	0. 993
3	浙江大学学报	2. 124	0. 876
4	吉林大学学报	2. 060	0. 647
5	华中师范大学学报	1. 944	0. 736
6	北京大学学报	1. 845	0. 734
7	厦门大学学报	1. 692	0. 562
8	南京大学学报	1. 638	0. 633
9	北京师范大学学报	1. 535	0. 618
10	中山大学学报	1. 506	0. 539

表 4 - 21　2009 年名刊工程学报被“三大文摘”全文转摘情况对照表（前 10 名）

排名	期刊名	新华文摘 /篇	社科文摘 /篇	高校文摘 /篇	合计 /篇	发文量 /篇	文摘率 /%
1	南京大学学报	4	4	16	24	92	26. 09
2	清华大学学报	11	6	10	27	103	26. 21
3	复旦大学学报	2	7	11	20	101	19. 80
4	南开大学学报	2	8	10	20	109	18. 35
5	文史哲	7	4	8	19	110	17. 27
6	北京师范大学学报	9	3	6	18	113	15. 93
7	北京大学学报	7	6	7	20	135	14. 81
8	华中师范大学学报	5	4	9	18	128	14. 06
9	浙江大学学报	2	6	8	16	132	12. 12
10	吉林大学学报	7	3	6	16	137	11. 68

表 4－22　2009 年综合性社科期刊被“三大文摘”全文转摘情况对照（前 10 名）

排名	期刊名	新华文摘/篇	社科文摘/篇	高校文摘/篇	合计/篇	发文量/篇	文摘率/%
1	中国社会科学	13	11	13	37	90	41. 11
2	学术月刊	10	1	15	26	249	10. 44
3	江海学刊	9	6	7	22	245	8. 98
4	天津社会科学	5	2	4	11	162	6. 79
5	社会科学研究	6	7	1	14	212	6. 60
6	学术研究	4	10	2	16	289	5. 54
7	广东社会科学	1	4	4	9	176	5. 11
8	河北学刊	7	5	5	17	337	5. 04
9	浙江学刊	2	6	2	10	214	4. 67
10	浙江社会科学	1	5	5	11	246	4. 47

数据来源：南京大学中国社会科学研究评价中心 CSSCI 文摘索引数据库 2009，数据版本：0729. 10

（一）投稿量

学术期刊以探讨学术问题为中心，以学术交流为宗旨。以刊载学术论文和学术评论、学术研究动态为主要内容的期刊，其特征是学科性、学理性、探索性、专业性、准确性、规范性、资料性，大多由研究机构、学术团体、高等学校主办。

学术刊物学术性的质量评价标准，一是看能否吸引一流作者的投稿；二是看能否吸引一流稿件；三是看采稿率的高低，采稿率越低说明选择余地越大，质量越高。

名刊必须有名作、名栏做支撑，而在名作、名栏的背后，忙忙碌碌的是编辑名家的身影。所以，名作、名栏、名家是名刊的支柱性构成要素。名作，应具备学术性、创新性、探索性、超前性和引领性等特征。著名学者的名作，能给学报增辉；青年才俊的名作，同样能给学报添彩。名栏，是集中彰显期刊个性和特色的栏目，当然是名刊的支柱。而名编辑则是名刊的栋梁，是创造名刊的主体，是发现、培育名作、名栏和名学者的主体。

（二）读者面

学术期刊分为综合性期刊和专业性期刊，综合性期刊有高校哲学社会科学学报和综合性社会科学两类，其内容涉及社会科学的各个领域。两类期刊合计有639种，占期刊总体的23.07%。专业性期刊涉及23个学科，共有2 233种，占学术期刊总体的80.61%，其中经济学、教育学、政治学、管理学4个学科的期刊数量最多，占到专业性期刊总数的47.44%。[①]

学术期刊的办刊目的是促进学术交流和为社会服务，包括资政育人、对政府决策和社会舆论产生影响。质量评价标准是看专业读者的覆盖面，测算每种期刊的活动人数。按照2005年的情况进行分析，每一种期刊平均人数约为395人，学科分布并不均衡，区域分布也不尽相同。公认性是指名刊被学术界认识、认可、认同的程度，或者说在特定人群的心目中，名刊是大作品、大学者、大编辑三位一体的综合体。因为学术研究属于理论思维活动，其研究成果通常也是由专业术语表达而成的。因此，学术研究的高文化素养要求和学术成果的高学理性特点，决定了学术期刊读者对象的特定范围性。学术期刊不可能，也不应该要求普通大众都能认知它、认可它、认同它，并成为其忠实的读者。根据2010年1月26日《中国社会科学报》所发布的数据资料，中国科学技术信息研究所统计的国内被引指数最高的13家学术期刊中，《中国人民大学学报》《浙江大学学报》《北京大学学报》《清华大学学报》《复旦大学学报》《中山大学学报》《南开大学学报》《南京大学学报》《厦门大学学报》共9家学报榜上有名。

（三）转引率

学术期刊是供学者之间学术交流的媒介，被同行专家阅读、精读，甚至引用，是被学界重视的表现。在大多数情况下，“引文是学者付给同行的硬币工资”，既具有学者评价所具有的主要是根据人们的经验和主观判断的特点，也具有定量的具体、客观、精确、操作性强的特点。引文数量与研究成果的质量密切相关，引文数量在很多情况下是评价学术期刊被利用及其价值的极好参照物，也是学者评价的参照物。

我国社会科学论文引用率偏低，发表在期刊上的论文被引用的比例不超过10%，[②] 被引用两次及以上者不足5%，大多数期刊是平庸之作充斥，抄袭之作不少，有的甚至是文字垃圾。转引率高的50篇论文中，国外学者占52%，可见国外学者的研究成果和思想对文化社会科学研究影响很大。有80%的研究者发表论文的动机是晋升职称或完成指标定额的任务或想获取学术声誉，只有20%的学者试图为知识的增进而写作。

---

① 叶继元．中国哲学社会科学学术期刊布局研究［M］．北京：社会科学文献出版社，2008：47.

② 苏新宁．中国人文社会科学学术影响力报告（2000—2004）［M］．北京：中国社会科学出版社，2007：23.

随着科研经费投入的不断增长和研究人员的增加，论文生产投入快速增加。有专家测算，2005 年我国社会科学活动经费约 526 265 万元，发表论文约 50 万篇，需要平均投入 10 525 元，才能产生 1 篇学术论文。①

为提高学术期刊质量，第一，应坚持学术性第一原则。高的学术地位和大的学术影响，是名刊的基础性构成要素。学术乃学者的生命力之所在，追求高学术品位、高学术水平、高学术价值，理所当然是名刊的根本价值取向。它的社会地位、社会贡献的主要衡量标准就是学术水平的高低、学术影响力的大小和被学术界所公认的程度，具体体现在刊发有重大影响的前沿性成果、原创性成果以及有影响力的学术争鸣等方面。这一方面不仅要求编辑慧眼识珠，而且要求编辑大器大量、思维敏锐、意识超前、有胆有识，敢于使高校学报成为倡导学术自由、展开学术争鸣的最佳论坛；另一方面还要从学术制度上建立起一套公认的学术规范和评价体系，制止抄袭等学术不端行为和急功近利的浮躁学风，更多地从知识产权制度上鼓励和保护学术创新，纠偏学术期刊走向市场的认识误区。主要是通过“新、专、深”三个字来体现刊物的学术品位和个性特色。“新”即追求学术创新，有新意；“深”即追求理论深度，有独到的深刻见解；“专”即刊物的内容专业。

第二，确保学术期刊的公益性。根据我国期刊管理部门规定，每种期刊需要注册资金 30 万元。调查发现，2005 年我国社会科学学术期刊大多有经费 30 万 ~40 万元。出版单位被推进市场后，期刊作为一种特殊的商品进入流通领域。与综合文化生活类、时事政治类等期刊的繁荣形成鲜明对比的是，学术理论期刊呈现出市场边缘化现象，陷入了生存与发展的困境。一些学术期刊为求生存而多收版面费，加页码，缩周期，改小字号。对于学术期刊，国家要实施保护政策，教育部实施名刊、名栏目工程，使这些期刊能够安心提高质量，而不是走市场。世界著名的一流大学都创办了著名的一流期刊（学报），都把科学研究放在突出地位，强调科研与教学的有机结合，特别是鼓励学科的交叉和学术探索；而学报通过论文的发表和交流，通过活跃的学术活动来配合学校的教学及科研，提高了学校的师资水平，激活了学术氛围。因而，学报就是学校的一扇窗口、一面镜子，办学报就是办学校。

第三，积极发展英语社会科学期刊，为走向世界奠定基础。学术期刊是科学的载体，科学是广义文化的一部分。我国既应该参考美国获得世界科学中心地位过程中对本国语言期刊的极大重视和发展这一做法，花大力气创办和发展中文学术期刊，又应该学习德国、法国、日本等其他非英语国家在经

---

① 叶继元. 中国哲学社会科学学术期刊布局研究［M］. 北京：社会科学文献出版社，2008：50.

济发展过程中妥善处理本国语言期刊和科学核心语言（英语）期刊关系的做法，积极发展英语社会科学期刊，向世界展示中国的社会科学成果。在办刊方式上应积极向国际标准靠拢，加入国际学术界、期刊界知名的数据库，通过论文作者国际化、编委成员国际化、引证作者国际化、传播范围国际化等措施，不断缩小中国学术期刊与国际学术期刊的差异，为中国文化顺利地“走出去”积累成功经验。如山东大学《文史哲》2008年海外订户已达545家，是国内学报界在海外发行量最大的学术期刊。复旦大学、中国人民大学等高校创办了英文版学报，对扩大中华文化在世界上的影响发挥了积极的作用。

第五章　社会科学研究质量评价主体

所谓评价主体问题，即人文社会科学应由谁来评价的问题。由政府一家来垄断评价显然是不合适的，这容易导致行政化倾向，甚至是权力寻租。当前评价发展的总体趋势是，由政府主导向学界自主评价过渡，或者由政府、民间共同评价，社会化的多样的评价中介机构有取代单一的评价主体之势。但多元评价主体可能造成学科资源各自为政，各种评价层出不穷、口径不一的乱局，而且各种评价主体有可能从自身利益出发，或者代表不同对象的利益行事，常常把学术标准搁在一边，以非学术的考量为主导的评价自然乱象百出。

社会科学研究活动日益活跃，需要组织国家层面的统一评估，以推动社会科学事业的发展。目前，无论是学术界、科教界、图书情报界，还是政府有关管理部门都高度重视科学评价工作。2002 年 10 月，教育部、科技部在《关于发挥高等院校在科技创新中作用的若干意见》中强调：高等院校应充分利用自身的技术优势和人才优势，建立和培育独立的社会化的中介性科学评价机构，积极开展科学评价工作。2003 年 5 月，科技部、教育部、中国科学院、中国工程院、国家自然科学基金会联合下发了《关于改进科学技术评价工作的决定》重要文件，其后不久又制定了《科学技术评价办法》，可以说科学评价的意义和作用已得到广泛的重视，各种评价活动空前繁荣，而社会科学评价是整个科学评价中不可缺少的重要组成部分之一。以往的科学评价主要来自两个方面：一是学科专家的评价，二是成果科学计量评价。目前的趋势是多元主体参与，包括同行、行政、基层、行业、公众和自我在内的利益相关方参与质量评价，得出更客观准确的结论。

我国科研经费主要依靠政府的单一拨款体制存在两个弊端：一是难以支撑我国社会科学研究快速达到世界水平。即使 2010 年全社会科学研究与试验发展投入达到 GDP 的 2%，与发达国家也有很大的差距。二是忽略了利益机制的作用。不论研究成果的用户是谁，都由财政拨款，同市场经济的规则相悖，可能还会削弱政府支持科学研究的动机。竞争达到白热化，学术必然成江湖，行政化、行政主导学术的恶果，不仅是资源的全面掌控，还是行政通过各种评估对学术的主导。这样就导致制度的异化，产生学术腐败，因此需要改革评价体系。

一、同行评议

同行评议（peer review）属于定性评价范畴，是指同一个学科或研究领域或同一个研究方向的专家群体依据其价值观与历史观对研究成果进行的概括性评价活动。同行评议始于1665年英国创刊的《哲学汇刊》的稿件评审，以后发展到评审项目，到现在成为主要的评价方法。学术共同体（或学术部落）是致力于某一学科知识领域的学者群体，他们共享着某种价值、文化、态度和行为方式，因此学术部落和学术质量评价是不能截然分开的。忽视学术活动中的学术部落，与忽视学术部落中的学术质量一样都是片面的。在社会科学不同学科领地上栖居的学术部落必然会有许多不同的文化传统、价值信仰及行为方式。虽然社会科学属于趋异型的学科，成员之间缺乏紧密的联系，不大可能用统一的模式和标准，但这些学术共同体对学术成果的评价还是有一定程度的共同认识，这对于鉴定研究成果质量具有重要作用。

实际上，无论是同行评议，还是文献计量方法，我国都一直在人文社会科学研究成果评价的具体实践中积极引进国外的先进经验。美国的经验表明，其发达的科技水平背后有一个成熟的科学技术体系，其中也包括经过300年锤炼的成熟的同行评议制度，该制度被公认为学术研究成果质量的“守门人”。为确保高水平研究而对科学事业进行管理，同行评议是保障社会科学研究质量的基础。研究项目要由学术共同体来评定其价值，资金的配置也须以研究项目的科学价值为依据。时至今日，美国的同行评议制度仍然还在不断的完善之中。①

20世纪80年代，同行评议机制被正式引入我国，但我国社会科学领域的同行评议制度相对于自然科学要迟一些。现在，我国高校和科研院所在职称评审、奖励评审、成果鉴定等领域实行“代表作”制度，已被学术界和管理部门所接受。把同行评议和竞争机制引入研究领域是促进社会科学质量提高的重要途径，没有同行评议就没有科学研究的真正进步。

（一）学术交流

没有学术交流就没有科学的进步，没有学术交流就没有社会的发展。学术研究不是为了个人独享，而是为了更多的人共享，为人类社会造福。

交流成果是研究者的荣誉。科学研究的结果逐渐由个人印刷向公开出版转变，就是以优先公开发表成果为目的，促使自己欣赏和个人小团体的交流

① 金碧辉．现在是提高中国论文质量的关键时刻了［N］．科学时报，2008－05－29．

发展为社会范围的大交流。这种制度设计是对创造者贡献的社会承认，是对其知识产权的保护，是尊重创造、尊重知识、尊重人才的具体体现。

交流成果是研究者的责任。科学无国界，是人类的共同财富。交流学术成果是对同行的促进，有利于减少重复研究，避免研究资源的浪费，更是对公众的负责。

（二）学术批评

学术为天下之公器，只有通过制度化的学术批评，才能去伪存真，明辨是非，发现真理，杜绝腐败。正当的学术批评是学术进步的助推器，是学术健康的清道夫，是学术之树常葆健康青春的啄木鸟。

学术批评是指依据一定的学术规范，对某种学术思潮、学术观点、学术思想与学术成果等进行的议论与评判。它不仅指出其正确之处，而且辨析其错误之点，以促进学术的发展。拉卡托斯指出："重要的批评总是建设性的，没有一个更好的理论，就构不成反驳。"[①] 知识分子的活动以学术为主线，其中教育、研究、出版是其学术活动的主要内容，学术批评主要围绕这些活动进行。正常的学术批评是一个学者应当具有的自觉的批判意识和自身意识在学术活动中的体现。学术发展的规律证明，学者要想做出学术贡献，一个主要途径就是要揭露已经做出的观察中的错误和瑕疵，更精确地观察同样或同类的事实，研究不同种类的材料以便进行比较，更充分地诠释事实，改进研究方法。学术批评越有力，学术纪律越严格，学界风气也越端正，假冒伪劣越难以容身。

一个自由、独立和富有批判的学术环境，反映了一个稳定而成熟的社会。理想学术环境的核心是自由辩论，学术辩论是学术交锋，能减少研究者的搜寻成本。亚里士多德的名言：吾爱吾师吾更爱真理！在西方的学术界看来，喜欢一个人与赞同他的学术观点是两回事。也许他们认为，对他的学术成果进行批判，其实还促进了他的学术发展和完善，实际上是帮助了他，正所谓真理越辩越明。设立在美国斯坦福大学的胡佛研究院是世界顶尖的思想库，其一大特色是保持研究工作的独立性，鼓励研究人员保持自己不同的看法，保持相当距离观测当前政策，支持研究人员经常就一些问题发生争论。美国芝加哥大学之所以人才辈出，成为诺贝尔奖获得者全球最多的高校，其关键在于营造出一种富有创造力的学习和学术氛围，发掘有可能成为研究领域领导者的学生，让本科生参与科研，倡导自由研究和辩论探讨的学术风气。[②]

---

① （英）拉卡托斯．科学研究纲领方法论［M］．上海：上海译文出版社，1986：8.

② 诺贝尔奖人才是怎样培养出来的［N］．光明日报，2010－05－19（8）.

中国从古到今，形成了一个熟人社会和等级社会，一个人的学术观点和本人是牢固地捆绑在一起的，学术批评难以正常开展。通俗地说，你反对我的学术观点也就是反对我本人。虽然“知无不言，言无不尽，真理越辩越明”这一观点在中国同样被学术界宣传和标榜，但骨子里的思想却是另外一回事。因此，在中国，学术界的学术批评存在4种情形：一是对权威、圣贤、前辈之言总是恭恭敬敬，言听计从，不敢越雷池半步，对熟人朋友廉价吹捧。因为中国人已经形成了一种令人窒息的文化传统，即尊敬权威就要认同他的全部观点，是朋友就要相互关照。二是反对某人的学术观点容易演变为人身攻击，上纲上线，陷入学派斗争。社会科学的有些问题与国家政权和政策制度紧密相连，对这些问题的态度又往往被政治化，问题就更严重。三是大家都回避一些敏感的研究项目。大家都不碰大方向，怕犯政治错误，只做些细枝末节的技术问题，关注国外学术界的动态，埋头干自己的事，多做些实际的应用研究，又拿钱又没风险，不管他人是非。四是一些学术不端行为的学者缺乏自重、自尊、自爱、自立、自检，对于明确的不端行为事实百般抵赖，依然不能吸取教训、改过自新，采取种种手段纠缠和威胁举报者、查办者，有些人甚至企图通过诉诸司法来为罪过解脱。

其实，敏感的问题往往具有方向性的指导作用。学术批评既是一种学习机制，也是一种纠错机制。错误往往是正确的先声，科学的生命在于创新。创新人才的特点是“想别人没有想到的东西，说别人没有说过的话”（钱学森）。

没有学术批评就没有学术进步。学术批评对创新理论、多向度理解社会实践与提升研究者的自我反思意识等方面具有重要的意义。但是，在学术批评中，这些价值的实现却需要开展实实在在的“真”批评，拒斥言不由衷的“假”批评；完善学界内部评价机制，防止行政干预，破除单位保护，避免单纯依靠司法诉讼解决问题；加强学者的自律教育，强化他律机制改革，推行实名责任评论制；注重专题评论，倡导融合批评。让学术争议在实事求是的学术争鸣中，在历史的、群众的实践中得到检验，让优秀在阳光下闪光，让不端在阳光下暴露，让优良传统教育后人。

1. 发挥同行评议在社会科学管理中的作用

一是要建立全国性社会科学联合会，作为党和政府直接领导下的学术性群众团体，是社会科学理论宣传、学术交流的组织者和协调者，是联系广大社会科学工作者的桥梁和纽带。二是要形成全国性社会科学工作网络，拥有一支由社科院系统、党校系统、高等院校系统、军队系统、政府政策研究部门、民办社科研究系统人员组成的社会科学研究队伍。三是要形成全国性社科项目及成果信息平台，有利于资源共建共享，有利于社会监督，有利于招商投资效益。

2. 改善地方社会科学联合会

北京市社会科学联合会（以下简称“北京市社科联”）成立于1983年，经过多年积极主动的艰辛探索，逐步找准了作为党领导下的学术性人民团体的职能定位，明确了自己的工作目标，即广泛团结首都社会科学界专家学者，努力使社科联成为马克思主义中国化理论研究的基地，成为党和政府团结、联系社科工作者的桥梁和纽带，成为党和政府的“智囊团”“思想库”，成为社会科学研究精品生产基地和社会科学普及工作主要阵地，成为促进社科人才成长的平台，成为首都社科工作者之家。经过多年积极主动的艰辛探索，北京市社科联逐步形成了较为成熟的工作格局，即以邓小平理论和“三个代表”重要思想研究中心为依托，以《中国特色社会主义研究》杂志为载体，精心组织中国特色社会主义理论的学习、研究和宣传；以决策咨询研究课题为主体，发挥“思想库”和“智囊团”的作用，努力推动应用理论研究和成果转化；以“学术前沿”论坛、社科优秀成果评奖和社科学术著作出版资助为抓手，扶持社科专业人才，促进马克思主义理论队伍成长，推进理论创新；以“北京社会科学普及周”和“北京周末社区大讲堂”为平台，大力开展社会科学普及工作，努力“把大学课堂延伸到社会，把高雅文化普及到大众”，让社科成果惠及首都市民；以自然科学与社会科学两界联席会议为纽带，促进两界交叉融合；以对所属学会、民办社科研究机构和社科类基金会的服务管理为重点，促进社科类社会组织的建设和发展。经过积极主动的艰辛探索，社科联较为成功地打造了“马克思主义中国化论坛”“学术前沿论坛”“决策咨询季谈会”“‘百人工程’学者论坛”“两界高峰论坛”“社会科学普及周”“周末社区大讲堂”等一系列学术品牌，使越来越多的专家学者通过这些平台，在认识世界、传承文明、创新理论、资政育人、服务社会等方面发挥着越来越大的作用。

上海市社会科学界联合会（以下简称“上海社联”）成立于1958年3月9日，是以推动、协调全市社会科学研究和普及为主要任务的学术性群众团体，是上海社会科学界的联合组织。其主要职能是：发挥党和政府联系上海广大社会科学工作者的桥梁纽带作用，反映社会科学界的愿望与要求，维护社会科学工作者的正当权益；组织协调学术研究活动，开展国内外学术交流；开展社会科学咨询工作，促进社会科学理论研究成果社会化；宣传普及社会科学知识和科研成果；编辑出版学术书刊和资料；奖励和表彰社会科学的优秀成果、优秀学会和优秀学会工作者；授权对上海市社会科学学术社团和民间研究机构进行业务管理。上海社联现有所属社会科学各学科学会160个，民办社会科学研究机构7个。上海社联联系着本市高等院校、党校、社科院、部队院校和党政部门研究机构等社会科学研究五路大军，具有学科齐全、人才荟萃、联系面广的综合优势。上海社联的工作曾得到江泽民和历届市委领导的关心和重视。1988 年江泽民、朱镕基出席上海社联第四次代表大会，江泽民在会上做了题为“充分发挥社联的作用，为两个文明建设服务”的重要讲话。1998 年上海社联成立 40 周年之际，江泽民题词：“发挥社联作用，繁荣社会科学”。多年来，上海社联以马列主义、毛泽东思想、邓小平理论和“三个代表”重要思想为指导，团结和依靠广大社科工作者，坚持理论联系实际，围绕我国和上海改革开放与现代化建设中的重大问题，积极组织各种理论研讨，形成了一批有较高质量的研究成果，为党和政府科学决策提供咨询服务；努力加强社会科学基础理论研究和学科建设，广泛开展国内外学术交流，促进社会科学各学科的繁荣发展；面向实际、面向社会，开展各种形式的社会科学普及活动，努力提高广大市民的综合素质；切实加强对社会科学学术团体和民间科研机构的指导、管理，不断增强其活力和凝聚力。上海社联所做的这些工作为推进上海改革开放和现代化建设，为推进理论创新、繁荣发展上海的社会科学事业发挥了不可替代的重要作用。

广东省社会科学界联合会（以下简称“广东社科联”）成立于 1960 年，现拥有团体会员 167 个，其中包括 129 个省级学会、21 个地级以上市社科联、17 个民办社科研究机构。其工作职能包括理论研究、学术交流、社科规划、社科评奖、社科普及、社团管理、民办社科研究机构管理、编辑出版学术研究杂志、主办广东社会科学大学等职能。其中具有岭南特色、在全国较具开创性和有重要影响的理论成果有：率先开展对社会主义市场经济理论的研究，在马克思主义理论宣传、研究、创新方面“先行一步”，较早关注经济特区理论和港澳经济研究、外向型经济研究，在孙中山思想研究、中华民族凝聚力研究、岭南文化研究、华人华侨研究、第三产业经济研究、社会主义社会辩证法研究、精神文明和政治文明研究等方面取得了令人瞩目的成绩。

3．探索规律，改进社会科学研究管理方式，促进社会科学事业科学发展

以对党的事业的使命感、责任感和顽强执着的精神，紧紧依靠学会和广大专家学者，在实践中积极探索总结，逐步形成了对社会科学研究管理的一些带有规律性的认识和体会：第一，坚持以马克思主义为指导，始终保持正确的学术导向。坚持正确的政治方向，坚持马克思主义的立场、观点、方法，坚持把党对人才培养和学术导向的精神贯彻到各项学术活动中去，才能够充分发挥哲学社会科学不可代替的社会作用，社科联自身也才能健康发展。第二，坚持以研究重大理论与现实问题为主攻方向，在服务中繁荣学术。始终把为中国特色社会主义事业服务作为崇高的使命，把改革开放和现

代化建设中的重大理论和实践问题作为主攻方向，在服务中繁荣学术，是社科联事业富有活力的源泉所在。第三，坚持“百花齐放、百家争鸣”方针，着力营造创新理论、繁荣学术的良好环境。正确处理坚持四项基本原则与贯彻“百花齐放、百家争鸣”方针的关系，是繁荣发展哲学社会科学的内在要求和基本规律，是增强社科联凝聚力，团结社科人才，促进社科联事业大发展必须遵循的重要原则。第四，坚持“学者为本、学会为基、学术为根、繁荣学术、服务国家”工作方针，充分调动和激发广大哲学社会科学工作者的积极性与创造性。团结依靠广大学者和学会，为学者的成长与学会的发展服务，把工作深深植根于学术活动，以高质量的学术成果服务于社会发展，是社科联工作的基本方针。第五，立足服务，争创一流工作业绩，不断加强机关干部队伍建设。培育机关干部强烈的使命感和责任感；牢固树立为学者、学会、学术服务的意识；提高机关干部的学术素养和组织协调能力，是创造一流业绩的重要保证。

二、行政评价

现代科学发展的一个重要特征是建制化。科学研究活动由纯粹的个人兴趣和闲暇爱好转变为一种社会职业要求；研究者由纯粹的学者转变为学者与雇员的双重身份。社会发展的需要和国家间的竞争，使政府成为社会科学研究的主要出资人和受益者，越来越多地介入科学研究评价领域。这种由政府做出的行政评价侧重于学术成果对经济社会发展的贡献，逐渐发挥出重要的指挥棒作用。因此，科研活动由自组织发展成为被组织，上升为国家的科研管理。科研管理在某种意义上说就是将个体的分散的科研力量集合为一个有机的整体，进行有组织的科研。①

我国自 1984 年启动科技体制改革后，改常规单位拨款制为项目竞争制，实行量化管理评价绩效成为政府管理科学研究的重要手段。这在某种意义上看是“外行管理内行”的主要表现，但也具有一定的合法性，因为社会科学研究往往不能直接转化为生产力，不能够带来显著的经济效益，因此必须有政府的扶持和投入，要投入就必须有回报，而相应的科研成果（项目、论文、著作、研究报告、会议、数据库等）则是最好的体现。而且在资源分配上，量化管理往往成为相对“公平”又容易操作的分配原则。1991 年，原国家教委经国家统计局批准建立了全国普通高校社科统计年报制度，结束了高校社会科学研究未纳入国家科技统计序列的历史，标志着政府对社会科

① 袁贵仁. 大力推进科研管理创新 全面提升高校哲学社会科学研究能力 [J]. 中国高等教育，2004 (17).

学研究绩效评价的开始。2004 年中央发布《关于进一步繁荣和发展哲学社会科学的意见》，标志着党和国家更加关注社会科学研究的质量和影响。2012 年教育部出台《关于进一步改进高等学校哲学社会科学研究评价的意见》，明确提出以激发研究活力为根本，以提升研究质量为导向，以推进学科体系、学术观点、科研方法为导向，以改革体制机制为动力，完善评价标准，健全评价制度，规范评价方法，构建评价体系，对改进社会科学评价方式有极大推动作用。

（一）投入产出比

在科教兴国战略指导下，政府很重视社会科学研究，也关心科研的投入回报。社会科学研究有的是公益性投入，如基础研究；有的是投资性投入，如应用研究。投入产出比是一个核心指标，机构、人员、经费、项目等投入与成果产出挂钩。

一个时期社会科学发展的真正水平，取决于全社会的实际支持水平。1991 年国家投到自然科学的经费是 11.3 亿元，而同期投到社会科学的经费仅有3 000多万元（其中国家社会科学基金 1 300 万元），只相当于自然科学的零头。2010 年，国家自然科学基金会预算达 95 亿元，而同期国家社会科学基金只有 6 亿元，两者之比为 15：1，加上教育部高校人文社会科学 4 亿元，两者之比为 9：1。省级经费投入差别也很悬殊，如北京市自然科学基金成立 20 年来，受理申请 3 万项，资助项目 3 786 项，资助金额 4.3 亿元，资金规模从成立时的 150 万元增长到 5 500 万元。[①] 而北京市社会科学基金年经费不足 1 000 万元，两者之比为 5：1。相对于这种低投入、低支持，维持了庞大的研究队伍，生产了大量的研究成果，从投入产出比来说是很高的。但长期的低投入必然会降低对社会科学研究的质量要求，进而影响社会科学研究的质量和影响。

例如，北京地区学者 1998—2007 年在 CSSCI 来源期刊发表论文 164 650 篇，占全国的 25.1%，比全国平均水平高出 6.79 倍。2007 年，北京高校社会科学研究项目经费投入 6.46 亿元，研究项目经费支出近 5 亿元，科研人力投入近 8 000 人/年，人均出版著作 0.17 部，比全国平均水平高出 1.6 倍，人均提交咨询报告 0.09 篇，比全国平均水平高出 1.16 倍。[②]

（二）成果效用

政府关心社科研究成果对实际社会生活的影响，社会科学是否发挥了思

---

① 北京市自然科学基金成立二十年硕果累累［N］. 科技日报，2010－11－01.

② 张保生. 北京高校社会科学研究改革开放三十年发展回顾与展望［M］. 北京：中国政法大学出版社，2010：3.

想库和智囊团的作用，是否成为推动经济社会发展和国际竞争力的“软实力”。政府关心研究成果对当前的工作是否有参考作用，表现为咨询报告是否转化为政策法规、战略规划、体制机制、运行模式等。

（三）人才培养

政府投入关注社会科学研究的可持续发展问题，着眼现实人才和未来人才的培养，养士备用，促进事业的可持续发展。要倡导大师文化，去除大佬文化。因此各类社会科学资助单位均设立青年科研项目，面向 40 岁以下的青年，培养“立足中国、面向世界、学贯中西”的国际化人才。

科学研究是经济增长和社会进步之源，把科研投入看作是对社会发展的投资，最终受益的是国家和人民，政府应承担起发展科学事业的主要责任。2006 年，全国研究与试验发展经费总支出为 3 003.1 亿元，占 GDP 的比例为 1.4%，而全国高校社会科学研究经费总支出为 33 亿元，占前者的 1%。[①] 如果 2020 年全国研究与试验发展经费总支出占 GDP 的 2%，照此比例，则全国高校社会科学研究经费总支出仅为 53 亿元。

政府发展社会科学研究的思路是以常设机构为平台，以科研项目为基础，以重点研究基地为龙头，以科研队伍建设为重点，以提高研究成果的学术水平和社会效益为目标，以加强学术交流、资料信息网络建设和改进科研管理为手段，提高社会科学的整体实力。但更重要的一方面是整合研究资源。如 2010 年北京等 5 省市自然科学基金委横向联合，共享专家资源和信用记录。另一方面，要注意调动社会和国外参与中国社会科学研究的积极性，使社会科学研究社会化。

国家应尽快整合资源，设立“文科院士”和“国家级社科奖励”制度，充分肯定人文社会科学家的贡献与价值，以提高我国人文社会科学奖励表彰的质量、效果、知名度和影响力。同时，控制和调整单个学科设立内部奖项的数量，提高各奖项的质量，并规范设立人文社会科学单个学科群的国家级荣誉奖励的数量和标准，宁缺毋滥。

行政评价在不同的层面表现不同，但关心的都是竞争力和影响力，作为国家和地区软实力的象征，评价社会科学研究的整体规模、综合实力、研究水平和发展潜力与其地位是否相称。中央关心中国社会科学研究的国际竞争力和影响力，着力提高社会科学研究对改善民生和社会管理的作用，着力提高社会科学研究在国际学术界的地位和影响。地方关心区域社会科学研究的竞争力和影响力，如北京堪称“科研之都”，是社会科学研究的高地，各项

① 教育部社政司. 2006 年全国高校社科统计资料汇编 [G]. 北京：高等教育出版社，2007.

发展指标均居全国第一，有规模最大的研究队伍（占全国高校的 7.1%），承担着超过全国高校 1/10 的研究项目（包括 10.32% 的在研项目、19.36% 的国家社科基金项目、46% 的教育部重大课题攻关项目），支配着超过全国高校 1/5 的研究经费（拨入 21.59%、支出 20.96%），产出研究成果中专著占全国高校的 18.42%，论文占 9.43%，应用成果占 14%，提交国际论文占 21.95%，在国外刊物发表论文占 22.6%，奠定了北京高校科学研究在中国的半壁江山。[①] 上海市、江苏省、浙江省、广东省、湖北省、湖南省等也是传统社科重镇，具有较强的社会科学研究影响力。

三、基层评价

管理也是生产力，管理创新对于提高产品和服务质量至关重要。科研管理在某种意义上说就是将个体分散的科研力量集合为一个有机的整体，进行有组织的科研，[②] 科研管理重心在基层，对保障社会科学研究成果的质量意义重大。

根据盖洛普公司对企业进行的大量组织行为研究发现，企业高层领导对一线员工的工作绩效的影响力为零，而一线经理的日常管理与员工的工作绩效的相关系数为 0.4。这就说明，一线员工的工作业绩有 40% 受一线经理的直接影响，而高层领导的领导对一线员工不产生直接影响。[③] 这提醒我们要重视一线研究人员，他们是科研管理的末端，又是价值链上价值交换的最前段。研究成果是一线研究人员创造的，他们的敬业与否决定科学研究事业的兴衰。而决定一线研究人员各种效率的直接因素是一线管理人员，需要重复发挥“默默无闻”的基层科研管理的决定性作用。

英国 1986 年开展全国性的高教科研评估，由英格兰高教基金会（HEFCE）负责，迄今为止已经进行了六轮，成效显著。我国需要开展全国性的高校学术评估，加强基层科研管理。

（一）产出成果

产出成果的多少是基层科研管理部门非常关心的事。产出成果体现一个单位研究质量和管理水平的差距。

---

① 张保生. 北京高校社会科学研究改革开放三十年发展回顾与展望［M］. 北京：中国政法大学出版社，2010：1.

② 袁贵仁. 大力推进科研管理创新　全面提升高校哲学社会科学研究能力［J］. 中国高等教育，2004（17）.

③ （美）小约瑟夫·巴达拉克. 沉静领导［M］. 杨斌，译. 北京：机械工业出版社，2008：专家推介三.

第一，关心成果的多少比只关心项目经费显然前进一步。有的地方高校和科研机构只关心拿到多少项目和经费，而重点高校和国家级科研院所已经关注产出成果的多少，计算投入产出比，选择适合的项目做。

第二，关心成果的学术价值和社会价值比只关心成果的学术价值前进一步。有的地方高校和科研院所机构只关心论文、著作的产出能力，而有的高校和院所开始着眼于为决策服务和社会咨询服务。

第三，关心成果的国内外社会影响比只关心成果的国内影响前进一步。有的机构只关心其在国内的影响能力，而重点高校和国家级科研院所开始着眼于面向世界，注重在国际的影响力。

（二）学科建设

学科一般是指在整个科学体系中学术相对独立、理论相对完整的科学分支。它既是学术分类的名称，又是教学科目设置的基础。它包含 3 个要素：一是构成科学学术体系的各个分支；二是在一定研究领域生成的专门知识；三是具有从事科学研究工作的专门的人员队伍和设施。学科建设关系社会科学研究的创新之源，是社会科学研究持续发展的长线基础性建设，基层科研管理部门对此非常关注。

第一，以项目发展优势学科和特色学科。学术发展主要依靠学科，学科发展需要项目支撑，项目成功依靠学科。项目和学科两者相互促进，共同发展。

第二，以项目培养人才、留住人才、用好人才。学科发展关键在学术人才，而学术人才必须通过项目得到锻炼，项目依靠合适的人才才有可能成功。

（三）单位声誉

单位声誉是组织形象，关系集体利益，是国家信用体系的重要组成部分。许多高校和科研院所都注重单位声誉，严以律已，对学术失落行为严厉打击，坚决杜绝，零容忍。力图建设成为国内领先、国际知名的科研机构。单位的综合研究实力和良好声誉是其核心竞争力。单位声誉和个人信誉之间形成密切的关系，前者是后者的综合体，后者是前者的基础。

四、行业评价

行有行规，应加强社会科学研究行业评价机构建设，体现行业学会协会在学术评价中的主体作用，发挥政府不能替代的作用。有必要把地方性的社会科学联合会发展成为全国性的、类似科协的社会科学研究工作者组织。健全各种学会协会组织，建立健全社会科学研究评价机构的资格认证和监督管理制度，开展对社会科学研究评价机构的评价工作，加强对评价机构的规范、引导和监督，形成有效的制约机制和责任追究机制，引导评价机构规范运行、相互协作，促进种类评价机构的健康发展；反对评价机构对被评价对象进行各种简单化的科研排名，维护社会科学研究评价的严肃性。

（一）学术规范

有组织才有制度化的发展。在学术发展进程中，一方面形成了各种学术组织，有的超越国家范围形成世界范围的学术组织，如世界心理学会、世界比较教育学会；另一方面是出版机构形成了选择机制。学术组织和出版机构共同发挥行业规范作用，起着行政组织不可替代的作用。

国际两大检索工具 SSCI（社会科学引文索引）和 A&HCI（艺术与人文科学引文索引）收录的论文分别是社会科学引文规范、人文科学引文规范。

我国学术规范开始重建步伐，从引进、借鉴到自主创新，教育部、中国社会科学院等主管部门已经陆续颁发了相应的规定，总体来看，要求过于强调原则、操作性不强、处罚力度低下。

（二）学术影响

就学术水平而言，本学科的专家应该最有发言权。业内的学术影响大小主要依靠内行评价，内行评价多是从专业的角度、从科学性的角度进行分析。但实际上，国内并没有这类评价机制，反而是一些学科领域之外的评价体系主导了刊物的评价。众所周知，所谓的“核心期刊”本来只是供图书情报部门订阅刊物的一个参考指标，可是现在却成为衡量一篇论文学术水平的标准。与之相应，期刊界的一些重要评价标准，如国家期刊奖、教育部高校哲学社会科学名刊工程等，却没有得到足够的重视。这些期刊界的重要奖项相对于“核心期刊”这类外在指标显得无足轻重。最初，被列入“核心期刊”与否对期刊界而言并不显得十分重要。只是到了后来，随着一些机构特别是高等院校将“核心期刊”作为评价教师科研能力的重要依据，进而发展到以“核心期刊”来评价学术水平的高低，甚至用来衡量高等院校的办学水平，最终成为整个学术界的“风向标”。针对以上状况，应该做到：第一，减少外在因素，尤其是非学术因素对学术期刊发展的干扰。期刊的作用只是传播学术文化，而中国的学术期刊承载了太多的社会功能。第二，期刊界尽快建立起依托本学科领域专家的评价体系。当前，学科领域之外的评价体系主导了刊物的评价，一个重要原因就在于学科领域内部评价体系建设的滞后或缺失。应加强制度建设，逐步用本学科领域内部的学术评价体系来取代学科领域之外的评价体系，这才是提高学术刊物质量的根本之道。

为内行评价提供的报告不仅需要显示研究结论，更重要的是展示研究过程和方法，特点是有理有据，要言不烦。如“学术前沿论坛”是由北京市社会科学联合会和北京师范大学共同打造的学术品牌论坛，自 2001 年创办到 2010 年，已经举办了 200 多场论坛，编辑了 10 套《学术前沿论坛》，对推动理论创新、服务首都建设发挥了重要作用。

五、公众评价

群众的眼睛是雪亮的，社会科学研究的假冒伪劣成果能够横行一时但不能够流行一世，弄虚作假能够欺骗一部分人但不能欺骗所有的人。前提条件是公民具有科学精神，社会有充分的知情权和表达权、监督权。随着公民社会的逐步成熟，社会决策日益科学化和民主化，公众参与机制是决定科学化、民主化的基础和保障，以政治精英、科技专家为主扩大为公众、政府和专家三者互动的多元决策主体。

科学精神是社会多数成员的集体理性，是社会拒绝少数人通过反科学的手段伤害公共利益的能力。“五四”以来倡导的科学精神逐步加强，需要科学精神的全面洗礼，坚持实事求是的精神，养成科学的态度、科学常识、科学能力，破除迷信。

改进社会科学研究评价必须坚持以公开、公平、公正为基本准则。公开、公平、公正是哲学社会科学研究评价的生命线。要通过科学有效的制度设计，确保哲学社会科学研究评价过程公开透明，在阳光下运行；确保一切评价对象在相应的评价标准面前平等地接受评价，不受作者身份、发表形式、利益关系等所左右；确保评价结果客观公正，不断提升哲学社会科学研究评价的公信力与权威性。

科学研究民间发动的力量源泉在于，社会科学的研究能力和成果作为一种“国力”在社会生活中的作用越来越大，基金会等中介组织可以把政府、企业和民间对人文社会科学研究成果的需求与科研供给结合起来，架起利益联系的桥梁，形成经费多元投入的格局。因此，基金会等中介服务组织的建立和探索，将对我国科研投资体制变革产生极其深远的影响，也是解决高校社会科学研究经费不足的一个重要出路。

（一）成果作用

社会科学研究成果通过多种大众媒体和面对面的交流，有利于让公众走近社会科学，理解社会科学，运用社会科学知识，从迷信转为科学，从盲从到自主，从感性转为理性，有利于加快建设公民社会。

社会大众对优秀社会科学研究成果的评价标准主要是通俗易懂、管用实用。如2010年制定的《国家中长期教育改革和发展规划纲要（2010—2020年）》，问需于民，问计于民，问政于民，为国强盛，为民造福，社会调查满意度达70%。

（二）人才声誉

社会科学研究人才在长期的为社会服务实践中积累了良好的声誉和广泛的影响，有利于减少社会大众的搜寻成本。

社会大众对优秀社会科学研究人才的评价标准主要是敢说真话、为民尽责、诚信专业的公共知识分子。如吴敬琏、郎咸平等为穷人说话的专家社会信誉度高，众人亲其人而信其道。

让公众走进科学、理解科学、支持科学和参与科学，是科学普及工作的重要内容，是科学研究成果转化的必由之路。1994年中共中央和国务院发布的《关于加强科学技术普及工作的若干意见》和随后采取的一系列举措，以及2002年颁行的《中华人民共和国科学技术普及法》，为我国科普工作的健康发展提供了有力的支撑。许多科学教育工作者参加了多种多样的传播、推广和普及科学技术的活动。特别是各地的科技文化卫生“三下乡”、青少年的校内外科技等活动的成功展开，都说明我国科普工作的成就巨大。一方面，公众对科学知识和科学生活有着强烈的需求。2009年，全国举办各类讲座84.94万次，参与人员达1.69亿人次；举办专题展览13.02万次，参与人员超过1.97亿人次；举办竞赛5.28万次，参加人数达5 163.91万人次。目前，山东省已将《山东省社会科学普及条例》列入地方立法计划，《条例》（草案）已较成熟；云南省制定的《云南省社会科学普及条例》，2001年8月即形成了“征求意见稿”；《河北省社会科学普及办法》（草案），已列入河北省立法计划；安徽省也成立了课题组，完成了社科普及立法的方案初稿等。加快哲学社会科学普及立法，必将有力地推动哲学社会科学普及工作，保证哲学社会科学普及工作深入持久地开展。但另一方面，我国科普工作还比较落后，根据科技部2009年的科普统计，全国科普人员有180.84万人，每万人口中拥有科普人员13.55人，总经费87.12亿元，其中财政拨款28.07亿元，人均科普专项经费只有2.1元。[①] 社会科学的科普状况更为落后，局限在大城市很小的范围内，主要借助大众媒体传播。这种状况造成我国公众科学素养长期偏低，2010年具备基本科学素养的公民比例只有3.27%，相当于日本、加拿大和欧盟等国家20世纪80年代末90年代初的水平，许多科学研究成果难以被接受和转化。

---

① 中国青年报，2010-12-24.

自2006年起，中国校友会网大学评价课题组在国内率先开展全国性的中国杰出人文社会科学家的遴选与评价研究工作，并于2007年12月首次发布了《2007中国杰出人文社会科学家研究报告》，并将所遴选出的505位杰出人文社会科学家纳入大学排行评价指标体系内，给予其与“两院院士”相当分量的权重。这有助于更好、更全面、更系统地反映我国高校半个多世纪以来哲学社会科学研究对于社会经济全面发展所做出的重大贡献。2007年12月24日，《2007中国杰出人文社会科学家研究报告》正式揭晓，报告公布了“2007（首届）中国杰出社会科学家”入选名单，来自全国高校和科研院所的505名学者入选。报告公布的入选学者工作单位、研究领域和毕业院校等统计结果显示，中国社会科学院入选“杰出社会科学家”的学者人数最多，位居全国首位；北京大学教师和校友入选“杰出社会科学家”的人数最多，位居全国高校首位，中国人民大学和复旦大学紧随其后，位居高校第二和第三名；法学学科“杰出社会科学家”人数最多，教育学学科最少。2009年1月14日，中国校友会网大学评价课题组正式发布《2008（第二届）中国杰出人文社会科学家研究报告》。报告显示，全国共有868位杰出学者入选，中国社会科学院入选学者人数最多有203人，位居全国首位，堪称“中国社会科学智库”；北京大学入选的学者和校友人数最多，高居全国高校首位，摘得中国“人文社会科学家摇篮”美誉，中国人民大学和复旦大学分列第二和第三；苏、浙、湘、鲁、沪堪称“人文社会科学家的摇篮”。女性杰出学者远少于男性，人才成长提速，中国社会科学院王钦博士以33岁入选成为“中国最年轻经济学家”，38岁的北京理工大学刘芳荣膺“中国最年轻女文学家”；北京大学林毅夫媒体曝光率最高，新闻报道高达75 600篇，吴敬琏、王蒙紧随其后。

六、自我评价

人贵有自知之明，研究者在研究过程中最能了解全部信息，唯一能够做到信息对称，知道自己研究的创新点，明白研究的不足和缺陷。因此，研究者参与评价能够使结果更加客观、有效于降低社会成本，有利于保障研究质量。

（一）自我完善

研究基于兴趣爱好，是实现自我价值的追求，好此不疲，不仅是职业，而是事业，是志业。有学者说“科研是一个浪漫的事”，认为科学本身有非常丰富的内涵，是特别适合年轻人做的事，有激情、冲动、开心。①

① 科研是一个最浪漫的事［N］. 中国教育报，2010-08-23.

党的十八届三中全会明确提出实行院士退休和退出制度，提高中青年人才比例，有利于改变追求学术地位的人比钻研学术的人多的局面。著名学者章开沅四次请辞资深教授，带头打破学术头衔终身制。①

科学永无止境，科学研究是一件遗憾的艺术，没有十全十美。谦虚使人进步，骄傲使人落后。一个学者的胸怀有多大，他的学术世界就有多大。兼听则明，偏听则暗。

营造改进社会科学研究评价的良好氛围。进一步繁荣学术批评，促进学术批评更加深入、健康、活跃发展，充分发挥学术批评在社会科学研究评价中的基础性、监督性、检验性作用。要建立健全哲学社会科学研究单位与人员、评价机构的信用档案与信用评级体系，强化科学研究和评价过程中的诚信意识、自律意识、责任意识。进一步弘扬潜心治学、锐意创新、精益求精、锻造精品、团结协作等良好学风，努力营造尊重创新、宽容失败、尊重差异、包容多样的思想舆论环境，有力地抵制急功近利、心浮气躁、粗制滥造、弄虚作假等不良风气，以优良的学风促进社会科学研究评价的健康发展，以科学评价促进社会科学研究优良学风的形成。

（二）自我批评

学术和批评是一体的，有批评才会促进学术的发展。通过自我评价，能够减少其他研究者的搜寻成本，减少评价机构的劳动成本，减少管理部门的运作成本。

开展自我批评需要培育宽容精神，进而促进教育学术的健康发展。如高校博士学位论文中通常设置“不足”栏目，要求作者明确其论文的不足。既是对作者的认识提高，也方便后继的研究者。

改进社会科学研究评价必须坚持以科学性与价值性、民族性与世界性的统一为核心尺度。改进社会科学研究评价，既要看到社会科学的意识形态性，坚持坚定正确的政治方向，又要坚持“百花齐放、百家争鸣”的方针，严格区分学术问题与政治问题，营造宽松的学术环境；既要看到社会科学的民族特色和国别特点，又要深刻把握一切社会科学研究都应该具有的基本规定性、基本学术规范和基本评价尺度，立足中国实际，瞄准世界前沿，推动我国社会科学在国际学术领域的影响力不断增强。

1．评价主体的易位反复

今天的学术评价与过去有何不同？最大的不同在于：新的评价主体——“专业”的学术评价机构从无到有，高调登上学术舞台，争当学术评价的主

---

① 章开沅辞去社科界“院士席”[N]．中国青年报，2014－03－31（6）．

角；而在20世纪90年代之前，权威的评价主要来自于学术共同体中的同行专家。于是，在学术界出现了两个评价主体：同行专家和评价机构。两者有何不同？同行专家也就是我们通常所说的“学术共同体”中某一学科研究者中的佼佼者，他们所采用的评价方法往往是对评价对象进行直接的判断，故有“定性评价”之称。评价机构则主要由从事文献情报研究的专家组成，他们擅长对学术研究成果的某些外在形式进行计量和分析，故在一般人的眼中，他们所进行的是“客观”的“量化评价”。毋庸置疑的是，后者也是学术共同体的一分子，但他们只是学术共同体中一个分支的专家。

21世纪以来，在诸多评审、评比中，即使仍然采用同行专家评议的方法，评价机构制作的各种排行榜也会在专家评议中发挥决定性的影响。说到这样的评价现状，就不能不提到外在于学术界的另一种力量——行政权力部门。评价机构走红学术界，与行政权力部门对这些机构的依赖是分不开的；而行政权力部门为何舍弃同行评议的传统而青睐评价机构？恰恰是因为由学术共同体进行的评价陷入了困境。因为同行评议的公正、合理与否，与评价者的学识、德行、影响和威望有很大的关系，随着具有权威的大师级学者逐渐退出和学界不正之风的抬头以及健康的学术批评日渐衰微，定性评价在20世纪90年代广遭诟病，以定量评价见长的专业评价机构才得以应运而生。

今天的问题在于，学术评价如果单纯依赖定量评价，这些从事文献情报学研究的专家就肩负起了对所有学术领域进行评价的重任。他们是否有能力承担起这一重任，他们对各学科领域研究所做的定量评价是否能得到各学科学者的认同。10多年来的实践已使得一些本来对定量评价寄予热望的学者大为失望，重新回到只有同行专家才是学术研究合格和称职的评价者的立场。历史的吊诡就在于此：因同行评议难免瓜田李下之嫌，评价机构才在20世纪90年代开始走红，10多年后，这些在当年被视为客观的定量评价却遭到了更为猛烈的抨击，甚至被指为学术腐败的根源。学术评价在兜了一个大大的圆圈后又回到了原点，评价主体似乎正面临着又一次的易位“轮回”。

2. 评价主体的重新定位

学术界在对评价机构提出强烈质疑的同时，也对学术期刊提出了颇为严厉的批评，因为评价机构主要借助于对学术期刊的量化评价来间接地评价学术论文，而握有学术资源分配权力的行政权力部门，分配的依据又多来自评价机构的排名数据。如此环环相扣，形成了今天对学术研究的进展举足轻重的学术评价机制。然而，我们却不无遗憾地看到，批评之声虽不绝于耳，但真正合理的学术评价机制到底是个什么模样，却没人能说清楚。因此，一个非常矛盾的现象就呈现在我们面前：一方面，学者对以制作“核心期刊”为代表的评价机构颇有微词；另一方面，高校“以刊评文”认定学者绩效的评价方式却变本加厉。这就足以说明，至少到目前为止，关于建立合理的学术评价机制的努力，成效甚微。

合理的评价机制的建立当然离不开对现有评价机制的反思与批判，但是，眼下批判的矛头所指，主要是评价方法，特别是以量化为标志的形式评价。评价方法固然重要，但运用方法的人更为重要，一味地指责评价方法并不能解决问题，科学、合理的评价机制的建立，还需要从评价主体入手。

首先，应该重新确立学术共同体在学术评价中的主体地位。对同行评价的回归需要从“立法”和“建库”这些基础工作做起，应制定出严格而公正的遴选程序和规则；在此基础上建立涉及每一学科分支方向的评审专家库；专家库应是公开和开放的，且具有不断吐故纳新的功能；应建立起评价活动的合法程序和具体规则，并配套以长效的监督机制；等等。

其次，应该明确现有专业评价机构在学术评价中“有限主体”的地位。近年来这些机构之所以遭到激烈的批评，最主要的原因就在于它们作为评价主体的资格实际上并没有得到学术共同体的完全认可，也没有得到任何公认并严格执行的关于评价机构的准入和退出制度，其公信力引起质疑。要发挥评价机构的应有作用，必须从对评价机构的评价主体资格的正确定位做起。鉴于评价机构的人员只是情报文献专业的专家，他们对各学科研究的评价目前主要是基于文献情报学的形式评价，现有的评价机构的评价主体地位是有限的，这也决定了这些机构仅依靠自身的力量不可能完成复杂的学术评价。在这一前提下，应对评价机构的资质进行认定，对其职责进行规范。同时，应正确认识评价机构各种形式评价数据的作用，摒弃评价即排名的简单化模式，使这些数据能在同行专家的实质性评价中发挥其潜在的价值。

3. 独立的第三方评价机构

近20年来围绕学术评价问题的是非争讼虽然没有导致一个得到公认的科学合理的评价机制的产生，但却从反面证明了至少在目前的学术生态环境之下，纯粹的定性评价和定量评价都有难以克服的缺陷，因此，同行专家和文献情报专家都无法在学术评价中建立起排他的主体地位，学术评价主体的“轮流坐庄”也就在所难免。有鉴于此，许多学者呼吁，应采用定性和定量相结合的评价。但问题是谁来结合？如何结合？独立的第三方评价机构也许能担此重任。

借助独立的第三方机构是政府治理的一种方式，它在应对“技术复杂性”“社会复杂性”“人的复杂性”等问题方面的功能已得到了学术界的公认。学术评价正是这样的复杂问题。首先，学术评价问题在技术上是非常复杂的，很难用简单的“是”与“非”、“对”与“错”、“好”与“坏”来判断；学术研究的进展并非线性的，而它的每一个进步都只是对真理的逼近，不可能是绝对真理，而且真理一开始还往往掌握在少数人手里。这就决定了我们所追求的所谓科学的学术评价必然是一种复杂的评价，其结论也是多方面组合而成的，绝不可能像一些排名表那样简单，也不可能完全靠同行专家举手表决来解决问题。其次，学术评价过程中也会集中地体现出“社会复杂性”，每一项评价都会牵涉到复杂的社会关系。再次，学术评价也是对评价者和被评价者人性的拷问。

在应对与利益分配相关的学术评价问题时，不管是行政权力部门（政府），还是学术共同体，或者资金来源于政府的评价机构，都有难免引起争议和容易遭到诟病的地方。在目前的科研体制中，政府是主要出资方，学术共同体则是资金的接受方，由哪一方来主持评价都很难做到置身度外、不偏不倚，都容易产生失衡的局面，公正问题自然就难以解决。而现有的评价机构还远不是独立的第三方，它们无一例外地都附属于某个学术或科研单位（大学、科研院所），其经费基本来源于财政拨款，无法独立于政府和学术共同体之外。我们之所以寄希望于独立的第三方评价机构，是因为眼下找不到比它更合适的机构来整合不同评价主体公正地完成学术评价这一艰难使命。在某些专业领域，第三方机构已不乏成功的先例。当然，第三方评价机构的良性运行有赖于合理的制度设计。其关键是让第三方机构在身份上真正独立，权利与责任真正平衡，同时建立起准入和退出、监督和问责、协同和竞争机制，这是建立评价公信力的基础和前提。还要指出的是，第三方评价机构只是评价的组织者、责任者，并不因为有了第三方机构就动摇了学术共同体评价主体的地位。第三方机构所承担的具体项目的评价，则需要由这些机构按严格的规则聘请合适的专家来完成，这些机构应建立对所聘专家的约束制度，而一旦评价出现问题，作为组织者的第三方机构必须为此承担责任。①。

改革开放以来，我国社会科学研究的最大进步是接受了“研究无禁区”的开放理念，但还缺乏“学术无国界”的开放理念。马克思说：“未来的哲学是世界的哲学。”② 我国要推动社会科学优秀成果和人才走向世界，跻身

① 朱剑．学术研究谁人评说——学术评价主体与评价机制的重建［N］．光明日报，2010-08-17.

② 转引自：张保生．北京高校社会科学研究改革开放三十年发展回顾与展望［M］．北京：中国政法大学出版社，2010：18.

于全球化多样性的现代文化学术舞台中心，给世界历史打上中国的烙印，为世界文明和人类幸福做出重要贡献，就必须把国际化作为繁荣发展的主要方向，瞄准世界先进水平，加强研究能力建设，接受国际学术规范，接受国际同行评价。

第六章 社会科学研究质量标准的核心要素

学术研究，或简称为学术，其含义已有很多人进行过探讨，也有不少解释。按照美国贝勒大学（Baylor University）教育学院研制的《贝勒大学教育学院教师学术评价指南》中的阐述，学术被比较集中地理解为：①是一种创造性的智力活动；②由同行交流并且判断成果的价值和质量；③学术传播的通常形式是公开发表学术成果。①

学术创新是社会科学的灵魂，是社会科学赖以繁荣和发展的原动力，是学术进步的根基，也是社会科学能否完成其历史使命的关键。社会科学研究学术创新体系主要包括学术观点创新、学科体系创新和科研方法创新。学术观点创新是前提和基础；学科体系创新应本着巩固、调整、发展的原则，使学科布局更加合理，门类更加齐全，更加具有时代特点；科研方法创新应着眼于充分运用信息技术等先进手段，改进研究方法，提高科研数字化水平。

目前，世界各国都以知识创新和国际水平为科研成果的评价标准。一般有三个关键性因素：一是划分学科边界的标准；二是社会对知识的需求，很可能是以非学科的方式提出的；三是无论社会的需求如何，在任何学科系统下都会出现跨学科的课题。一些社会学科拥有行业特点，如社会学之于社会工作，教育学之于教育工作，经济学之于经济工作，管理学之于管理工作等，接受实践检验也是一项重要评价内容。

柏拉图指出："任何在一点点够不上真实存在事物的水平，都是绝对不能作为标准的，以往任何不完善的事物，都是不能作为别的事物的标准的。"②

质量是一个价值判断，是一个复合指标，判定成果质量的高与低、好与坏，其标准主要是依据成果的学术价值和社会价值的高低大小而定，通俗地说，就是领导认可、专家点头、群众满意。美国历史学家 B. 马兹利什（B.

---

① 刘剑虹，吕杰. 学术评价：美国大学的一种理论模式——以贝勒大学为例［J］. 宁波大学学报：教育科学版，2002（5）：1－4.

② 柏拉图. 理想国［M］. 郭斌和，张竹明，译. 北京：商务印书馆，1986：259.

Mazlish）曾对科学的质量问题进行研究，认为科学的质量评价主要来自于学术界内部（inside）和社会外部（outside），“内部质量”是指学术同行对研究成果的学术价值与影响进行评价，科学的“外部质量”则可以看作是国民的“生活质量”，即该研究成果对提高人民生活水准所做出的贡献大小。我们形象地说是要“顶天立地”，顶天就是瞄准社会发展的重大理论问题，进行原始创新和重大突破；立地就是要以服务国家和人民为导向，解决实际问题。一般来说，学术价值和社会价值大的成果，其质量亦高，反之亦然。

由于社会科学成果在分类上的不同，判定基础研究成果和应用研究成果时所侧重的方面也不相同，对于基础性成果来说，主要是看其学术价值的大小。所谓学术价值，就是指某项成果对本学科领域，本专业现有的科学理论的创造、深化和发展。主要表现在研究者经过周密的逻辑推理和论证，对学科建设提出了建设性的意见、建议；或对现实问题做出了规律性的总结；或是使用了新资料，证实或论证了某一已有的学术观点，补充了某一结论；或是在理论上有创新，有突破，并用于指导实践；或是纠正了原有理论上的偏差、错误；或是填补了某一学科的空白。对于应用性成果来说，主要应侧重于其社会价值。所谓社会价值，是指研究成果对社会发展所起到的作用和所做的贡献。因此，在判定成果质量时首先要准确确定成果的类别；其次还要将成果放到实际中去检验，侧重理论价值和实际意义，由相关受益方和同行进行评价。在这里，数量不能一直作为学术评价的主要依据，引证不应作为测量学术质量的精确标准，不听信没有足够依据的理由。

一、科学性

科学研究是求真的事业，科学性是社会科学的第一品质，它要能够解释已知的经验和准确预见未来的经验。前者是回答“为什么”的问题，它把或然性解释变成了必然性解释，其原因：一是以往它超越了个别的语境，体现了人们对普遍性的追求；二是由于它刻画了科学研究所的重要特征，即在科学研究过程中，最重要的就是要获得普遍性的结论。后者是说明“将来怎么样”的问题，科学语言意义明确，概念相对确定。

（一）观点可信

在科学探索过程中，获得科学理论是最关键的。理论首先而且最重要的是思维工具。西方学者提出硬理论和软理论之分①，认为自然科学如物理学理论进行预测，目的是掌握某种事物；社会科学特别是人文科学则意在勾勒，试图辨别某种事物。

科学理论来自对日常生活实践的细致关注和系统总结，尽力为相似的现象寻找共同的原因，或建立它们之间的普遍联系。如常识使人们懂得：“种瓜得瓜，种豆得豆。”但生物学的遗传变异理论则描述了更深刻、更具有普遍适用性的联系，这些联系把许多现象知识系统地组织起来，得到圆满的解释。理论能够站得住脚，具有可信度，经得起历史和实践的检验。

（二）材料可靠

科学研究注重的就是事实，事实充分就能很好地说明观点，立论可信需要言之有据，证据确凿，材料翔实可靠，以事实为依据，有数据为支撑。研究结论要让充分的事实说话，切忌犯以偏概全的毛病。

要使材料可靠，要避免道听途说，人云亦云。做研究时一般是第一手资料好于第二手资料，因为做学问肯定要与众不同，做研究、做学问更需要自己亲自实践辨别真伪，这样才有原创性，才有价值。一手的需要自己加工，所以做出来的东西会有别于他人的，且第一手材料具有实证性、生动性和可读性的优点。二手资料一般是经过别人加工而成的，融入别人的观点看法，带有个人主观的东西，已经失去了原来的面貌不具保密性，价值没有一手的高。对二手材料要综合分析，首先要做到“选择得当”，就是要选正确、合适的材料，用到文章中能够说明问题。要既重视“第一手材料”的积累，又重视“第二手材料”的搜集。

谁都不敢保证所有的材料都是真的，只能作为一个重要依据，所以做学问的一般不只拿一件材料做孤证，必须多种材料进行佐证。

二、创新性

创新程度是指在理论研究中的新突破或新贡献，或是填补空白，或是用新的知识资料论证、完善了原有的结论，或是在学科建设上有新的拓展、开辟了新的学科。创新是社会科学研究的灵魂，是社会科学持续繁荣发展的不竭动力。典型的创新就是掌握了两个领域或更多领域的人，运用一个领域的框架，予另一个领域以崭新的思考，这在学术界有大量的事例可资证明。改进社会科学研究评价必须坚持以鼓励创新、服务发展为第一要义。要以是否

① （德）沃尔夫冈·伊瑟尔．怎样做理论［M］．朱刚，等，译．南京：南京大学出版社，2008：5.

有利于提升创新能力、激发创造热情、提升研究质量、产出优秀成果、培养创新人才作为社会科学研究评价的根本出发点，努力形成有利于创新的评价标准、制度和环境，切实推动社会科学学科体系、学术观点和科研方法创新，保障社会科学的持续繁荣发展。

（一）学术观点创新

学术观点创新表现在能够针对新的现象和问题，做出新的解释，提出新的理论学说。严羽《沧浪诗话·诗辨》称："入门须正，立志须高。"值得作为治学的座右铭。没有基础理论支撑的学术繁荣是虚假的繁荣。

理论是人们由实践概括出来的关于自然界和社会的知识的有系统的结论。我们通过发展理论来解释社会现象，预测社会现象，并据以指导社会实践。一个社会科学家，他的学术建树的大小，他在学术界的学术声誉的高低，很大程度上是由他所创立或发展的理论的价值决定的。例如，在经济学领域，提到舒尔茨，自然会想到人力资本；在管理学领域，提到马克斯·韦伯，我们会想起他的科层制理论；提到爱尔顿·梅奥，我们会想到人际关系学说；提到迈克尔·波特，我们会想到波特竞争战略理论、产业聚集理论、价值链理论、国家竞争力钻石模型等。一个伟大的学者，不能没有自己发展出的一个或几个独创性的理论。有的理论还在现实社会生活中发挥了重要影响，如 GDP 理论、刘易斯拐点、基尼系数、恩格尔系数、人文发展指数、终身学习、学习型组织等。

任何一项研究都离不开这个已经形成的知识基础。离开这个知识基础，一项研究就有可能是低水平的重复，就有可能走冤枉路。挪威的一位学者曾说："没有理论的研究是难以想象的"，"若不牢固地掌握理论，方法论的其他方面就可能显得相当浅薄"。[①] 科学理论是对某种经验现象或事实的系统解释。科学理论是用来解释现象的一套命题体系或逻辑体系。社会科学理论（或者更广泛地讲，所有科学理论）的功能有三项，即解释、预测和指导实践。在这三项功能中，解释功能是最基本的功能。理论的基本价值就在于向我们提供关于经验现象的界说和解释，引导我们取得对事实的认识。理解这一点很重要，这也有助于我们对科学家或理论家社会角色的认识。既然理论的基本功能是解释经验现象或事实，这决定了科学家或理论家们的基本职责或首要职责是认识世界，扩展对经验现象的认识，通过理论创新不断增进理论解释能力。理论具有非普适性，如费肯杰创立"推参阐述"，认为这种或那种理论能够产生这样或那样的结果，特定的结果只有服从特定的理论。如

---

① （挪）斯坦因·U. 拉尔森. 社会科学理论与方法［M］. 上海：上海人民出版社，2002：1－2，293.

果以一定的先决条件出发，就可能预定以一定的结果告终。①

华裔美国学者洪朝辉甚至认为：近 30 年来中国超常和超速的发展，导致流行的一些西方理论正在不断地被证伪。西方经典理论与中国发展现实的相互矛盾，表明中国发展的特殊道路，学者就有责任发展理论、创新理论，而不是等待现实的变化去迁就现有理论的框架与逻辑。②

（二）学科体系创新

从另外一个角度看，理论也是社会科学研究的基础。社会科学发展到今天，已经孕育出众多的学科、众多的理论。每一学科又不断发展新的理论，以解释学科范围内的现象，建构本学科的知识体系，由单一的学科发展为学科群，经过对学术观点的系统化，成为具有共识和公认的教材体系，进入学校教学领域。

社会科学研究仰赖原典材料的佐证、解读、分析、论断，我们所据以推断的材料就是原始文献，就是文本资料。援引材料的要求是：上焉者能够让人觉得陌生、新鲜；所引用的是第一手资料，不是转手、二手资料；数据最好是无人或少人使用过生新数据，或罕见稀有的文献。学术研究据此开展解读、诠释、发挥、论证，当然可以获得比较新颖、独特的成果。如果运用熟烂数据，必定得到平凡而意料中的结论；用另外一堆生新的数据，则将获得不同凡响的结论。大凡原创性的选题，大多建构在未经人道、少人问津的原始素材上，期待独具慧眼的学者加以开发利用。如果素材一见如故，论点似曾相识，若非不够用心，就是存心炒冷饭。因为之所以感觉熟悉，那是因为学界早有研究成果。所以，理想的论文选题，文本材料应该是专业而不经见的，钱钟书《谈艺录》中所谓“人所曾言，我善言之；人所未言，我能言之”，可持以说明材料之生新，或成果之创新。所以，材料本身必须要讲究陌生、新鲜，这样研究成果较可能有创意。

西方现代社会科学，是成熟完备的关于西方社会的学术体系，其中包含着人类社会思想发展的科学成果，开辟了人类文化发展的一个新阶段。但问题是如果把当代中国的学术研究完全放进西方学术的框子里，游离马克思主义中国化最新成果开拓的思路，不以中国人民变革社会、建设国家、追赶时代的实践作为历史基础，不下气力继承和开掘自己历史文明成果，进行独立的创造性的工作，那么，中国学人恐怕永远也不能对现代化国际化的中国社会发展及其规律做出自己的科学阐明，只能跟着西方学术鹦鹉学舌，亦步亦趋。把别人的是非完全当成自己的真理，在国际学术舞台上，只能屈居下手

① 经济法有没有原理［N］. 光明日报，2010 - 07 - 21.

② 环球时报，2006 - 08 - 29.

和帮办。有些学术著述，不顾当代中国的发展需要，完全用西方社会发展的逻辑和公式，来套解当代中国社会发展进程，把它们当作解决中国发展各种问题必须遵从的规制和灵丹妙药，制造着种种新的“乌托邦”。

成果不以长短论高低，须凭质量识优劣。如《资本论》为200万字巨著，《共产党宣言》很短，《论语》仅2万字，《老子》仅有5 000言。优秀的研究成果就是把思维聚焦在问题上，把研究立足在分析问题上，把工夫下在提出解决问题的方略上，在破解问题上立新言。善于把理论问题实际化，把实际问题理论化。真正有用的理论，其实是脱了理论外衣的理论，是通俗易懂的理论。

（三）研究方法创新

社会科学的发展有赖于研究方法的进步，理论创新也表现为运用新方法重新解释已有的现象或问题，挑战既有的理论。笛卡儿曾言：“要认识真理，必须运用正确的方法！”有杰出成就的科学家，都十分重视方法，因为正确的方法是寻求真理的桥梁和工具，漠视方法将成为科学研究之障碍。

理论研究要先有思才有路，有技才有艺，有时才有效，有功才有名，以方法创新为突破口，破除教条主义、形式主义思想的束缚，积极吸收自然科学中先进的研究方法，借鉴国外社会科学研究的有效方法，注重实证研究和社会调查方法的运用，定性研究方法与定量研究方法的结合。要善于结合先进的科学技术改进和完善研究的方法，从单纯的理论导向向技术化、可操作性转变，即以现代高技术为依托，利用最新的技术手段对对象进行分析、模拟，最大限度地获取相应的数据并作为决策的重要依据。例如，建立经济决策仿真实验室，运用仿真技术及经济学等科学知识，在计算机上进行各种实验，就如同物理学者在实验室里做实验一样，综合研究复杂的社会经济问题。方法，其实就是一种工具和手段，如亚里士多德的《工具篇》谈逻辑方法，培根的《新工具》谈古典归纳法，笛卡儿的《方法论》谈演绎法，黑格尔的《逻辑学》谈辩证思维。严谨之学术研究，接近科学之探索，欲求研究有得，成果可信，就必须讲求研究方法。像研究历史，有梁启超的《中国历史研究法及补编》、漆侠的《历史研究法》；研究哲学、思想，有张岱年的《中国哲学史方法论发凡》；研究文艺学、美学，有陈鸣树的《文艺学方法概论》，胡经之、王岳川主编的《文艺学、美学方法论》；研究文学理论、文学批评，则有华东师范大学文学研究所编的《中国古代文论研究方法论集》、张伯伟的《中国古代文学批评方法研究》等。其他经学、文学研究，亦各有其讲究之方法。方法学之演练，必须自我要求，真积力久，自然运用裕如，胜任愉快。

现代学术已经独立于意识形态，把价值判断和事实判断加以区分，确立以现代理性指导的科学的研究方法。而那种“实用理性”的、以信仰代替科学、以价值判断代替事实判断的前现代的研究方法已经失去了合理性，如写随笔、谈感悟的研究方法已经不合时宜。20 世纪经济学的理论议程，很大部分取决于边际主义的革命，而结构主义的研究方法也对语言学起了同样的作用，人类学引入参与式观察方法，使这个领域有了自己的特色，以一系列认识论、方法论和政治反思为标志，社会学得以成型。

改革开放以来，我国社会科学研究取得巨大进步，不仅学科体系逐步完善，研究领域逐步拓展，而且研究方法更加科学，从单纯的学术研究到理论联系实际的问题研究，从单纯的规范性研究进步到现代综合方法的运用，从单纯的中国视野研究到国内外结合研究。如改革开放前，中国几乎没有严格意义上的经济学研究，经济学论著基本上是规范性的“感想”和“学习体会”，课题形式的调研报告很少，大多数研究是从概念到概念，缺乏数据支撑的实证分析。到 20 世纪 80 年代，随着国家工作重点转向经济建设，经济学研究进入起步阶段，主要依据马克思经典著作对国家经济政策进行简单诠释和哲学式思考。到 20 世纪 90 年代，伴随社会主义市场经济体制的确立，现代西方主流经济学理论大量引入国内，以《中国社会科学》和《经济学研究》为代表的中国经济学权威刊物开始大量发表以数学建模、计量证明、统计检验为工具的实证性论文，也带动了其他核心刊物和其他学科对实证性研究的青睐，极大地提高了经济学理论的精确性、可靠性和可操作性，使中国经济学研究出现了定量化、精确化、演绎化的趋势。①

长期以来，哲学研究主要是论辩性的，从古代关注本体论问题，到近代关注认识论问题，再到现代哲学的语言分析转型，这种论辩性的哲学研究越来越仰仗概念分析的方法，几乎与科学独自拥有的实验方法毫无关联。但是，随着当代科学技术的快速发展，特别是脑科学的迅速发展，哲学研究方法也开始走向实验研究的途径。实验研究方法，正成为一种哲学研究的崭新手段，开启着哲学的实验研究新局面。一些有远见的哲学家纷纷采用各种科学实验方法来开展各自的哲学研究工作，并相继建立了一些哲学实验室。在哲学研究中所采取的实验方法，主要分为保留思辨性质的思想实验、引入计算技术的仿真实验，以及采用测量仪器的真实实验等三大类别。思想实验是指一种由于现实限制无法实际完成的、用于检验一种假设或理论的思辨性实验方案，其目的是要考察给定问题的潜在原理。哲学中思想实验的理论性贡献一般包括：①挑战或甚至反驳一个盛行的现有理论；②肯定一个盛行的现

---

① 朱启才. 孙冶方经济科学奖与中国经济学发展的关联：1984—2008［J］. 新华文摘，2010（14）.

有理论；③建立一个新理论；④通过互斥过程，同时反驳一个盛行的现有理论并建立一个新理论。仿真实验是指采用计算编程手段来模拟实验进程的一种实证研究行为，以便通过机器强大的计算与显示能力，更直观地了解事物发生发展的规律。比如对于诸如囚徒困境这样的博弈策略研究而言，就可以采用计算建模及仿真模拟的方法来进行。对哲学理论进行计算机建模研究起码有 5 个方面的贡献：①理论清晰；②内在一致；③经验泛化；④大众可测；⑤大众可扩。真实实验是指传统意义上的科学实验，即通过实验数据分析归纳的方法，来取得对事物本质的了解和理解。这些实验方法不但具有广泛的适用范围，而且具有传统思辨方法无法替代的重要价值。① 随着应用的不断深入，哲学实验方法也必将在未来哲学的研究中起着越来越重要的作用。

三、应用性

科学研究具有实践品质，即它满足人类的实践需要。这是指研究成果对社会发展所起到的作用和所做的贡献。凡是对社会发展起了推动作用、成果直接影响了决策，或在重大的实际问题中提出了好的建议、意见而被领导决策部门所采用并收到良好效果的成果，都是具有社会价值的成果。一项研究成果问世，在实践上是做了对未来的战略预测，是对现行政策找出了理论上的不足，或是对政策提出了重大的决策依据，还是仅仅做了一般性的回答，这就是判断研究成果社会价值的重要标准。

（一）政府决策

为决策服务是指研究成果作用于决策部门的能力。简而言之，就是成果被决策部门采用的程度。凡是被中央或地方政府决策部门所采用的研究成果，其可行程度就大，反之，则是可行性小或是至少在目前不具备可行性的。

按照加拿大学者迈克尔·凯利（Michael Kelly）的说法，社会科学对社会的可能贡献集中在决策的有关方面，即能为决策者提供数据、分析的机制、组织框架等，帮助决策者弄清楚目标，对问题的范围进行预言以及对投入和产出进行评估。一些调查性的研究使决策者能对一些福利性的项目进行仔细的规划和调控。他认为，社会科学研究虽不总能解决问题，然而却能帮助决策者认识到自己处于什么位置上以及如何去判断某些政策的潜在影响，还能使决策者避免有害的决策。

---

① 周昌乐. 新兴的哲学实验研究之路［N］. 光明日报，2011－02－22（11）.

近二三十年以来，决策咨询业在世界范围已形成一个庞大的产业，出现了一大批在国际上享有盛誉的综合性决策咨询机构。有学者认为，如果把新闻媒体称为立法、行政和司法三种权力之外的第四种权力，那么思想库则可称为第五种权力。[①] 思想库在政策形成过程中发挥着多种作用，概括起来具有以下基本功能：①问题分析功能（problem analysis function）。公共决策咨询必须能够协助决策者分析公共问题的结构，并且提出解决问题的方案。②政策设计功能（policy design function）。公共决策咨询能够根据决策者的意图和要求，提供全盘性的政策设计方案，促使国家资源有效配置，充当决策者的“外脑”（out brain）和“锦囊”（ coup storehouse）。③政策革新功能（policy innovation function）。公共决策咨询机构在为政策制定者提出有创意、新的政策方针或行动方案的同时，还可以对政策执行情况进行跟踪、评估，对发展趋势做出科学预测，研究相应的应变措施，提出是否需要对政策进行修改、革新、变更的建议。④生产政策思想。思想库的主要功能之一是探求和形成新的政策思想。这些思想虽然短期内在政治上未必可行，但经过长期反复地倡导某种思想主张，有可能逐渐为决策者所接受，最终获得足够的拥护者，以至立法成规。⑤聚集、储备和提供人才功能（talent attraction function）。公共决策咨询机构知识密集、技术密集、人才密集，既是培养造就人才的基地，又是聚集人才的场所。⑥公益表达功能（public interest expression function）。公共决策咨询机构是公共利益的汇集者，能够向政策制定者表达社会的需求和民意的取向，使决策者能在整体公共利益的基础上，制定最符合公共利益的政策。⑦教育公职人员和公众。

西方国家咨询业非常发达，如美国著名的麦肯锡公司、兰德公司、盖洛普公司、布鲁克思学会、普华永道公司、斯坦福大学的胡佛研究院，以及标准普尔、穆迪、惠誉等三大国际著名企业信用评级机构，其庞大的数据库超过政府的数据库，在国际经济、国家政治生活和社会生活中发挥了重要作用。1946 年成立的斯坦福国际咨询公司是世界享有盛誉的综合性研究机构，目前拥有几千名专职研究人员，主要从事全球性战略研究。同年成立的兰德公司不仅拥有一支几百人的专业研究队伍，还在全世界招募大批专家参与其研究工作，从单纯研究尖端科学技术发展战略和军事战略，逐渐发展成重点研究重大决策和发展动向的综合性思想库，研究成果众多，如著名的“阿波罗登月计划”和影响深远的中美和解政策等。

社会科学研究渗透到国家人口普查和经济、社会普查中。如 2010 年，全球大约有 60 个国家进入人口普查的年份，这是搜集人口资料的一种最基

① 郝佳芬. 国外决策咨询研究综述［J］. 新世纪图书馆，2003（6）.

本的方法，但各国研究水平不同导致人口普查质量各不相同。如美国当年的人口普查只涉及了10个问题，是历年最少的一次，但同样达到了调查的目的，避免了重复登记问题。英国使用更有效率的人口统计手段，例如信贷记录、邮政信息、各种数据库，提高了数据的准确性。俄罗斯人口普查沿用1897年的方法，问题设计合理简洁，一般15～20分钟填完，就能够为政府制定社会发展规划提供重要依据。而印度人口普查则设计了复杂的问题，但效果却不一定好。

在我国，社会科学研究的思想库和智囊团日益受到党和政府的重视，从党中央的集体学习到各级党委、政府的学习研讨，都越来越强调理论学习。随着社会的全面发展和多元发展，中国社会的复杂程度已经达到了一个崭新的高度。在这种情况下处理国家的政务，必须要求政府尽可能多地占有信息，尽可能多地掌握正确的判断，对社会科学研究质量要求大幅提升。如《中共中央关于进一步繁荣和发展哲学社会科学的意见》在党的历史上第一次明确提出"要使哲学社会科学界成为党和政府工作的思想库和智囊团"。而在信息密度和数量如此巨大的今天，信息处理成了一项重要的任务。信息处理包括两方面的工作：一是获得准确而充分的信息；二是快速做出争取的判断，为决策层提供解决方案。我国现存的信息情报部门和研究部门都是在计划经济时期设立的，它们之间存在的问题是信息情报部门与研究部门各成一体，搞情报的不搞研究，搞研究的得不到情报，并且政出多门。譬如各个中央新闻单位都有内参部门，各个部委也有信息和研究部门，这种分割的状态和局面往往使信息得不到有效地处理。因此，今天的中央政府有必要建立新型的信息研究部门，将信息情报机构与智囊研究机构结合起来，成立综合性的信息处理决策咨询机构。地方政府决策同样需要决策支持，自主地解决面临的问题。决策研究成果应当立足国情、国际视野、战略眼光，成果表述应当观点明确，简明扼要。智囊团就要有自己的叙述方式和表达方式，使决策者能在几分钟的时间内明白你的意见观点。因此，咨询报告要言简意赅，表达要通俗易懂，观点要明确，证据要确凿，建议要可行，符合用户的能力和需求。

完善开放合作的研究机制，促进"产学研用"结合。如北京大学整合全校之力成立了"儒学研究院"，组织实施了《儒藏》编纂工程，弘扬中华民族文化。2006年率先成立了中国社会科学调查中心，主动参与国家重大决策咨询，对股市、金融、土地征管等问题的研究受到政府的充分肯定。以理论为基础，以问题为对象，服务政府和社会一直是中国人民大学的优良传统。关注国计，关注民生，从校内延伸到校外，从国内延伸到国外，从中央延伸到地方，从政府延伸到企业。党的十六大以来，人大教师先后8次受邀为中央政治局集体学习做辅导报告，在全球化与国际关系、两岸关系、社会保障、新农村建设、宏观经济预测等方面提出一系列咨询意见，受到党和政府的高度重视。同时，沉下去为基层服务，协助地方制定发展规划，开展新农村建设综合改革试验。南开大学发挥学科优势，为商务部、外交部、国资委、国新办提供对口服务，所提出的“环渤海地区经济发展与合作研究”受到地方政府的充分肯定。复旦大学从实践中来，到实践中去，请大学者写小书，把大道理通俗化，把服务上海作为服务社会的立足点和着力点，为长三角区域发展服务。武汉大学打造立体化、系统化的“珞珈智库”，成立了首家“国家文化创新工程”研究基地，与文化部合编《中国文化创新年度报告》，与国家发改委、质检总局合作成立了中部发展研究院、质量发展战略研究院，进行对口智力服务。南京大学注重把研究成果转化为现实生产力，通过举办13年的“江苏发展高层论坛”为思想与实践的结合，理论与实际的结合，专家、领导和企业家的对话提供了坚实的平台，成为省委、省政府的“思想库”，转化为政府和企业的决策。中山大学与广东省委政策研究室共建中山大学广东决策科学研究院，建设决策咨询研究和社会科学成果转化的平台，多项成果受到有关部门的认可。中央美术学院以学术特色担当为中国造型使命，为开国大典、2008年北京奥运会和2010年上海世博会等国家重大文化工程提供优质服务。

（二）社会生活

社会科学研究是一种实践活动，与其他实践活动共处在社会实践之中，然而这种共处的关系并不等于它们之间实际上发生着互动关系。互动作为社会学概念，指主体之间有目的的相互影响、相互渗透、相互依存和相互推动，从而达到主体的自身发展和主体间的相互协调和适应。各种不同的实践活动形成不同的主体，承担着不同的社会角色的职能。它们一方面通过自己的活动形成和发展自己的特殊性，另一方面又在互动活动中实现社会价值，并且获得自身发展的社会条件。因此，社会科学研究作为一种实践活动与其他的实践活动之间的互动，是社会科学发展的十分重要的条件和机制，对激发创新活力、培育和完善研究活动要素、调节研究方式和途径、优化研究资源配置，都有不容忽视的作用。通过互动的作用，使社会科学研究与不同的实践活动建立起自觉的、积极的和稳定的关系，使之获得一个优化的动态框架结构。社会科学研究既可以问需于民，也可以问计于民，还能够问效于民，充分发挥了解社情民意和反映民生疾苦的作用。

从社会实践总体来看，社会科学研究的基本互动关系有几个方面。它们是理论活动自身的互动，理论是研究的产品，在本质上它是探索实践的产品。因此，理论的互动包括探索实践与理论研究的互动以及理论研究之间的互动。理论与技术的互动，理论需要技术首先在于技术是理论价值的最终证据。理论不仅有真理和谬误的性质，而且有价值大小，判断理论的价值大小，唯一的证据就是它带来的技术成就的大小和多少。一种理论的价值，无论是自然的、社会的还是精神的，如果不能转化为技术成果，那么它就不能证明自身存在的价值。有的理论需要很长的时间周期才能实现为可见的社会技术，但同样可以通过对理论的结构分析而使它产生阶段性的技术成果。从这个意义上说，任何理论作为存在价值都必然与它所引起和产生的技术构成一体相互证明而存在。其次，技术为理论的探索和研究提供手段。关于自然的技术和关于社会的技术都是创造实践获得的结果，但是，技术成果反过来，又成为理论研究的手段和动力。现代社会中理论研究已经达到这样的程度，以经验的手段已不可能，而是需要许多专门的技术才能推动理论研究的进展。在这一进程中，一方面，理论发展的需要在选择技术和推动技术进步；另一方面，技术进步又推动理论发展。最后，理论探索和研究的对象日益更多地成为技术。

社会科学本身具有经济价值的功能，受 1984 年科技体制改革的影响，社会科学研究逐步开始实现面向经济建设主战场的重要转向，加快产学研用结合，经济效益越来越成为检验应用性社会科学研究成果质量的一个试金石。2010 年，教育部召开了高校哲学社会科学服务经济社会发展座谈会，交流了若干大学的做法和经验，形成新思路和新举措。社科研究发展的新思路和新举措。2013 年，教育部展开高校建设中国特色新型智库座谈会。

第一，向决策咨询转化。决策咨询（如考核、调研、发展规划）从政府单干，到依托附属专业机构，到 20 世纪 90 年代实行服务外包，扩大到向企业和高校购买智力服务，甚至向全球招标。如 2010 年颁布的《国家中长期教育改革和发展规划纲要》征求过世界银行、经济合作和开发组织、麦肯锡咨询公司的意见。2008 年，我国成立了由前政府官员和专家共同组成的中国权威的智库，标志着决策咨询业专业化发展迈上新水平。高校和民营企业积极参与，围绕中心，服务大局，关注重要现实问题，为经济社会发展提供智力支持，参与发展战略规划制定，参与成果转化培训。

第二，向社会咨询业转化。1994 年，教育部颁发《关于加强和改进高等学校人文社会科学研究工作的若干意见》，提出要加强应用研究社会服务的导向，要求“通过兴办信息咨询产业等，使高校人文社会科学研究的一部分成果推向市场”。近年来，咨询业在我国发展迅速，把社会科学变成社会科技，用户范围日益广泛，从政府管理扩大到企业运营商业营销，注意争夺国际话语权，对社会公共管理和商业活动的舆情调查越来越重要，如民营的零点调查公司已经发展成为重要的咨询集团，大公国际咨询评估有限公司于2010年首次向全球公开发布50国的信用等级风险信息，标志着中国本土信用评级业的崛起。如吉林大学积极参与《中国图们江区域合作开发规划纲要——以长吉图为开发先导区》的国家战略建设和规划论证工作。

第三，向教学培训服务转化。社会科学研究的成果转化为教材、教具、学具、数据库、软件、案例库，成为学校教学和社会培训的重要内容，产生重大的经济效益。我国中小学教材价值300亿元以上。

第四，向文化产业转化。社会科学支持了戏剧、出版、电子、广播、电影、电视、网络等媒体的发展，形成了巨大的文化产业。优秀的社会科学研究成果同时也是经久不衰的经典，如《资本论》《国富论》《毛泽东选集》《邓小平文选》等，或者成为群众喜闻乐见的学习读物，如《学会生存》《苏霍姆林斯基教育文集》《七个怎么看》等，由此产生重大的经济效益。

四、影响度

影响度是指社会科学研究成果发表后的社会反映程度。一个高质量的研究成果，必然是一个有影响的成果，必然会受到社会各界的关注与重视，这种关注与重视表现在该成果被他人的引用、转载、评论或引起学术讨论、争鸣等多方面。

（一）国内影响

社会科学具有很强的国家性、民族性特点。社会科学研究的理论和方法比较通用，但问题及其环境却是独特的，都是以服务本国政府和人民为根本出发点。社会科学研究的公益性特征非常明显，主要服务政府决策和净化社会环境，以高尚的情操鼓舞国民，以优秀的作品教育国民，造福社会和人民。因此，社会科学研究者具有知识者和思想者的双重身份，关注社会生活，服务大众，引领社会发展。

第一，看社会影响。在政界获得认可，成为社会主流思想。如马克思主义对世界社会发展的影响，孔子对世界文化的影响，毛泽东思想、邓小平理论、“三个代表”重要思想和科学发展观对中国现代化建设的重要影响。

第二，看学界影响。在国内学界获得公认，为世人所景仰。如历史学界的白寿彝，经济学界的吴敬琏、林毅夫，社会学界的陆学艺和李强，法学界的江平，教育学界的顾明远、王承绪、叶澜，等等。

第三，看大众影响。思想的力量和价值观引领对于大众生活意义重大。科学理论是大众的，吸引人、关心人、说服人的，真正的科学理论因表达了普遍真理而不会束之高阁，因切中了问题而不会绵弱无力，因凝聚了社情民意而不会失去拥护。过去哲学家艾思奇的《大众哲学》因为能打动并掌握群众，影响了几代人的选择。中央宣传部2010年编辑的《七个怎么看》，以深刻的道理、充分的事实，解答了群众关心的问题而具有很强的亲和力和向心力。大学学者于丹、易中天等人通过中央电视台《百家讲坛》在全国迅速走红，杨东平等人通过大众媒介成为某一方面的意见领袖。

有的学者兼有多种影响。如在政府眼里，江平是民法专家，从20世纪80年代开始，他先后参与了包括《民法通则》《行政诉讼法》《公司法》《信托法》《合同法》《物权法》等多部法律的制定；在学生的心目中，江平是永远的校长；在群众看来，他为社会公平大声疾呼，为维护公民私权而奔走，直面社会热点问题，拥有超出法学界的影响。

由此可见，有人误解了歌德所说的"理论是灰色的，而生命之树常青"的意思，科学理论的生命力顽强，理论一经掌握，群众就会变成无穷的动力。关键在于研究者始终要把人民群众放在心上，把为国家服务放在首位，始终把解释人民困惑，反映人民意志主张，解决人民实际问题，人民就会将这种理论变成人民自己掌握的理论。

（二）国外影响

社会科学研究成果体现人类共同的智慧，可以借鉴共享。优秀的社会科学研究成果既是民族的，也是世界的，国外影响是一个国家和民族文化软实力的重要标志。

2012年，莫言获得诺贝尔文学奖证明了中国作家的实力，证明了中国社会科学的影响力。

联合国教科文组织与国际社会科学理事会在巴黎举行的《世界社会科学报告（2010年）》出版发布会，收录了4篇中国学者撰写的中国社会科学发展报告，这是1999年《世界社会科学报告》编辑出版以来，第一次收录中国学者的研究报告。这4篇研究报告是《中国社会科学发展状况》（中国社会科学院美国研究所黄平）、《中国社会科学研究的资助和评价》（中国社会科学院科研局韦莉莉）、《中国社会学的发展》（中国社会科学院社会学所赵克斌）、《中国法学研究30年》（复旦大学邓正来）。该报告还多处介绍与评价中国社会科学发展，以及一些国外学者撰写的涉及中国社会科学的发展或中国社会科学为例进行的研究与比较分析（中国社会科学首次进入《世界社会科学报告》。[①] 由教育学者朱永新撰写的《朱永新教育文集》已与日本东方书店签约出版，这是中国现代教育家的系列论著版权首次输出日本。十卷本《朱永新教育文集》的中文版自2004年出版以来，迄今为止第一卷

---

① 光明日报，2010－07－27.

已经重印 7 次，第二至第十卷已经连续重印 5 次。2009 年，文集版权已输出韩国，还有英文版出版。

与自然科学相比，社会科学领域的学者进行国际交流遇到的障碍确实要多得多。因为社会科学总是与具体的国情、经济社会制度、意识形态、人文历史地理、思维方式等因素密切相关，加之我国对外开放的时间不长，还有语言文化的阻碍，国外一些学者对中国社会情况很不熟悉，他们对中国社会科学领域的研究也许一开始就存在这样或那样的误解和偏见。2009 年，美国宾夕法尼亚大学发布的《2008 年全球智库报告》称，中国 2 000 多家政策研究机构中仅有 74 家智库被认可。

改革开放 30 多年来，对中国当代学界影响最大的学术作品是“汉译世界学术名著”，基本上是西方学术著作，并且主要是西方近现代社会科学著作。其次是中国当代社会科学领域的原创作品。再次是重印的中国古代典籍和再版的改革开放前的作品。最后是中国当代人文学科领域的原创作品。①

这使我们应知难而进，积极进行国际交流和对话。一方面，社会科学研究中应兼收并蓄，广泛吸取国外新的研究方法，用世界眼光来观察和分析问题；另一方面，应注意宣传改革开放以来我国社会科学领域的最新研究成果，制定我国的技术标准，如上海交通大学的世界大学排行榜在国外产生了重要影响，让更多的国外学者了解中国。这就要积极“请进来”、“走出去”，促进社会科学领域的国际交流，实现良性循环，缩小与世界先进水平的差距。

五、规范性

学术是时代精神的精致表达，以求真、求实、经世致用为己任。国有国法，行有行规，一个行业的发展离不开其发达的组织体系和严格的内部规范，一项有质量的社会科学研究成果必须符合学术伦理，符合学术规范性。

（一）学术伦理

20 世纪以来，随着科学技术事业的发展，科学技术对社会的影响越来越大，人们对科学技术的本性、科学技术的社会功能等问题越来越关注。尤其是二战以后，许多科学家和社会有识人士对科学技术的社会后果以及科学家的伦理责任进行反思（例如普格沃什会议、“科学家宪章”等）。西方发达国家学术界目前关注的主要是伦理道德规范，而且已经形成了“研究伦

---

① 苏立，陈春声．中国人文社会科学三十年［M］．北京：生活·读书·新知三联书店，2009：170.

理学”这样一个新的研究领域。如科学社会学家默顿指出科学研究人员应当坚持四条基本规范，即普遍主义、公有性、无私利性和有组织的怀疑，引起了人们更广泛的思考。

在国外有关“研究伦理学”的著作大都在讨论科学研究伦理的一般性问题的同时，也讨论实际研究活动的具体道德问题，包括科学研究的价值认识、伦理学基本原理的应用和科学研究的一般规范。从事科学研究的人在不同的领域可能采用不同的研究方法，但他们应有共同的价值观，比如，诚实——忠实地传达信息和遵守诺言，准确——精确地报告发现、注意避免错误，有效率——精明地使用资源、避免浪费，客观——用事实说话、避免不适当的偏见。在科学研究的规范方面，强调客观、真实、可靠，反对弄虚作假、歪曲和篡改，强调保护知识产权，反对剽窃；强调公正，反对偏见、控制利益冲突；强调对人的尊重，保护人类被试。例如，在 Robin Levin Penslar 编写的《研究伦理学》中，作者还分 3 个研究领域来具体陈述科学研究的伦理原则和规范。在自然科学方面，作者强调科学家的职业道德，科学数据的应用、权威性和更新等问题；在行为科学方面，作者强调研究中对人和人性需要的尊重；在人文研究方面作者以历史学为例，强调历史研究的伦理原则、历史文本的利用和解释、口述历史和媒体、知识产权等问题。在弗里德曼等人编著的《社会心理学》中关于研究伦理学问题的论述中，作者对研究被试的知情同意问题和涉及私人秘密的研究做了探讨。在 Deborah R. Barnbaum 等编写的《研究伦理学》关于研究行为和研究传播中的伦理问题做了多方面的讨论，这些讨论也适用于社会科学研究。另外，美国教育研究学会 1992 年制定伦理标准（The Ethical Standards of the American Educational Research Association），1996 年与 2000 年又做过修改，美国统计学学会、英国经济与社会研究委员会（ESRC）等也相继颁布研究伦理框架。

在欧美国家，许多基本的学术规范是约定俗成的守则，比如有关研究数据的收集、保存和共享以及出版物中的引文和署名等要求，对研究人员来说是不言而喻的，没有完整的、具体的文本规定，但有一些针对科学研究活动的相关准则、文件。如欧洲科学基金会在 2000 年 12 月颁布的《在研究和学术领域的科学行为规范》指出，为了确保科学得到科学界和全社会的信任，科研工作者必须严格遵照执行下列原则：在调查工作的设计和实施过程，按最高的职业标准来执行，为科研而进行的数据采集和分析要遵循严格、开放的方式，对合作者、竞争者及前人的贡献，应采取诚恳、公正的态度，在科学探索的各个阶段，都要绝对地诚实，特别要避免任何形式的欺诈，如伪造、篡改数据或档案等；剽窃、侵犯他人的著作权等；破坏其他科学家的工作成果、记录、调查报告等；作为审阅者或指导者，违反保密原则；科研人员合谋参与上述行为。

在人类学和社会科学的研究中，常常涉及人与人之间的相互作用。在这些情况下，公民有权在个人生活中不受不道德行为的干扰。瑞典人类学及社会学研究会公布了一个道德原则规范，其中对这类研究提出4项基本要求。这些要求是：把拟定研究的各个方面，都告诉参与人；保证他们的志愿协议书得到执行——“知情同意”原则；涉及人身的住处资料的处理及存储，必须在尽可能严格的保密条件下进行；除为了该研究的目的外，不得将这些信息用于任何其他场合。

与西方国家相比，我国在学术伦理治理方面还存在比较大的差距。科学技术部、教育部、财政部、人力资源和社会保障部、卫生部、解放军总装备部、中国科学院、中国工程院、国家自然科学基金委员会和中国科学技术协会10个部门和单位，于2009年8月26日联合发布《关于加强我国科研诚信建设的意见》，主要针对自然科学方面的研究。社会科学领域还处于落后状态，多以部门发文为主。如2003年，中国社会科学院颁布《关于加强学风建设的决定》，提出“八个提倡、八个反对”，2009年该院制定了《关于处理学术不端行为的实施办法》，2009年，教育部发布了《关于严肃处理高等学校学术不端行为的通知》，开始将科研诚信纳入惩治预防腐败体系之中。

（二）学术规范

学术（academic）活动在英语中通常是指一种纯学理性的探索，是受过专门训练的人在具备专业条件的环境中进行非实用性的探索。而在汉语中，“学术”一词指较为专门、有系统的学问。这样“学术活动”与英语中的“研究”（research）（探索、求知，获得新知识、理论）的意思很相近。但国外虽然也用“学术研究”一词，但更通常的是用“科学研究”或“研究”来表示我们所说的“学术研究”。它既包括纯学理性的探索，也包括实用性的探索活动；既包括自然科学和技术方面的探索和求知，也包括人文社会科学方面的探索和求知。比如，欧洲科学基金会就明确把人文社会科学研究包括在科学活动之内，并指出：“科学研究包括了理论研究、实验室工作、调查及对早期成果的确证、分析和进一步扩充等。其目的是扩展人们对物理世界、生物界以及社会的认识和理解。”

学术规范是学术专业共同体内约定俗成的（成文或不成文）规则、守则。它们是从研究活动的实践出发的有利于知识创新和积累、传播的学术界的共识。学术研究活动全过程要遵守这些规范是为了保证共同体的正常运行，达到共同体的目标。当然，这些规范是相对的、多层次的，在不同的场合被称为准则、行为指南或规则等。它们可以是认知方法层面的规范，也可以是伦理道德层面的规范。虽然两者有关联，但侧重面不同。

有些行为规范是围绕一些法律要求来制定的，例如在某种环境中工作的健康及安全问题，在研究中使用人和动物的问题、环境保护问题、数据保护及个人机密问题等。具体地说：

第一，项目的设计和研究方法。研究项目的设计，应该有明确的目的性。或是为解答某一个科学问题；或能增加对某件事、某个人、某种观念或某种现象的进一步了解。研究项目的设计，必须有充分的根据；打算采用的步骤，在技术上是可行的；所采用的分析方法是适当的。各协议书及计划都必须用清楚、无歧义的文字书写。它们必须特别详细地包括目标、材料、方式、时间表及所使用的分析方法。不模棱两可的及完整的文件化的协议书，不仅对那些执行科研的人是必要的，而且对那些从事项目评价以及重复或继续进行此项目研究的人也是十分必要的。所有参与研究的人，都有责任严格地完成好这些重要的初始步骤。在整个研究期间，所有参与者必须每天清楚、准确地记录研究的全过程及最后得到的结果，要特别注意保持记录的完整、诚实及安全。从事研究的人，必须在每天的工作记录后面签字，以表示对得到结果的确认。这些记录必须安全地以纸张或电子的形式来保存。这么做的目的，是为了提供一个连续的、经得起检验的、符合科学行为规范的记录。

即便如此，但要在保护个人与允许研究人员取得他们需要的数据之间寻找平衡点，仍是一件十分细微的工作。这些规范应允许复制资料，甚至对有价值的（及昂贵的）成套数据进行二次分析，在这一过程中很有可能进出事先不能预见的、新的研究课题。这种方法实际上减少了重复的数据采集和社会调查。对于这种方法，数据保护委员会表示认可。

英国经济及社会研究会（ESRC）已为社会科学界制定了一个政策声明及行为规范草案，它既能使社会数据最大限度地为科研界服务，又能保护数据的所有者的利益。法国研究与发展研究所（IRD）最近开展了专门针对发展研究职业规范的大讨论。

第二，数据的积累、处理及存档。实验研究的各个阶段都会有数据产生。完整的数据是重要的资源。通过它们，以后能对该项科研的诠释和结论进行检验。它们可能还是进一步深入研究的基础。因此，最重要的是，所有的原始数据都必须以一种既安全、又便于提取的方式来储存。研究所必须特别注意原始研究数据的记录和存档。在某些科学行为规范中，建议保存期至少为10年，对特别重要和敏感的数据，则保存期还要更长一些。对存储数据有实际困难或其他问题的研究所，则应考虑存入国家或地区管理的档案馆。

第三，科研成果的发表。在专业杂志上发表文章或出版学术书籍，是科研过程的一个重要步骤。它表明研究得到的数据、理论、诠释及典型例子已正式进入了公共领域。著作权和出版权是只能来自于对被讨论的工作的创造性贡献。当作者不止一个人时，每位作者都应该对该创造性的或分析的工作做出过显著的贡献，同时每个人也必须对由该成果写成的文章或书的内容分担责任。那种名誉作者的做法，不符合上述原则及科学行为规范。作者还有进一步的责任，特别是作者应该提供一切有关的详细材料、实验方法、所用的分析及统计技术，以便于读者来评审该研究所采用的手段的有效性。如果他们愿意，还可以重复该分析。作者们必须诚实、坦率地列出早期完成的该领域的工作，对其他科学家为此项目做出的贡献表示感谢，并披露所有潜在的利益冲突。

科学杂志也有其责任。他们的行为应符合国家出版规范，全面接受其制定的规则，并保证相应高的出版质量，特别是要求评审人及编辑部成员必须披露实际的或潜在的利益冲突。编辑部的成员，以及专业评审人的名字应定期公布。许多出版社还公布了明确的作者行为准则。现在科学界中，许多人通过讨论、书信或科学会议，与同事们自由地分享想法和数据，并以此作为他们进行思维的一种模式。通过这些非正式接触获得的信息，在未取得原创意者的明确准许，而在此基础上进行研究开发，也将被认为是侵犯了有关科学家的知识产权。

第四，知识产权的保护。科研工作者有责任保证他们成果的知识产权受到适当的保护。这就要求他们应完整、准确地保留导致他们新发现的各个阶段的记录，因为这些记录有时有可能必须拿出来面对法律的挑战。特别重要的是，他们在获得专利保护前，应避免向公众披露这些记录。关于披露的法律，欧洲和美国有很大的差异。科学家还有更进一步的职责，即应尽可能地保证他们的研究成果能被开发应用，来为社会谋福利。这就涉及转让问题，即当需将成果开发成产品并推向市场时，相应知识产权可能被转让，或以许可证方式授予工业或商业界。

第五，对青年研究人员的培训、发展及指导。培养青年研究人员是科学界所有人的重要职责之一，不应该只限于提供必要的技术知识，使他们能够进行他们的研究工作，并成为独立的调查研究人员，在培训中还应传授科学领域的道德准则和科学行为规范。过去青年科学家非正式地学习过一些这方面的价值观和规范，在资深科学家身边工作，也能受到这方面的影响。另外，还有一些出版物提供这方面的忠告，例如 Peter Medawar 爵士的书《给青年科学家的忠告》。在当今世界的压力下，需要更正规的教育来帮助青年科学家，使他们懂得研究诚信的重要性，并在他们的事业生涯中，尽可能早地遵守科学行为规范。现在就有一些大学定期地为研究生讲授关于这方面的课程。

1989 年，美国国家科学院出版一本小册子《怎样当一名科学家——科学研究中的负责行为》。书中描述了科学行为的道德基础，以及科学家可能会遇到的某些专业事例及两难的境地。这本书是面向青年科研工作者的，同时也向研究生和本科生发放了约 20 万册。1995 年，国家科学院、药物研究所和国家工程院联合出版上述书的增订的第 2 版。虽然它是针对美国读者编写的，但它所描述的原则和价值观，对全世界都是有效的。这本小册子对整个欧洲也是十分有价值的。

关于指导问题，德国 DFG（deutsche forschungs gemeinschaft）国家调查团建议，每个研究生除了他的正式导师外，再配备两个有经验的科学家，其中之一要由学生自己来选定。实践证明，这样的安排具有一定的好处，万一在科研工作或其他事情中出现什么冲突，将便于进行调解。

第六，学术带头人及其他科学人员的选拔。科学的进步是科学家们进行自由的创造性思维的结果。当选拔学术带头人和有关科学人才时，必须把科学道德、创造性和潜质给予高度重视，并作为选择的标准。

科学岗位的安排过程必须是透明的。要预先公布明确的选择标准，并在整个安排过程中始终贯彻该标准。该过程也必须向社会公开，并准备接受社会团体代表的评议。在任何情况下，都不允许让政治或任何其他外界因素影响某个候选人的选拔。

与欧洲科学基金会几乎同时，德国的马克斯·普朗克学会也颁布了“科学研究中的道德规范”，也非常具体地规定了科学研究的普遍原则和个人的研究行为规范。值得注意的是，这份道德规范明确地提出科学研究中的利益冲突问题，其中特别指出：“在人文科学部，当评审行为触犯了有责任的科学实践的规则时，就会出现冲突。尤其当人们预期的某种结果在使用所给的标准或者在客观现存的数据基础上并未出现时，常常会产生这样的情形。这儿就出现了对事实构成的扭曲，当某项结果为政治所需时，这种扭曲没有任何辩护的可能。科学家务必保持足够的观察和处理距离。还有另外一个比较敏感的危险。最近几年以来，公共部门提交的研究委托书以及审查委托书逐渐增长。相关的科学家务必注意，不要因为自己所从事的评审事业而丧失自己的独立性，从而破坏自己与机构之间的距离，如此一来，所谓有责任的科学实践的前提也就不再成立。这种危险涉及各个科学分支的科学家。”关于“利益冲突”问题，美国不少学术期刊有明确的规定，要求在发表论文的同时披露现实的或可能的“利益冲突”。

除这类规范外，国外有关学术期刊和出版物的规范一般也有很具体的文本规定，比如《芝加哥体例手册：作者、编辑、撰稿人必备》（The Chicago manual of style：for authors，editors and copywriters），该手册百余年来经过不断的修订、完善，至 2003 年已出版了第 15 版。除历史学之外，地理学、政治学著作采用芝加哥体例的著者 - 出版年制，其他许多社会科学期刊和学术著作也广泛采用了芝加哥体例，逐步适用于各类研究的出版物。对学生则有关不允许剽窃、篡改和伪造等种种具体的规定，各个学校在新生入学时就进行教育。也有一些出版物具体、细致地教学生如何诚实地完成作业、考试、引证等，如查尔斯·李普辛的《诚实做学问》。

有关涉及人类和动物作为研究对象的研究，诸如心理学、人类学、社会学等社会科学或行为科学，国际组织有一些行为准则和文件，例如，纽伦堡法典（1949）、赫尔辛基宣言（2002 年修订版）、CIOMS/WHO 涉及人的生物医学研究的国际伦理准则（2000）等。

在美国，凡是涉及以人作为研究对象的实验研究，在申报课题时要说明相关伦理问题，经由伦理委员会审批；相关研究人员要接受网上的有关课程培训并通过考试后才有资格从事研究；实验前要向被试就实验可能产生的问题做明确说明，并取得被试签名的书面知情同意书。美国对于包括自然科学、人文社会科学以及其他研究在内的各类研究所必须遵循的规范有一些明确的规定，如在 1974 年 7 月通过的国家研究法案的基础上建立在生物医学和行为研究（有许多研究在我国称为社会科学研究）中“保护人类被试委员会”，该委员会制定了一套涉及以人类作为研究对象的规定，被称为“通用准则”。这一准则成为生物医学和行为科学研究应当遵循的行为指南。

20 世纪 80 年代初，美国媒体和科学期刊相继揭露一些科学研究中的不端行为事件，引起政府部门的重视。当时的众议员戈尔（A. Gore）就生物医学领域中的不端行为问题主持召开了听证会。会上戈尔分析了已发生的不端行为，痛感无论是政府还是大学都完全没有建立起举报不端行为的体系。为此，1985 年联邦政府颁布了关于健康研究法的补充法案（health research extension act），要求申请政府资助的研究单位制定和推行防范和惩处不端行为的法规、政策和指南，建立专门机构来负责核查涉及不端行为的研究，调查那些被举报的案件，并向政府提交报告。1989 年健康与人类服务部补充了“公共健康服务法案”，赋予资助机构调查和解决科学研究不端行为的权力。1989 年 3 月，美国公共健康服务部设立了“科学诚信审查办公室”（office of scientific integrity review），负责制定公共健康服务部处理科学不端行为的所有政策，监察所属单位的研究活动是否执行公共健康服务部所制定的政策和程序，审查不端行为调查的最终报告、进行制裁或进一步独立调查的建议；同时，国家健康研究院设立了“科学诚信办公室”（office of scientific integrity），负责监察接受公共健康服务部资助的研究机构是否依照公共健康服务部所制定的政策和程序对研究中的不端行为进行调查。这两个机构于1992年合并改组为研究诚信办公室（office of research integrity），负责调查对不端行为的调查和监督，制定相关方针政策和应对不端行为的具体措施并与大学、学会及专业团体合作开展研究诚信和研究伦理教育，解决调查活动中产生的相关法律问题。

20世纪90年代中叶，美国公共卫生署和国家科学基金会制定了利益冲突的政策，要求研究机构建立如下行政管理规程，在开展任何研究之前报告重大的经济利益冲突，管理、减少或消除重大的经济利益冲突，提供关于所处理冲突的后续信息；各大学和研究机构关于研究中的利益冲突也有相应的政策规定，这些规定也适用于人文社会科学研究。美国还在联邦政府机构设立独立于所设机构的“监察长办公室”（Office of Inspector General），可以受理关于科学不端行为的投诉和举报、开展专业的科学调查。在反复研究讨论之后，2000年12月总统行政办公室隶属的科技政策办公室采用的联邦政府关于研究中不端行为的政策，规定所有受联邦政府资助的研究人员必须避免研究中的不端行为，即“在计划、实施、评议研究或报道研究结果中故意伪造、篡改或剽窃”。政策还对举报和调查研究中的不端行为的程序以及如何保护举报者与被举报者双方做了具体规定。各大学和研究机构根据政府的这一政策纷纷做出相关规定。

美国政府和研究诚信办公室在20世纪80年代到90年代前期的工作重点是对不端行为的界定以及调查和处理；到90年代后期，工作的重点逐渐转移到教育、培训和调研方面。1989年，美国科学院（NAS）、美国工程院（NAE）、美国医学研究院（IOM）的科学、工程与公共政策委员会联合出版了《怎样当一名科学家——科学研究中的负责行为》一书，书中对研究人员的规范也使用于社会科学（行为科学）。该书1995年修订后再版，成为许多国家教育年轻的科学研究人员和研究生的重要教材。1992年，美国科学院科学、工程与公共政策委员会的研究行为与科学责任小组发布的报告明确地从正面强调“负责任的科学：确保研究过程的诚信”。2002年，美国科学院、工程科学院和医学科学院又组织研究并编写了《科学研究中的诚信：营造促进负责任的研究行为的氛围》一书，对研究诚信的含义、重要性以及如何确保负责任的研究行为做了深入的探讨，强调研究者的自律以外研究机构的环境氛围对研究者的影响，并提出对科研机构的研究氛围进行评估的设想和加强研究诚信教育的建议。2004年，美国研究诚信办公室（ORI）委托密歇根大学的科学史教授尼古拉·斯丹尼克教授编写了《科研伦理入门：ORI介绍负责任研究行为》。这是ORI为推进“负责任研究行为”的教育而写的，它在很大程度上适用于各种一般的学术研究。该书按照通常的研究流程，从共同的价值观到研究的计划、实施、报告和评价等各个环节，对美国有关科学研究的政策方针、规章制度、行为指南以及负责任的研究行为的职业惯例做了实用的概述。书中的每章都以简短的案例开始，然后介绍相关的伦理问题、规则与政策要求，最后以一系列供进一步讨论的问题、参考资料、补充读物和相关网址作为结束。它对各国广大科研工作者、研究生和博士后学者的研究工作有启发和指导意义。

国外一些大学、研究机构和社会科学学会有关研究伦理的政策框架、行为指南。例如，英国的社会人类学家联盟等都制定了本行业研究工作的伦理指南，对如何采集数据和使用数据，研究成果的知识产权等有具体的规定。这一伦理指南阐述了以下几个方面：

第一，人类学研究者对于研究参加者（即研究对象）的关系和责任。其中特别强调了研究者要从生理、社会和心理上维护研究参与者的福祉，尊重被研究者的权益、特殊感受（sensitivities）和隐私；研究者应该对于他们的工作可能导致的后果很敏感，要努力防止可以预见的负面效应的发生。研究者要避免他们的一些调查及其使用的方法可能造成的侵犯。涉及人类被试的调查应该基于被试自由地做出知情同意。被调查者和其他研究参与者应该有权匿名，也享有隐私和机密被尊重的权利。此外，应该给予个体被调查者、翻译员和研究参与者公平、合法的回报。比如，尽管协议和立法有所不同，但研究参与者对于数据、记录、出版物等有合法的权益，也享有知识产权。最后，研究项目完成以后，研究者对于参与者和东道主社区（host community）也许依然负有上述责任。

第二，研究者和赞助者、资助者和雇主之间的关系与责任。研究者应该事先澄清自己、赞助者、资助者和雇主各自的角色、权利与义务，要努力确保赞助者、资助者和雇主充分意识到研究者不仅对他们负有责任，也对研究参与者、专业领域中的同行负有责任。当然，研究者自身要履行对于赞助者、资助者和雇主的一般的与特殊的责任，如实说明自己的资格水平、专业技能与不足，他们的方法和数据的优缺点，承认对于赞助者和雇主提供的机密进行自由决断（discretion）的必要。同时，研究者也要注意最好在签订合同或开始研究之前就澄明与其专业领域相关的事宜，从而调控研究项目和成果。再者，研究者也要在被试及其国家的或地方的“看门人”（gatekeeper）之间维持平衡，一方面尊重看门人的合法利益，另一方面也要坚持一旦可能就应直接从被试那里获得知情同意的原则。

第三，在个体责任上，人类学家应尽力确保他们的研究活动不会危害未来的研究；当与同行在利益（专业上的和政治上的）发生冲突时，尤其是这种冲突发生在跨国界的研究中时，人类学家应考虑和已经或正在相关的研究领域中工作的同行进行磋商，而来访的人类学家应该试着把当地的同行纳入到研究工作中来；人类学家同样应该与同行和研究参与者分享研究数据和成果；在涉及与其他学科合作研究时，人类学家应该明确自己的伦理和职业责任，同时也考虑到其合作者的伦理准则；最后，在学科训练上，研究者也要保证学生和野外助手认识到伦理大纲的存在，并和他们讨论在研究工作中可能出现的与实际出现的问题。

第四，研究者与本国政府和东道国政府之间的关系。人类学家应诚实而公正地对待本国政府和东道国政府。人类学家不能为了获得准许研究而牺牲其职业和学术的职责；在国外进行研究时，人类学家要记住本国和外国研究者、学者在民事上和法律上的，经常是经济上地位的差别，意识到不负责任的行为会影响后来的研究；研究工作也要保持公开性；人类学家也应知道有很多国家性的法律或管理条例会影响到他们的研究行为。

第五，研究者对于更广泛的社会群体的责任。人类学家依赖公众的信任，这样，他们就不能夸大自己的研究成果的准确性和解释力，从而推进和维持这种信任。具体地，人类学家应该扩大社会研究的范围，交流他们的成果。在筹备一项社会调查时，人类学家除了直接地研究参与者和间接影响到的研究人群，也应该考虑到其中涉及的更广泛的社会群体和可能的未来研究。虽然所有的信息都可能被滥用，但是研究者应该努力预防可能有的误解，并在误解发生时予以抵制。就研究者本身而言，他们也应做到不蓄意误导、误传，坚持学术诚信。

对成果的价值判断，就是对成果满足主体需要程度的判断。社会科学成果主要用来满足学术发展的需要和社会发展的需要，因此，满足学术发展需要的程度构成了成果的学术价值判断，满足社会发展需要的程度构成了社会价值判断。所以，价值判断的内容包含两个方面：第一，成果对学术发展的贡献程度，即学术价值；第二，成果对社会发展的贡献程度，即社会价值。综上所述，目前，我国社会科学研究项目的质量标准大同小异。

第七章　社会科学研究质量评价技术

实际上，无论是同行评议还是文献计量方法，我国在社会科学研究成果评价的具体实践中一直积极地引进这些国外的先进经验。20 世纪 80 年代，同行评议机制被正式引入国内，此后，同行评议方法被大量应用于我国的科学评价实践中，但社会科学领域的同行评议制度相对于自然科学要迟一些。90 年代中后期，许多科研管理部门和研究人员开始探索借助科学计量分析的方法来评价社会科学成果。借鉴国外人文社会科学的三大引文索引（SSCI、A&HCI、ISSTP），我国社会科学成果定量评价的兴起始于 2000 年南京大学《中文社会科学引文索引》（CSSCI）的研制成功，目前它已成为我国主要的社会科学评价工具之一。现在，我国正在社会科学研究成果评价中大力推广“代表作”制度，该制度在清华大学、北京大学与南开大学已经逐步实施。

这里可以对国外社会科学科研成果评价的数量标准、质量标准、学术影响标准、社会效益标准应用于我国的实际状况做一简要的考察分析。

（1）成果数量原本是标志个人或机构科研实力的一个重要方面，但在我国作为评价指标却会导致量化考核过度、学术浮躁泛滥、学术腐败与造假等负面社会效应。

（2）成果质量的评判标准是个很宽泛的概念，成果能够公开发表本身就反映了一定的质量，而真正高质量的研究成果也必然会产生一定的学术影响与社会效益，所以成果质量的判断一般是在考虑综合因素的基础上通过同行评议的形式来进行。然而，中国是人情传统很深的社会，因此又容易使同行评议流于形式，致使在国外作为主要评价方法的同行评议法的科学性和公正性受到越来越多的质疑与批判。

（3）学术影响方面主要是看文章被其他研究者引用，并推动知识进步的情况，但我国社会科学研究者利用参考文献的习惯与引文规范意识的缺失又使文献计量与引文分析方法的科学应用进展缓慢。

（4）社会效益应该是检验社会科学研究成果的“试金石”，因为它是社会科学研究的起点和终点，但遗憾的是我国在这方面一直没有大的举措，社会科学研究成果的社会效益评价一直是科学研究者、科研管理者、政策决策者和社会受众普遍忽视或轻视的一个评价指标，而国外对社会科学成果的评价则主要是看政策影响力与社会效益。这些都与我国的全民参与意识和社会环境有关。也许是因为我国的社会科学研究成果远离了政府科学决策和社会大众的现实需求，也许是因为社会效益评价本身操作难度太大而被有意忽略。总之，各种因素之间是相互影响、互为因果的。

一、科学计量评价方法

科研评价在理论和实践中存在着许多社会问题，但这些问题并没有影响同行评议作为一种主要的方法在评价中发挥重要作用，因为迄今为止还没有一套可行的方法来完全代替同行评议的作用。同行评议即某一或若干领域的专家采用一种评价标准，共同对涉及该领域的一项事物进行评价。通常的做法是对成果进行打分：特优、优、良、中和差。同行评议虽然在理论和实践中存在着许多社会问题，但是，迄今为止还没有一套可行的方法来完全代替其在基础研究评价中的作用，因而在社会科学研究成果的评价中被大规模采用。

（一）模糊综合等级评价法

模糊综合评判法（fuzzy comprehensive evaluation method）就是应用模糊变换原理和最大隶属度原则综合考虑被评事物或其属性的相关因素，进而对某事物进行等级或类别评价。它是模糊数学中最基本的数学方法之一，该方法是以隶属度来描述模糊界限的。由于评价因素的复杂性、评价对象的层次性、评价标准中存在的模糊性以及评价影响因素的模糊性或不确定性、定性指标难以定量化等一系列问题，使得人们难以用绝对的“非此即彼”来准确地描述客观现实，经常存在着“亦此亦彼”的模糊现象，其描述也多用自然语言来表达。而自然语言最大的特点是它的模糊性，这种模糊性很难用经典数学模型加以统一量度。因此，建立在模糊集合基础上的模糊综合评判方法，从多个指标对被评价事物隶属等级状况进行综合性评判。它对被评判事物的变化区间做出划分，一方面可以顾及对象的层次性，使得评价标准、影响因素的模糊性得以体现；另一方面在评价中又可以充分发挥人的经验，使评价结果更客观，符合实际情况。模糊综合评判可以做到定性和定量因素相结合，扩大信息量，使评价数度得以提高，评价结论可信。

模糊综合评价法是对受多种因素影响的事物做出全面评价的一种十分有效的多因素决策方法，其特点是评价结果不是绝对的肯定或否定，而是以一个模糊集合来表示。

1. 全国教育科学规划课题评价

全国教育科学规划在多年的实践探索中形成了适合教育科研特点的评价

办法，分科学性、创新性、规范性、难易度、应用性等五个方面进行等级分类评价，定性（从五个方面进行模糊评价）和定量（分为A级优秀、B级良好、C级合格、D级不合格）相结合，作为专家评价的参考标准（如表7－1所示）。鉴定组织者根据5位专家的鉴定意见和鉴定分数，综合确定成果的鉴定等级。四个等级的量化标准分别是：①“优秀”：平均分在85分（含）以上；不少于4位专家打分在85分以上；不少于4位专家划等级为“优秀”。以上条件必须同时具备（下同）。②“良好”：未达到“优秀”等级；平均分在75分（含）以上；不少于4位专家打分在75分以上；不少于4位专家划等级为“良好”（含）以上。③“合格”：未达到“良好”等级；平均分在65分（含）以上；不少于3位专家打分在65分以上；不少于3位专家划等级为“合格”（含）以上。④“不合格”的标准是指低于“合格”等级的标准。

表7－1　全国教育科学规划课题质量标准的核心要素及分级评价

	优秀	良好	合格	不合格
科学性				
创新性				
规范性				
难易度				
应用性				
可推广性（参考指标）				

2. 社会科学研究质量评价

社会科学研究质量标准也在制定中，现以中国社会科学院为例。中国社会科学院的社会科学研究成果质量标准评价体系如表7－2所示。

表7－2　中国社会科学院的社会科学研究成果质量标准评价体系

评价指标	指标简介	A级	B级	C级	D级	权重
创新程度	理论和方法创新	很大	比较	一般	很差	3.5
难易程度	研究和资料搜集难度	很大	比较	一般	很差	2
完备程度	理论依据、知识系统、引证规范	很大	比较	一般	很差	3
成果价值	对学术和社会发展的贡献	很大	比较	一般	很差	1.5

3. 高校人文社会科学项目评价

高校人文社会科学项目鉴定内容是：①项目《申请评审书》或《投标

评审书》《计划合同书》约定的研究任务完成情况；②研究内容的前沿性和创新性；③研究成果的学术价值、应用价值或社会影响；④研究方法是否正确，学风是否严谨。鉴定等级优秀标准是出色地完成了项目《申请评审书》或《投标评审书》《计划合同书》约定的研究任务；研究成果有重大创新，具有很高的学术价值、应用价值或产生重大的社会影响。专家鉴定组 4/5 定性评价为"优秀"，且平均分在 90 分以上。合格标准是较好地完成了项目《申请评审书》或《投标评审书》《计划合同书》约定的研究任务；研究成果有明显创新，具有较高的学术价值、应用价值或产生良好的社会影响。专家鉴定组 4/5 定性评价在"合格"以上，且平均分在 65 分以上。不合格标准是没有完成项目《申请评审书》或《投标评审书》《计划合同书》约定的研究任务；研究成果缺乏创新性，学术价值、应用价值较低或社会影响不明显。专家鉴定组 2/5 定性评价为"不合格"，或平均分在 65 分以下，具备两者之一者，被鉴定成果均视为"不合格"。高校人文社会科学研究优秀成果评分表（试行）如表 7－3 所示。

表 7－3　高校人文社会科学研究优秀成果评分表（试行）

评审指标	评分参考标准（百分制）				实际打分
研究内容意义和前沿性	很大（20～16 分）	较大（15～11 分）	一般（10～6 分）	较小（5～0 分）	
主要创新和学术价值	很大（30～24 分）	较大（23～17 分）	一般（16～10 分）	较小（9～0 分）	
学术影响或社会效益	很大（30～24 分）	较大（23～17 分）	一般（16～10 分）	较小（9～0 分）	
研究方法和学术规范	很好（20～16 分）	较好（15～11 分）	一般（10～6 分）	较差（5～0 分）	
小计（满分 100 分）规定：一等奖 90 分以上，二等奖 80 分以上，三等奖 70 分以上					

4．社会科学成果质量评价

天津市社会科学界联合会所形成的社会科学成果质量标准体系较有新意。该指标体系是对全市优秀社会科学成果奖励指标的发展，并利用现有的各方面信息资源做了深入研究，确定基本框架如下：按照现有的专家评价方法，将成果的学术价值的主观判断交给专家，如"影响力"指标，该指标属于间接指标，其权重由各方面权威与专家协商得出，具备了较好的科学性和公平性。社会价值体现在两方面的影响力：一是对学术界的影响力，表现在对学科、知识、概念、方法方面的贡献，还表现在更广义的作为学术人的知名度、被关注度及对隶属行政单位的名誉贡献；二是社会科学研究成果对社会思想、思潮的作用而产生的社会反响。天津社会科学优秀成果评价的共性指标如表7－4所示。

表7－4　天津社会科学优秀成果评价的共性指标

共性指标	指标简介	分解指标
难易程度	研究对象的规模和研究对象的复杂度	研究本身所需处理的因素的多少
		研究的复杂程度指需要处理的因素之间所构成的逻辑关系
学术规范	衡量成果反映出来的研究过程的规范程度	论题及学术史的论述
		对资料的占有程度
		对研究资料的分析和论证的深刻程度、科学程度
		研究过程中遵循学术引证规则的程度
		学术成果文本规范方面的遵守程度
学术影响	学术范围内所产生的影响力以及被认可程度	所在期刊、出版社的等级和水平，以6个期刊集合为参照
		被转摘的情况，以国际3项索引和国内重要索引为依据
		被他人引用的情况
社会影响	对社会发展的作用以及得到社会认可的程度	成果的利用情况、社会效益和经济效益反映产出
		政府对成果的投入产出比
		成果的社会反响

指标权重方面的规定如下。

（1）研究类成果。一级指标调查结果如表7－5所示，二级指标调查结果如表7－6所示。

表 7－5　一级指标调查结果

一级指标	参考权重	权重均值
主要贡献	40	40
科学性	20	22
难易程度	20	18
学术规范	20	20

表 7－6　二级指标调查结果

一级指标	二级分解指标	归一化权重值/%
主要贡献	问题提出或选题对学科发展的贡献	30
	所提供的新事实、新知识对学科发展的贡献	27
	所获得的新认识结论系统性程度，对学科发展的贡献	24
科学性	所提供的分析角度或研究方法对学科建设的贡献	19
	基本理论依据和前提的可靠性和充分性	27
	概念使用的科学性（明确、严谨、有效）	21
	所运用的论据资料可靠性和充分性	25
	论证逻辑的严密性和完备性	17
	研究方法的可靠性和有效性	10
难易程度	研究本身所需处理的因素的多少	53
	需要处理的因素之间所构成的逻辑关系	47
学术规范	论题及学术史的论述	21
	对资料的占有程度	25
	对研究资料的分析和论证的深刻、科学程度	27
	研究过程中遵循学术引证规则的程度	17
	学术成果文本规范方面的遵守程度	10

（2）普及类成果。一级指标调查结果如表 7－7 所示，二级指标调查结果如表 7－8 所示。

表 7－7　一级指标调查结果

一级指标	参考权重	权重均值
主要贡献	30	30
科学性	20	22
难易程度	15	16
学术规范	35	32

表 7－8　二级指标调查结果

一级指标	二级分解指标	归一化权重值/%
主要贡献	选题的意义，即原成果的前沿性和新颖性	30
	对开阔学术视野的贡献	27
	对解决某一学术问题的贡献	24
	对原成果改写的可读性	19
科学性	对原成果概括和转述的准确性	53
	介绍、阐释的清晰性	47
难易程度	研究本身所需处理的因素的多少	53
	需要处理的因素之间所构成的逻辑关系	47
学术规范	论题及学术史的论述	21
	对资料的占有程度	25
	对研究资料的分析和论证的深刻、科学程度	27
	研究过程中遵循学术引证规则的程度	17
	学术成果文本规范方面的遵守程度	10

（3）资料类成果。一级指标调查结果如表 7－9 所示，二级指标调查结果如表 7－10 所示。

表 7－9　一级指标调查结果

一级指标	参考权重	权重均值
主要贡献	30	30
科学性	20	21
难易程度	20	20
学术规范	30	29

表 7－10　二级指标调查结果

一级指标	二级分解指标	归一化权重值/%
主要贡献	对开阔学术视野的贡献（修正原有的理论或定义）	47
	对满足学术研究需要的贡献	53
科学性	资料处理的科学性	34
	资料提供的可靠性	37
	提供资料选取的必要性和充分性	29
难易程度	研究本身所需处理的因素的多少	53
	需要处理的因素之间所构成的逻辑关系	47
学术规范	论题及学术史的论述	17
	对资料的占有程度	25
	对研究资料的分析和论证的深刻、科学程度	27
	研究过程中遵循学术引证规则的程度	21
	学术成果文本规范方面的遵守程度	10

（4）影响指标。二级指标调查结果如表 7－11 所示。

表 7－11　二级指标调查结果

一级指标	二级分解指标	归一化权重值/%
学术影响	所在期刊、出版社的等级和水平，以 6 个期刊集合为参照	37
	被转摘的情况，以国际 3 项索引和国内重要索引为依据	34
	被他人引用的情况	29
社会影响	成果的利用情况、社会效益和经济效益反映产出	37
	政府对成果的投入产出比	29
	成果的社会反响	34

此外，还有学者提出 12 项质量标准：课题选择与来源、研究难度、创新程度、社会需求、实践能力、成果形式、发表等级、可行程度、成果反响、获奖层次、效益指标、逻辑技巧。给 12 个指标赋予不同的分值，明确 60～70 分为质量一般，80～90 分为质量较好，90 分以上为质量优秀。上述

12 项指标，从选题到成果的社会反响等多方面、多角度将成果质量指标具体化，便于实际操作。其优点是比较全面，从而避免了单由定性分析而带来的主观随意性，增加了科学的成分，又由于它是以成果的质量为主，也可以避免单纯追求数量而忽视质量，达到正确引导科研的目的。[①] 根据基础性研究成果和应用性研究成果的特点，设计了两个评价指标体系。在指标体系中，把课题完成时间、研究成果与课题设计符合程度、经费开支情况以及课题的重要性和难度作为各项成果的共同量化指标，以反映大多数成果的共同特征。

对学术价值、社会价值和社会效益，则按基础性研究成果和应用性研究成果两类不同性质的成果列出各自的评价目的、指标层和指标等级量化标准，以减轻成果评价的难度和模糊性。根据分析法标度理论，将各分指标定为 9 级，给出了 5、6、7、8、9 级的期望标准：①重要性和难度。主要看项目类别和课题对学科领域涉及多少、协作规模，以及知识的深度和广度。课题的实践性和逻辑性也反映研究的困难大小和推理的能力、文字水平。②学术价值。主要指基础性研究成果的理论创新和在理论问题上的突破，看对学科的贡献大小，是拓展了新领域，填补空白，还是在某方面有独特见解，或是在原理论基础上进一步补充、完善。③社会价值。主要指有建树的理论价值、对人们实践和思想意识指导和对人类社会文明发展的贡献和作用。

应用性研究成果评价指标体系及指标等级定量划分：①重要性和难度。可从项目类别和社会需求程度看其重要性，从课题研究难度看其所遇的困难大小。②学术价值。指本类成果的专业技术水平，在国际国内所达到的先进程度，目的是否明确，研究是否深入，并有充分的证据、数据，经有关部门鉴定后正式出版或内部采用。③社会效益。指研究成果为党和政府管理部门、实际工作部门提供的认识某一社会问题的理论根据和解决问题的能力。把每一指标层的重要性和难度、学术价值、社会价值（或社会效益）的各项分指标的等级分相加，然后加上完成情况分（如按期完成打 9 分；提前三个月完成加 1 分，提前半年完成加 3 分，提前一年完成加 5 分；延期三个月减 1 分，半年减 4 分，一年减 8 分）、成果与课题设计符合程度分（完全符合打 9 分；基本符合打 5 ~8 分；不符合打 0 分）和经费开支分（开支合理打 9 分；每节余 1 000 元加 1 分，每超支 1 000 元减 1 分；开支不合理，视其具体情况扣分或打 0 分），所得总分就是其成果的量化值。如学术理论一类的成果在学术价值分指标层得分高，最后可加 2 ~4 分；应用性研究成果在社会效益分指标层得分高，同样也增加 2 ~4 分。以上实行的量值计分，

① 李劲为. 略论社会科学研究成果质量的量化标准［J］. 社会科学辑刊，1995：37 –40.

总分基数为 144 分。各类成果可按照其价值大小、分数多少，定为合格、良好、优秀三个等级，合格为 87 分、良好为 108 分、优秀为 125 分。

（二）引文计量法

国外同行发明了引文计量法，以作为对同行评议的补充和参比，现已经在 20 多个国家使用，极大地推动了科研评价工作。自 20 世纪 90 年代以来，我国科学界广泛引入引文计量法，社会科学界自 1998 年开始推行 CSSCI。

SSCI 的创始人加菲尔德认为，对于那些从定量数据中得出的定性结论，总是取决于其应用中的智慧。R. 鲁索认为，科学计量学指标并不是要取代专家，而是为了能够对研究工作进行观察和评论，从而使专家能掌握足够的信息，形成根据更充分的意见，并在更高的信息集成水平上更具有权威性。H. F. 墨德认为，只有当人们对文献计量学指标的自身缺陷有了足够的认识时，也只有在这些指标与其他更多的定性评价信息相融合时，文献计量学指标才能成为科研绩效评价的有效工具。

从 1998 年《中文社会科学引文索引》（CSSCI）在中国落地起，这种质疑和争论就没有停息过，而且越来越激烈。那么，一个被用于检索人文社会科学论文收录和文献被引用情况的信息查询系统，何以一次又一次被置于众人瞩目的风口浪尖？一个原本用于文献分析和研究预测作用的科研工具，何以被当作衡量大学、科研机构、学术期刊和学者学术水平的最重要甚至是唯一的评价尺度？由此，期刊的命运、学者的职称评定、各大学的排名和影响力，都和 CSSCI 的发布数据紧密地交织在一起。CSSCI 采用数据统计的客观指标，从文献计量学的角度为学术成果评价提供参照，揭示科研成果的实际影响力，是科研工具性质的引文数据库。所谓引文，是作者要告诉读者在自己的作品中哪些观点、资料等来源于他人的文献，其本质是区别他人与自己的研究成果。引文索引就是将分散在众多期刊论文中的引文汇集起来，通过对引文的统计与分析，解答哪些作者的什么文献被引用了，被引用了多少次等问题。利用这些统计数据，学者可以跟踪某一研究领域的最新进展，寻找某一研究领域的重要研究机构和学者；通过分析寻找某一研究领域的学术史，预测未来可能产生的学术热点等。因此，引文索引的主要功能是进行文献检索和科学研究关系的分析，是为科学研究与发展提供文献资料的重要检索工具，同时不可避免地延伸出一定的评价和推介功能。

但不是所有的文献都值得被索引，也并不是所有的引文都有价值。因此，国内外引文索引都是精选一部分来源文献作为统计源，以期刊为统计源是国际惯例。根据 20 世纪 30 年代发现的布拉德福文献分散定律，大约 20% 的期刊登载了某个学科或领域的 80% 最具影响的论文。据此，CSSCI 就从中国正式出版的约 2 770 种学术期刊中精选出作为数据统计源的来源期刊

500余种，将来源期刊上的引证文献和被引用文献标引出来，输入计算机，形成引文索引数据库，每年6月将上一年数据上传以供研究者使用。

一些有经验的学者在读一篇新的论文时，往往最先看的就是该文的引文注释，因为它能告诉读者，作者研究的起点和可能达到的研究深度与高度，继而可以大致判定该文对学术进展能否具有贡献。CSSCI的方便之处在于不仅能提供某一篇而且能集中提供某一类论文的研究进展情况，因此，它理应成为信息时代研究者不可或缺的良友。但CSSCI的这种最基本的作用在研究实践中并未真正发挥，其原因不能不说与学术界急功近利的风气以及对CSSCI的误用有关。

CSSCI现在是继“全国中文核心期刊”和“中国人文社会科学核心期刊”之后，第三个被学术界、期刊界和管理部门用以评价他者及自我的指标体系。与核心期刊相比，CSSCI有着诸多不同，比如在选刊指标上，核心期刊采用的是包括具有较强主观性指标在内的综合指标，而CSSCI采用的则是单纯的与引文相关的客观指标体系；在更新频率上，核心期刊每四年更新一次，而CSSCI则每两年就更新一次。所以CSSCI显得更为客观和贴近科研，因而近年来更为众多高校与科研机构的管理部门所青睐，也为学者们所关注。

但问题是，如果期刊单纯希望能被CSSCI收录，以便更广范围地展示其刊登的优秀论文，如果相关部门能合理地使用CSSCI的评荐功能，CSSCI似乎也不会成为让大家顶礼膜拜、趋之若鹜的东西。显然，CSSCI的正常功能被人为地遮蔽了，而其附带的评价功能则被无限度地放大了。究其原因，关键在于，在当前学术界自主性评价地位不强、评价制度不完善的情况下，各科研和教育主管部门、各高校简单地把来源期刊与优秀期刊画上等号，把期刊评价等同于论文评价，把引文数据、来源期刊作为论文评价、期刊评价、作者评价、学术机构评价的最重要甚至唯一的标准，“以刊评文”愈演愈烈。正如有学者无奈地指出，我们的管理和评价机构把CSSCI当成评价标准来评价和衡量学者的成果等级，迫使学者们不得不唯其标准马首是瞻。

一方面各期刊千方百计想登上来源期刊目录排行榜，为此有些期刊不惜使用各种手段追求被引用次数、影响因子，甚至出现人造数字，使得原本作为科研服务者的CSSCI却变成科研的“指挥棒”。就此，《云梦学刊》主编、研究当代学术史的学者余三定不无忧虑地指出：“变态的‘CSSCI崇拜’，造成了学术评价乃至整个学术活动中‘只认衣裳不认人’的严重弊端。本来是为探索真理、追求真理为唯一目的的学术研究，被异化成主要是为了迎合评价体系、追求评价指标的行政行为。长此下去，只能是真正的学术和真正的学者越来越受伤害。”

而另一方面，在中国“落地生根”不久的CSSCI本该需要一个从生成到成熟的自然过程，但未及长成却已成为学术评价的“指挥棒”，其指标体系的每一项哪怕微小的改变，都会牵一发而动全身。而 CSSCI 原始阶段比较粗放的按一级学科评选来源期刊的做法一直未能有效地改变，这就使得不是所有有影响力的学术期刊都能在 CSSCI 中找到自己恰当的位置，所以其公信力难免不引起人们的质疑。

20 世纪 60 年代，美国著名情报学家尤金·加菲尔德创建了美国科学信息研究所（ISI），于 1963 年创办了《科学引文索引》（SCI），之后又将索引的学科范围从自然科学推广到人文社会科学，于 1973 年、1978 年分别创办了《社会科学引文索引》（SSCI）和《艺术和人文学科引文索引》（A&HCI）。由于人文社会科学具有地区性、民族性的特点，因此中文的社会科学引文索引应运而生。美国科学信息研究所执行副总裁文森特·卡拉赫认为，SCI、SSCI、A&HCI 的“用途有两个方面：一是检索文献，二是为科学评价提供帮助”。“当利用 SCI 来进行科学评价时，一定要小心，要根据上下文的关系和线索来理解，要理解整个领域，要看它属于哪个学科领域……在不同国家、不同学科，引文行为差异不同。”“从科学评价的角度看，全球很多国家和地区都在将 SCI 作为一个官方或非官方的评价工具，但它只是学术评价过程中的一个侧面。”这种观点可谓一语中的。

引文索引的主要功能是进行文献检索和科研文献交流分析，其评价功能无疑是有的，但并非是针对性的、精确的，而是辅助的、有条件的。如果要将主要用于检索和分析的引文索引改造为专门用于评价的数据库，则要对引文的性质和深度进行加工，研制出信息和知识含量更大的数据库，如“引文评价数据库”“多元指标评价数据库”“评价专家基本信息、评价意见数据库”等。显然这是一项远比编制现有的简单的“引文索引”更为复杂和专深的工作。而且要强调指出的是，不论编制出的引文评价库知识含量多么高，都是为同行专家评价提供帮助，都不能完全代替同行专家的评价。

可见，引文数据是帮助而不是代替专家进行评价，数据虽然是客观事物的反映，但它不能说明一切，只能为专家评价提供工具性的辅助。因此，对 CSSCI 功能的认识，必须回到它的设计者们最初的目的上，即还原到它的为科研和学术研究提供独特的文献服务这个层次上。CSSCI 的相关机构有责任全面、完整地阐述其引文索引的三大作用，而社会各界要对其评价作用给予恰当的评估，使之回归到它应有的位置。正如有学者深刻地指出，CSSCI 对于管理机构以及刊物方面的重要性远远大于学界的评价。而对于学者而言，如果连检索功能都谈不上，那么评价功能就更谈不上了。看来，CSSCI 要发挥它的评价功能，首先需要推广并提高它的检索、分析功能。

人们对 CSSCI 的评价作用及所产生的异化现象的关注，反映出学界盼望有一个公正、合理、尽量完善的评价机制来评价学术成果和学术期刊的质量。《学术月刊》总编辑田卫平认为，包括 CSSCI 在内的各种“核心期刊”评价指标体系，有比没有好，多头比寡头好。当前最需要做的，是如何根据中国学术期刊的实际，科学地设定各项指标参数，使评价机制更完善，促使各类期刊优胜劣汰，步入良性循环，而不是把洗澡水与孩子一起泼掉，又倒退回到过去那种没有评价体系、办刊人自娱自乐、缺乏竞争意识、水平高低仅由上级领导或个别“权威”说了算的境况中。

针对目前国内把引文工具用于评价工作而引发的争议，一把钥匙只能开一把锁，将引文工具当作一把万能钥匙来使用，不仅无助于克服其自身的局限，反而因社会上各种不良风气放大了它的不足之处。按文章数量论酬劳必然导致数据作假、用钱买引文、收取高额版面费等不正之风，这是评价体制中的问题，把它们归咎于引文计量评价方法是不公正的。田卫平呼吁，不要把高引用和高水平等同起来，不要把影响力和创新力等同起来，不要把来源期刊收录标准和科研评价标准等同起来。

CSSCI 在近年来的运行过程中，显露出了两个问题：一个是指标设计有漏洞，调研工作没有及时跟进，使一些在学术圈内声名狼藉的期刊混入其中。因此，它应该增加“期刊同行评议”的指标予以弥补。另一个是盲目推出“扩展版”，得不偿失。CSSCI 要尽可能提高数据的科学性、合理性、准确性、公正性和透明度；相关部门在使用引文数据的评价功能时，应该明智、恰当、合理，并且要将这些指标与其他更多的定性评价信息例如同行专家评议相融合，这样才能发挥引文数据指标成为科研绩效评价工具的有效性。而更为重要的问题在于，对人文社会科学成果的评价是非常复杂的工作，作为一种价值判断和历史评判，无法做到完全客观但又必须寻求共识；既要调动和激发学者的积极性、创造性，又要尊重人文社会科学自身的发展规律。因此，现有的任何工具要对一项学术成果做出完全客观的评价都是非常艰难的，都有其不理想之处，CSSCI 也是如此，它的缺陷需要多元化的评价方法来弥补。很明显，当同行专家评议难免因主观倾向性太强而招致人们的诟病时，从国外派生的依靠各种征引索引数据进行的定量评价似乎本可以给大家带来公正客观的希望，但现行的评价体制却使其背负了太多本身所不具有的功能，由此催生的各种学术异化现象和学术不端行为更是给真正的学术研究造成了消极影响。

科研计量评价法的核心方法是，首先把发表科学论著的数量和引证次数作为评价的基本样本值，然后根据不同的评价要求采用对应的细化指标，运用综合集成的方法求得分值，再用其来衡量科研机构和科学家的科研贡献与学术水平所达到的程度。20 世纪 80 年代以来，随着科学计量学的兴起和科研计量评价共识的增加，越来越多的科研机构和管理部门将科学计量学方法引入科研评价和科学家绩效评价，并作为科学决策的重要依据。但在采用这一方法时，许多人忽略了这一方法的内在局限性，即它难以对单项科研成果的水平进行准确的评价，并且科学计量学方法的核心是通过对一定时期内同类成果的比较提供学术影响力的数据——被引用次数，引用越多就证明学术价值越大。这一方法在评价社会科学类应用性研究时具有方法上的优越性，因为这类研究强调的是当下性和现实性，有价值的当然是得到学界关注的。但对于基础性的人文学科甚至是社会科学来说，这一方法就成为评价的“硬伤”，因为往往重大的基础性、前沿性研究是得不到大家响应的。因此，我们不仅要研究方法的技术性问题，更要研究评价方法技术后的目标和内在设定，这一研究属方法论层面，直接影响评价体系的内涵。因此，如何建立一个公正合理、科学完善的学术评价机制，如何切实促进人文社会科学研究、传播、管理、评价的良性循环，依然任重而道远。

二、优秀研究成果和杰出研究人才评价

国外学术界对社会科学研究成果评价的理论探讨主题主要侧重于两个方面：一方面是对杰出研究成果和杰出研究人才的评价与发掘；另一方面是研究成果对政府决策与人民生活质量的影响力测评。对杰出研究成果和杰出研究人才的评价与发掘，有助于我们提高研究的评价质量。

（一）优秀研究成果

匈牙利学者贝克（I. M. Beck）测量科学成果质量的测量标尺方法，非常适合于对杰出研究成果的客观测评。他以科学认识论的结构为依据，探讨了科学成果质量的理论和应用问题，并创造了一种用以测量创造性成果和批判性成果的具有 42 个等级的度量方法。他把科学认识论结构或科学思维模式分解为 6 个阶段：设立公理、建立定理、联结理论模型和现实、获得经验事实、探索性实践、程序性实践。依据这一思维模式建立的科学成果测量标尺有两个维度：阶段的强度、科学成果的有条件扩展。贝克用该标尺对 40 项成果的测量结果说明：“最精确的物理学和最不精确的社会科学，具有同样的认识论结构。所以该方法可以用来非常精当地评估任何一个学科的成果，因为它同时指向两个不同的方向：理论的深度和‘程序性实践’（即成果的成熟度）。”

（二）杰出研究人才评价

美国学者赫希（J. E. Hirsch）提出的 h 指数（h2index）法和埃赫（Leo Egghe）提出的 g 指数（g2index）法，是对杰出研究人才进行客观评价的科

学方法。h代表“引用次数”（high citations）。一个人的h指数是指他至多有h篇论文分别被引用了至少h次。但是，h指数的确定具有静态性，一篇文章一旦被确定为高被引论文，不管它以后几年的被引次数如何变化，对于h指数的确定都没有影响，它不能反映这些高被引论文的变化情况。所以，2006年初，埃赫提出了g指数概念。g的定义为按论文被引降序排列，g为排名前g位的论文至少被引用g2 次被引的最大排列号，弥补了这一缺憾。很明显，g≥h。二者的共同局限在于无法比较不同学科科研工作者的成果，因为不同学科的被引情况是不尽相同的。而且，h指数与g指数评价法衡量的是一个人的全部学术成果能否经受长时间的考验，所以比较适合于衡量已从事科研多年的资深科学家的总体成就，评价杰出研究人才。

三、政府决策与公众生活质量影响力测评

国外非常重视社会科学成果对政府决策、民众生活质量与社会思潮的影响作用，所以社会科学研究成果的社会转化问题与社会影响力测评一直是国外学者讨论的热点。实际上，国外对应用与发展型的人文社会科学研究成果评价是与“政策评估”密不可分的。

（一）政府决策影响力测评

在1997年召开的“食品政策研究所”（international food policy research institute，IFPRI）国际会议上，各国专家对此进行了热烈的讨论，并出版了论文集《政策导向的社会科学研究的影响力评价》（Assessing the Policy-Oriented Social Science Research）。该书从评价的对象规模、评价时段、供应与需求关系、价值增值、指标选取、评价时差、事前事后评价、个案评价等各方面就相关问题的方法与经验进行了系统探讨。史密斯（V. H. Smith）等又在当年的《美国农业经济杂志》上发表文章，对该会议的观点进行了总结论述与展开报道，可以说是对社会科学研究成果的社会影响测评的较为全面客观的研究。

国际发展研究中心（IDRC）正在做一个单项的总体性评估，目的在于指导今后对政策影响力的研究，使项目官员和合作者理解在应用研究成果影响政策时需要考虑的因素。2004年，加拿大国际发展研究中心评估主任弗雷德·卡登（Fred Carden）博士发表了长篇文章《怎样评估科研对政策的影响》，该文从影响、动因、时间、方法等方面对应用性社会科学研究成果的社会评价进行了详尽论述。

联合国教科文组织的社会转型管理计划（MOST）完成于2001年，目的在于探讨哪些因素有利于研究成果在社会政策中的应用。这个项目的缘起

是注意到许多国际机构和国家政府为消除贫困、提高国力、应对21世纪的社会问题，都在资助社会科学研究以为社会行动出谋划策；但是，政策经常会忽略高质量研究所提供的建议，甚至反其道而行之。该计划既考察来自35个国家现有的正反面经验，这涵盖了各大洲和社会政策的大多数领域（尤其是教育、福利、住房、老龄化、移民等），同时也想方设法使研究成果得以传播，不但让有意影响政策的研究者听到，也要让这类研究的资助方以及政策领域见到。

（二）公众生活质量影响力测评

关注民生，普及社会科学知识，是社会科学的重要使命。主观生活质量，也称之为可感生活质量，即为实际生活的人们所感觉到的或所承担的生活质量，主观生活质量指标盛行于美国，也是目前国际学术界的研究生活质量所十分关注的重要方面。

在一定程度上讲，国际学术界对生活质量（QOL）的研究主要侧重于主观方面，并以个人的幸福作为研究的中心或出发点。在这一领域中，一般能把最大限度地满足公民需要的社会看成是人们所追求的社会。这种“以人为本”的思路使得研究者把对生活的满意度当成研究的基本概念。同时，也有学者用个人的幸福感来解释和衡量生活质量。相对于包含着情绪、情感体验的幸福程度而言，满意程度包含的是判断的或认知的体验，它是对原来的期望水平和达到目标之间的差异的知觉。两者都把生活质量界定为对生活总体或生活各个具体方面的评价和总结，这种评价和总结是从人们对生活的各个层面认识和感受出发的。

“一切人类努力的伟大目标在于获得幸福。”面对未来，我们怎样获得更多的幸福？这当中，政府有着怎样的责任？社会将沿着怎样的路径去追求幸福？普通人又对幸福有着怎样的理解和期许？追求幸福是经济社会发展的终极目标，如何实现国民幸福的最大化，是政府公共管理的最重要职责，是社会科学研究者的重要责任。

20世纪70年代，美国南加州大学经济学教授理查德·伊斯特林通过研究发现了经济增长与国民快乐的不一致性问题，即收入增长到一定程度，国民的快乐与幸福感不再随着收入增长而增长。美国、日本等一些发达国家均出现了这种“伊斯特林悖论”现象，亦称为“财富悖论”现象。这种现象的产生，是由于只顾物质利益，导致了经济社会发展路径对于快乐幸福社会发展路径的偏离。当收入增长到一定程度，社会发展仍然以GDP为中心，而不是以人的全面发展为中心时，国民幸福指数也就难以提升，“财富悖论”现象就形成了。

如果说国内生产总值（GDP）、国民生产总值（GNP）是衡量财富的标准，那么国民幸福总值，或称国民幸福指数（gross national happiness，GNH）则是衡量人的幸福快乐的标准。幸福指数是衡量人们对自身生存和发展状况的感受和体验，即人们的幸福感的一种指数。由于幸福感因素的复杂性，在形形色色的国民幸福指数测量中，至今还没有达成一个共同认可的标准测量模式。目前，世界上不少国家，如不丹、法国、澳大利亚、泰国、英国、日本等，已采用各自的“幸福指数”分析社会发展程度。从世界趋势看，幸福指数正与GDP一起，日益成为评估社会进步与和谐的重要参考因素。

四、网络发表平台评价方法

借鉴国外经验，构建国家论文网络发表平台是当务之急。论文发表者可随时将论文贴到平台上，同行业学界人员组成评审组进入评审系统网上打分。类似平台在美国已运转得很好了，国家承认通过网络评审发表的文章。另外，业界权威专家通过评审系统提出修改意见，作者能第一时间修改文稿，并使论文站到学界研究的最前沿。所有操作在网上公开进行，可有效避免暗箱操作和交易行为。

（一）网络发表

建立国家论文网络发表平台，同行学界人员组成评审组进入评审系统网上评分，作者可在第一时间修改，站在学术前沿。网络发表受众几乎无限，打破了学术在时间和空间上的垄断。

（二）网络评议

网络发表平台的构建，应力避国内论文发表重数量、重发表级别的积弊，应注重论文本身的评价及其社会和经济技术价值。同时，应提倡纸质期刊也网络化发表，以此接受公众监督，提高论文质量，注重论文的产业转化价值，不能再搞评审结题就万事大吉的“订书机工程”了。如美国人文社会科学研究成果评价的主体有普通民众参与，他们可以对某一时期内人文社会科学的研究成果在整体上给出满意或不满意的评价。

积极推动社会科学研究评价活动更加简化集约。要优化评价过程和评价方法，减轻社会科学研究单位和人员应对评价的额外压力和负担，为社会科学研究单位和人员集中精力于科学研究创造条件。要切实增强各类社会科学研究评价的相互协调，增强评价结果的共享性，避免围绕同一评价对象、相关评价主题，在相近时间范围内多头开展评价的现象。要严格明确研究成果与研究资源的关联性，提高研究资源的使用效益。

清华同方知网陆续开发“防学术不端行为”产品开发战略的三大核心

系统：面向编辑部的“期刊学术不端文献检测系统”和面向研究生培养单位的“学位论文学术不端行为检测系统”以及2010年自主开发的“大学生论文抄袭检测系统（PMLC）”。它将全面应用于高校教学，帮助高校检查学生论文或作业、实验报告、调研报告中的抄袭剽窃行为。PMLC系统具有论文检测、诚信档案记录、论文联合比对、作业互检等功能。[①] 但学术不端文献检测系统，无论其功能多么先进，相信也只能守住学术不端行为的部分底线，比如抄袭、一稿多投，而对于高级抄袭方式，比如多源抄袭就无能为力了。因此，杜绝学术不端行为要靠研究者的自省自律，要靠制度约束，要靠社会监督，还要靠文化积淀。

美国人文社会科学基础研究成果评价的基本方法有同行评议制和引文计量法。美国人文社会科学应用与发展研究成果评价的基本方法有政策评估、民意测验和社会实验。政策评估是指对政策的科学性、可行性以及实施后的社会效益的综合评价。民意测验是收集研究材料的一种方式，也是对人文社会科学研究成果进行直接测度的一种方式，分为普遍测验和抽样测验。人文社会科学研究成果评价中的社会实验是要把在人文社会科学研究中得到的理论、方针、计划等拿到具体的社会环境中去检验，分为两种：全面社会实验和准社会实验。法国最权威的评价机构是国家科学委员会，这是一个独立的学术评估组织，由整个法国不同学科的名人、高级专家组成。国家科学委员会每年召开课题评估会，对招标的课题做评估、论证，在科研的技术含量和质量上严格把关。一般的运作程序是：根据各个研究单位、协作小组或个人提交的课题申请报告，分发给由不同学科专家组成的评审小组，由小组专家进行审议，对评审项目签署不记名的意见，经会审后，筛选出最佳的课题。国家科学委员会的鉴定是法国最权威的意见，它实际上反映了法国当代的最高研究水平，因此，整个评审过程是非常严肃的，从专家资格的入选，到项目的审查与鉴定都有一整套的具体运作程序，保证了评估和鉴定的严肃性与科学性。[②]

① 大学生论文抄袭检测系统正式发布［N］. 中国青年报，2010-08-19.
② 国外人文社会科学评价方法撷要［N］. 光明日报，2010-05-01.

第八章　社会科学研究质量评价机制

繁荣发展社会科学，必须高度重视并切实做好社会科学研究评价工作。科学有效地开展研究评价工作，是提升社会科学研究质量、促进社会科学繁荣发展的重要途径和环节，也是社会科学研究管理的重要内容和重要手段，对于促进社会科学研究资源优化配置，调动社会科学研究人员的积极性、主动性和创造性，推动中国特色、中国风格、中国气派社会科学事业的繁荣发展，具有重要意义。

改进研究评价工作是实现高校社会科学持续繁荣发展的客观需要。全面建设小康社会，推动社会主义文化的大繁荣大发展，提高国家文化软实力，建设创新型国家，对高校社会科学的繁荣发展提出了新的更高的要求。促进高校社会科学在新的起点上实现新的繁荣发展，必须更加深刻地把握社会科学研究的发展规律和评价规律，以求真务实、改革创新的精神建立健全评价体系，形成科学合理的评价制度，营造健康积极的评价氛围，更加充分与有力地发挥评价工作在社会科学繁荣发展中的导向、规范、激励与诊断作用。

成果质量的判定仅有定性标准是远远不够的，还应将定性标准加以量化，以便于操作。所谓量化，就是将定性分析已确定了的关系性质转化为数学语言，并加以分析，用打分来评价其成果的标准。

近年来，随着科技革命的发展，不少社会科学管理部门和工作者正在积极探索用定量化方法评价社会科学研究成果。譬如，有的提出将科研成果的创造性、难易复杂程度、风险性、资料积累、成果的“时间效应”、对决策管理的作用以及对思想文化建设的作用作为7个指标体系，分别评分，然后再乘以一定的权数，相加后得出该成果的总得分；有的以社会科学研究成果的重要性和难度、学术价值、社会价值（或社会效益）为主提出了3个评价指标体系，并按基础性研究成果、应用开发性研究成果和资料编译三类不同性质的成果，列出了各自的评价目的、指标层和指标等级量化标准，各项指标的等级评分相加，再加上时间、人力、经费开支消耗分，得出该成果的总得分；有的则按基础研究和应用研究两种不同类型的科研成果，分别提出了直接或间接评价指标体系；等等。这些定量分析的评价方法，对于改变单纯地依靠定性分析的评价方法，减少专家直接评审产生的消极影响，无疑起到一定的作用，但是还存在着一些弊病。定量分析是为了把定性分析已经确定的关系性质转化成为数学语言，并加以分析，用打分来评价其成果，使定性标准更为准确。要完成这项工作，必须按照全面、准确、适应和可区别性等原则，建立一个科学、合理的评价指标体系，形成一个社会科学研究成果评价指标体系模型。

一、准入机制

没有高度的专业化，科学研究确实愈益不可想象。从业者水平决定研究水平，任何行业的发展水平与其队伍的专业化水平呈正相关。社会科学研究是专业化研究领域，没有门槛限制，听任自由出入，随意流动只能导致滥竽充数，损害社会科学研究的声誉和影响。目前，从社会科学的教学来说，已经有明确的技术职务门槛和在职年龄限制。但对社会科学的研究却门槛过低，因此造成社会科学研究队伍日益庞大，每年申请项目者与日俱增，资源上的僧多粥少的矛盾、成果上的高产低质的矛盾一直困扰着国家科研管理部门。因此需要从身份、能力和名额等方面提高研究者专业化水平。

（一）专业化研究

社会科学学术界人口暴涨，学术泡沫丛生，学术垃圾遍地，平庸之作充斥，少数有价值的成果被淹没，严重阻碍学术进步，亟待进行“精兵简政”和“计划生育”。没有必要逼迫无心思或无能力研究学术的人滥竽充数，需要明确准入条件，提高专业化水平。

第一，明确学历要求。学历代表一个人的学习经历和能力。接受系统科研训练的研究生是社会科学研究的主力军。目前，我国已发展成为研究生教育第一大国。每年毕业硕士研究生 30 多万人、博士 5 000 人，其中一大部分是文科研究生。沿袭已久的高中文理分科培养不利于社会科学研究人才健康成长和全面发展，高校不重视学生的研究方法训练和科研规范学习不利于科学大师的培养。

第二，明确技术职务要求。技术职务是国家对从业者专业化水平的鉴定标志，体现个人的工作胜任能力。从事科学研究工作一般要求具有中级以上专业技术职务，技术职务越高，证明他们具有较大优势。如 2010 年度国家社会科学基金项目评审，正高级职称申报 9 232 项，博士生导师申报 2 096 项，具有博士学位的申报 15 569 项，而博士生导师的入围率为 32%，明显高于全国平均水平。①

第三，实施专业教育培训。社会科学研究要求上岗培训。改革开放 30

① 关注重大理论和现实问题 推动哲学社会科学研究深入发展［N］. 光明日报，2010-06-18.

多年来，社会科学研究的主要力量是20世纪70年代末进入高校、80年代进入学界（主要是高校和科研院所）的学人。其中的一些人已经成为社会科学的中坚力量，今后10~15年内依然起支配作用。这一代人有着先天的不足，缺少系统的教育和研究训练，外语能力普遍薄弱，偏重古典人文，极少社会科学的基本知识和初步训练，基本上是恢复学术传统，由于时代的局限性，缺乏创新的能力。新一代人学术素养迅速提高，研究生学历越来越多，甚至不少有留学的经历，但受社会大环境影响缺乏科学精神和创新的激情。对从事社会科学研究的专业人士，一方面在校期间要进行学术规范的教育和研究能力的系统教育，另一方面要定期对从业者进行专业培训，不断提高其研究能力。

第四，推行名额限制。限制条件、控制规模是克服数量恶性膨胀和提高研究质量的有效方法，但平均主义和行政命令的方法不是好的方法，应依据不同区域和单位的科研力量与资源状况，结合多年的业绩表现，把研究资源分配向质量和效益方向倾斜，起到奖优罚劣和降低管理成本的目的。

（二）内行管理

管理就是实行计划、组织、指挥、协调和控制，是一个为了达到同一目标而协调集体所做努力的过程，管理也是社会科学研究的生产力，科研管理体制改革是推动社会科学研究质量提高的内在动力。1999年9月23日，胡锦涛在国家社会科学基金项目优秀成果颁奖大会上指出："积极探索和建立符合社会科学发展规律、与社会主义市场经济体制相协调的科研及其管理体制，是发展社会科学事业的必要条件。"① 为社科管理改革指明了方向。

第一，机构专业化、管理体制专业化。社会科学管理的内容主要包括科研规划和决策咨询、研究队伍建设、科研项目管理、科研成果管理、科研机构管理、学术交流管理、管理信息化建设等方面。改革开放30多年来，社会科学管理适应社会科学发展需要，以改革为动力，经历了科研规划从传统的具体计划到宏观规划的转变、科研机构管理从封闭向开放的转变、科研人员管理从固定向流动的转变、科研项目和经费管理从分配到竞争的转变、科研成果评价从定性到定量再到定性和定量相结合的转变、学术交流从国内向国外的转变、管理手段从人工向信息化的转变，明确了实施分级管理，使管理重心下移，形成中央、地方和高校科研院所三级管理体制。

第二，管理人员专业化。加强管理机构建设，按照国际标准，应当按照1∶10的比例配置人员，选拔懂行的专业人士，并通过研究培训提高专业化

① 在国家社会科学基金项目优秀成果颁奖大会上的讲话［N］. 人民日报，1999-09-25（1）.

水平和信息化水平，转变管理职能，为研究者提供服务和指导。

第三，管理方式专业化。核心是改革而不是发展，淡化举国科研体制，淡化行政化管理，淡化工程思维，在规划引导、项目设计、经费投放、成果评价、成果转化等方面适合科研发展规律和人才成长规律。如经费使用方面，是否支付人头费、支付多少等方面要多加研究，既不能像美国一样支付50%的人头费（因为美国高校不支付假期工资），也不能够像欧洲国家一样不支付（欧洲高校支付假期工资）。

（三）同行评议

对评价者、评价机构的再评价问题，源于经常遇到的“外行评内行”现象，因此必须首先对评价者进行审定。同行评议是某一科学领域的给定专家组成的评价委员会采用同一种评价标准，共同对涉及相关领域的科学研究活动及其结果进行评价的活动，基本是以专家经验定性判断为主的方法。同行评议有显著的优点：一是启用了众望所归的学术权威担任科研活动的把门人，外行看热闹，内行看门道，导致了一定程度的质量控制和科学责任；二是同行之间交流思想，提出建议，有利于共同进步，因此是科学共同体内部价值承认和科学质量控制的主要办法之一，成为社会科学研究评价客观性和权威性的重要基石，对科学事物具有调控功能，并产生了重要影响，因此通行全球，并在我国得到广泛采用。

同行评议是经常被使用的最重要的方法，但它有依赖于评议者的主观看法和过去经验的缺陷，甚至有可能以“奇谈怪论”“异端邪说”的说法扼杀年轻人标新立异的创新活动。丁肇中说过：“科学是多数服从少数的，专家评审制度并不是绝对有用的，因为专家评审依据的是现有的知识，而创新和发现是颠覆现有知识的。”① 但至今尚没有更好的办法替代，同行评议依然是合理判断科学研究绩效的最基本方法。要进一步完善同行评价的机制、方式、方法，有效提升社会科学研究评价的客观性和权威性，通过内部人把好社会科学研究的质量关。

第一，强化同行专家在学术评价中的重要作用。要尊重科学、相信专家、依靠专家、用好专家，强化小同行评议，健全会议同行评价和通信同行评价工作机制，建立专家回避、流动和信誉制度，加强对同行评价的社会监督。

第二，建立海外同行专家学术评价程序。要根据社会科学不同学科的发展实际，有步骤地引入国际同行专家评价机制。

---

① 理论的生命在于创新［N］. 学习时报，2010-04-12.

第三，完善跨学科领域的评价方法。跨学科评议需要通过多学科同行联合评价、相关学科分别评价等方式，客观公正地开展跨学科、交叉学科、新兴学科领域的研究评价。

第四，为专家定性判断提供定量分析数据。为克服专家评议主观性强的弱点，应适当提供一定的定量分析数据，为其做出科学判断提供佐证。

第五，专家评议形式多样化。在传统通信评议和会议评议的基础上，根据评价工作的需要形成了调查评议、网络评议和组合评议等类型，每种评议类型都有相应的组织形式，收到了比较好的效果。如国家社会科学基金项目评审采用通信初评 + 会议终评模式，既照顾到公平，也考虑到研究者的能力，效果比较好。

（四）经费配置

科技发展是立国之本，科学研究是拓展知识的疆界，是社会发展的内在动力。经济竞争的背后实际上是科技竞争，科技竞争本质上是研究质量的竞争。在开放的环境下，我国社会科学研究面对激烈的国际竞争，必须把提高研究质量作为主要对策。质量每前进一步，经费就需要增长一步。当然，社会科学研究经费也不是多多益善，而是要合理、充足，满足研究工作的需要，理想的单项课题经费为 10 万～100 万元。根据专家测算，2005 年，全国社会科学活动总经费为 526 265 万元，占科研经费总数的 3. 73%，占 GDP 的万分之 2. 87，我国 109 万多社会科学研究人员平均每人可利用的经费约 4 808 元。[①]

第一，把经费增长的重点从数量扩张转移到提高质量上来，改变撒胡椒面的做法，满足研究工作的基本需求。在多年的实践中，有经费课题质量总体要好于自筹经费课题，国家社会科学基金重大招标和教育部重大攻关项目总体效果要好于一般课题，现在的课题质量总体好于以往的课题研究质量。这就说明我国社会科学要提高一个层次，就需要参照自然科学基金资助标准，缩小与国外社会科学研究项目资助标准的差距，继续增加单项课题的经费资助标准。

第二，把经费管理的重点从重拨入转移到看支出。我国目前的科研统计比较看重科研经费拨入，大学和科研机构政绩考核也把当年拨入经费当作最主要的科研评价指标。但西方国家却更重视科研经费的支出，以往拨入指标并不能反映实际的科研能力，科研经费只有支出使用才能说明科学研究正在进行，科学研究只有进行调查研究和创新思考才可能出真正的成果。

---

① 叶继元. 中国哲学社会科学学术期刊布局研究［M］. 北京：社会科学文献出版社，2008：39.

第三，规范重大研究专项概（预）算编制。科研专项体现了国家的意志，凝聚了人民的期盼，高度重视科技重大专项资金管理工作，初步建立了符合科技重大专项特点的经费管理模式。规范重大专项概（预）算编制，切实提高其科学性、合理性和可行性。针对当时在科研项目经费中以种种名义擅自提取并高额发放人员费，进而造成科研项目立项中的不正当竞争、立项的异化等不良现象，明确规定了国家科技计划等项目经费中不得直接开支项目承担单位编制内有工资性收入的科研人员的人员性费用，以防止宽打窄用、套取项目资金，避免财政资金低效、损失和浪费。同时如果科研项目预算编制比较科学合理，项目经费结余将很少。

第四，建立竞争性和保障性经费并重的机制。设立社会科学基金会，由国家发布指南导向、研究者个人选题申报、同行专家评议的竞争性科研经费资助方式，已经得到社科界的广泛认可，越来越多的部门和机构借鉴这一成功经验，也符合国际惯例。但同时也带来科研投入方式单一化的弊端，使研究者疲于奔命，难有长远打算，也不符合国家根本利益和学术持续发展。随着社会科学经费投入的逐步加大，为进一步提升社会科学研究质量，需要适当调整竞争性经费和保障性（稳定支持）经费的比例，增大保障性经费支持力度，优化科研投入结构，建立两种经费并重的投入机制。国家近期安排的中央级公益性科研院所基本科研业务费和中央高校基本科研业务费，支持相关院所和高校开展符合职能定位、代表学科发展方向、体现前瞻布局的自主选题研究工作，既为科研人员潜心稳定研究提供了保障，也提高了单位对科技经费使用的自主权。

第五，开展科学基金资助和管理绩效国际评估工作。从历史发展的观点和基础研究的特点两个维度，以国际的视角，对科学基金的战略定位、资助与管理绩效以及影响进行全面客观的评估，总结科学基金的经验、成效与不足，分析其运行状况，进一步明确发展和完善科学基金制的着力点，不断提高管理水平和资助效益。目前，自然科学基金已经先行一步，社会科学基金也需要及时跟进。

第六，加强对国外科研项目经费管理研究。针对反映强烈的在科研项目中列支人员费，以及国外允许相关做法等问题，笔者对美、英、法、德、日等发达国家科研人员的人员费开支问题进行了研究，发现由于所在单位性质和人员身份等的不同，其开支渠道和水平也不尽相同。例如，美、英一般不允许从项目经费中直接提取人员费，但可以根据项目经费的一定比例（具体比例由资助方与承担单位协商确定）单独核定一定额度的“一般管理费（overhead）”，由承担单位自主安排，由单位用于支付人员性费用。美国的大学可以自主确定其科研人员的薪酬水平，大学的教授通常只拿 9 个月或

10 个月的全时工资，其余 3 个月或 2 个月的全时工资可以在承担的科研项目经费中列支；国立科研机构的科研人员薪酬则参照公务员制。法、德、日对大学的教授以及国立科研机构科研人员均实行公务员制，工资福利待遇稳定，灵活度小。

（五）出版物资质

1665 年初，法国议院参事戴·萨罗在巴黎出版《学者》杂志，同年 3 月 6 日，英国皇家学会的亨利·奥登博格在伦敦创办《皇家学会哲学汇刊》，开启了一个科学和传播的新平台。如今，科技期刊已经由早期的图书交流补充方式演变为快速传播科学新发现的标准手段。目前，全世界有十几万种科技期刊，我国大约有 4 800 种。但我国科技期刊同样多而不强，优秀稿源外流，不能为科技成果提供有竞争力的交流与展示平台，不能成为凝聚科学共同体的纽带和工具，不能成为引导科研方向的航标。

在学术评价和期刊评价之间，的确存在着一定的关联，以往社会科学期刊本身就是社会科学研究成果的一种评价机制，但两者不等同。学者对于学术刊物的评价实际上有两个标准：一是是否形成了实质性地影响学术界的传统，二是刊物是否对增益学术研究有价值。

第一，要改革评价机制。改变对国外学术刊物和核心期刊过分推崇的评价观念，转变“资料买进来，文章发出去”的局面，改变单纯以刊物影响因子的高低衡量论文的质量或作者的学术水平。

第二，要提高刊物质量。采取有效措施，建设优秀出版社，建设名刊、名栏目、名编辑，使研究论文主体进入主流研究机构，进入高端研究人员，进入活跃和重要的研究领域，从国内逐渐走向国际化，关注投稿、审稿、发表 3 个环节，认真策划主体，主动组织稿源，积极吸引外稿，加强匿名评审，注意问题新颖、数据翔实可靠、解读深刻明晰的稿件，增加补充材料和原始数据，增加可信度，建设成具有高科学水平和影响力的学术交流平台。

二、多元化的学术评估与运行考核机制

社会科学评价对象的多样性和复杂性体现为不同层面、不同领域社会科学成果的复杂性。按成果形式分，人文社会科学成果集中于论文、著作、报告这三类；按研究类型可分为基础研究和应用研究；按学科分，有人文学科和社会科学较高层面的区分，还有具体到各学科的不同；按价值标准分，有学术标准和现实效益标准之分。这些区分在现实的评价中是整合在一起的，这就使成果间的比较极为困难。

（一）主体多元化

主体多元化能够全面客观反映成果质量，打破了个人自评、同行评价和学界评价的局限，引入社会参与和用户评价是社会科学研究评价进步的重要方面。

科学评价是利益相关方的共同而有区别的责任，建立共同参与的评价共同体，方向是淡化政府评价、加强基层评价、加大同行评价、重视专业评价、扩大公众评价和引入自我评价。

（二）类型多元化

进一步建立健全社会科学研究分类评价标准体系，为社会科学研究分类评价的实施提供科学依据。针对项目、机构、人员、成果等不同评价对象，社会科学等不同学科领域，基础研究和应用研究等不同研究类型，论文、著作、研究报告等不同研究成果形式，及时建立科学合理的分类评价标准体系。对于基础性研究，要在关注其学术价值的同时关注其社会价值，科学合理地采集并运用社会评价信息。对于应用性研究，要将成果转化情况作为研究成果的有机组成部分予以看待，将成果转化所取得的经济效益与社会效益等作为重要评价指标。对非共识项目持宽容态度。

（三）层次多元化

社会科学研究层次多样，评价方式也应当多元化。表现在对重大项目和小项目的评价应有所不同，重大项目应当要求重大成果，青年项目侧重人才培养。

三、以质量和效益为中心的资源配置机制

社会科学资源作为一种公共资源也要讲求绩效，一方面需要向社会公开信息，透明过程，公布结果，回报社会；另一方面需要对资源进行科学规划和优化配置，产生更大的效益。

（一）质量取向

科学研究是充分竞争的结果，优中选优，宁缺毋滥，资优不扶弱，研究资源配置自然流向质量保证和良好声誉的国家、地区、机构及个人。因此，社会科学研究经常会出现马太效应，强者愈强，弱者愈弱。

从科研项目区域和机构分布看，北京市、上海市、江苏省、浙江省、广东省、湖南省等社科发达地区获得立项数较多，中国社会科学院、北京大学、中国人民大学等立项数位居前列。

从第一届到第五届高校人文社会科学优秀成果评奖分析可见，在 2 390

个奖项中，北京市、上海市、江苏省、浙江省、广东省、湖南省等科研发达地区获奖较多，前10名的高校是北京大学、中国人民大学、武汉大学、复旦大学、北京师范大学、南开大学、南京大学、华东师范大学、厦门大学、中山大学，获奖总数为1 084项，占总数的45.8%，其中北京大学更是优势明显。这在一定程度上反映了高校社会科学的竞争力。[①] 从学科竞争优势看，经济学、管理学、法学、社会学一直保持优势地位，是社会科学群中的显学，具备产生本土理论、形成学派的基本条件，对经济社会的影响显著，与自然科学的差距较小，与国外先进水平的差距逐渐缩小。

在保证质量的前提下，也需要扶持落后地区的科研发展，如国家实施西部社会科学基金项目，有力地促进了西部省区社会科学的发展。

（二）效益取向

科学研究需要社会持久的支持，社会生活需要科学研究为支撑，两者之间需要形成良性循环才能实现可持续发展。因此，一个地区的社会科学研究水平与区域经济社会发达程度呈正比。

从纵向课题看，上海市、北京市、江苏省、浙江省、广东省等发达地区往往获得国家社会科学基金立项数较多，反之亦然。

从横向课题可见，发达省区的政府和企业以开放的心态问计于社会，求教于专家，积极寻找合作伙伴，获得智力支持，推动政府管理水平的提高和企业效益的增长。

四、效果取向的问责退出机制

问责制发轫于西方在行政领域对政府官员的责任追究，后来逐步从政治领域、经济领域延伸到科学文化教育等领域。问责是一个行为主体对另一个行为主体在履行职责过程中的责任追究过程，是对其权力和责任与结果是否相称的客观评价，通过奖惩手段促其回应外部需求不断改进工作，更多地表现为对否定性结果的责任追究惩罚。回应性、惩罚性、强制性是问责的可行性要素，问责主体既包括行政问责，也包括公民有效参与的社会问责。在现代社会，来自公共财政和社会投入的社会科学资源快速扩大，已经发展为庞大规模的文化产业，自然会越来越引起社会的高度关注，需要对资源投入和产出结果进行比较，对有关责任人机构及其负责人实行问责。问责多用于对科研管理部门和科研项目承担人，退出多指解除科研项目工作协议。

---

① 王日春，王玉明．纵观改革开放以来高校人文社会科学的变化与发展——基于历届高校人文社会科学研究优秀成果的数据分析［M］//高等学校社会科学科研管理研究会．管理评论．北京：北京师范大学出版社，2009：118－119.

（一）行政问责

行政主体通过控制途径和控制程度来实施对责任主体的问责，分为法律问责、政治问责、等级问责、职业问责等4种典型的问责类型。法律问责是指科研管理部门的公共行政是否遵守法律法规；政治问责是指科研管理部门必须回应来自外部社会的重要责问意见，如“两会”代表议案；等级问责是指在科研管理系统中，每一个等级机构及其人员都有相应的职责并接受上级领导部门对其工作绩效的责任评估；职业问责是指科研管理人员是否按照职业标准和职业道德履行职责和胜任工作。在科学研究领域，政府对科研主管部门问责的主要内容是项目评审和经费投放，对财务管理进行审计监督，对工作绩效进行评价，对成果质量进行问责；从问责的时间维度可分为事前问责、即时问责、事后问责。

（二）社会问责

社会参与是现代民主政治的重要体现，社会问责是一个发展中的理念，是非行政主体的外部主体进行的问责。一种形式是依靠公民自愿参与来加强行政问责的问责途径，另一种形式表现为强大的社会舆论对科学研究工作绩效进行质询，反映公众的知情权，公开透明科学研究活动的相关信息。社会问责给予责任主体以公开表扬、批评或谴责。

（三）法律问责

法律问责是法治化的重要标志。当今世界，科学研究已经逐渐从私人领域延伸到公共领域，从一国范围扩大到国际范围，是国家竞争力的核心因素。因此，问责不仅是要从道德层面进行规范，从行政角度给予处罚，而且开始引入司法干预，对合同诈骗和假冒伪劣行为进行法律追究，对泄露国家机密的人员给予严重惩罚，对学术腐败的人员给予处罚。如2009年，韩国首尔中央地方法院对历时3年多的黄禹锡干细胞学术造假案做出一审判决，以侵吞政府研究经费和非法买卖卵子罪，判处黄禹锡有期徒刑2年，缓期3年执行。

从世界范围看，参与机制是问责制发展的新趋势，问责制改革一是要求推进行政科层改革，转变管理职能，改善公共服务，改进审计监督，加强绩效评估，强化内部监督，是一种自上而下的“警察巡逻”的监督方式；二是要求进行市场化改革，引入市场规则来改进对科学研究成果这类公共产品的问责，通过消费者选择表达对其服务质量和效果的满意程度；三是实行独立问责制，由自治的公共机构，如借助审计部门、反腐败部门的公信力来进行辅助式的监督检查；四是扩大社会问责，如通过参与式规划、参与式经费预算、参与式评审、社会审计和公民报告等方式直接或间接地进行问责。这种自下而上的预警机制可以充分发挥外部行为主体的监督作用，能够摆脱利益主体的功利困扰，着眼科学研究事业的全局和长线。显然，行政部门和社会公民与司法作为共同的问责主体对科学研究管理部门进行问责已经成为一种有效的制度安排。

推进社会科学评价，有利于提高社会科学的地位，促使其研究繁荣和学科建设。首先，建立独立的评价体系是重视和尊重社会科学的具体体现；其次，建立评价体系是由社会科学自身的特点决定的，也是自身发展的客观需要；再次，建立评价体系是社会科学与时俱进，适应时代发展的需要。有利于提高社会科学事业管理的科学化和规范化水平，更好地为决策服务。有利于营造良好的创新环境，鼓励原始性创新，促进社科成果的转化和应用。有利于发现和培育优秀人才，促进学术队伍建设，为社会科学的持续发展提供人才保障。有利于建立社会科学的学术规范，防止和惩治学术不端行为，促进精神文明建设全面发展。有利于规范社会科学评价工作，建立健全社会科学评价制度，正确引导社会科学持续健康发展。

进一步加强制度建设，为提升社会科学研究评价的公正性和公信力提供有力的制度保证。积极构建公正合理的评审程序，建立健全评价听证与答辩制度、公示制度、反馈制度、申诉制度、举报制度和回溯评价制度。完善评价专家组织工作，建立健全以随机、回避、轮换为基本原则的专家遴选制度和匿名评审、署名评价的同行专家评价机制，建立健全评价专家问责机制和同行专家信誉制度，增强评价专家的责任感和荣誉感。建立评价结果的公布和共享制度，充分利用评价成果，将各类研究资源的配置奠定在科研评价的科学结论之上。进一步优化学术期刊、出版机构建设和评价工作，建立健全研究成果发表前的匿名审稿制度，把好研究成果评价的第一关和入口关。

由于受限于历史环境、社会环境与学术环境的国际差异，我国的社会科学评价标准和原则与具体的评价实践操作效果之间一直存在着很大的不一致性，甚至有悖于我们引进国外先进评价方法时的良好动机与初衷。我国在社会科学评价领域的探讨可谓是“百家争鸣”，但总的来看是“破的多，立的少”，即每一种科学评价方法的引进与采用都会引起一些负面的社会效应与学术抨击。即便是提出了具体的评价理念或实施方案，对其的研究也是异常复杂，试图无所不包，可操作性差，或者观点片面偏激，缺乏客观理性与系统性。

有文献将目前我国社会科学研究成果评价的研究观点归纳为 5 种类型，即超越观点、创新观点、计量观点、管理操作观点和综合观点。超越观点强调社会科学与自然科学的学科区别以及社会科学研究所特有的独立品格，坚持侧重于成果本身的直接定性评价理念，反对采用引文率、获奖率与课题基金资助等间接指标的定量评价方法，认为社会科学成果评价的定量化造成了学风浮躁与学术研究的失范，是学术腐败之源。创新观点认为社会科学具有较强的理论思辨性，研究成果的科学创新性评判不如自然科学那样具有可重复验证性，成果创新性判断与操作复杂，还会导致抄袭、剽窃或侵吞他人学术成果。该观点针对这些现象提出了许多改进建议与措施，如超越同行评议的复合型学术评议法，以及建立类似的社会科学研究成果的创新鉴定中心，承担起社会科学创新的认证工作等。计量观点提倡借助科学计量分析指标来评价社会科学成果，认为中国特有的文化传统与社会状况客观上存在着对客观评价方法的迫切需求，有助于规范评价行为，解决长期困扰国人的人情问题。持管理操作观点的人大多从事科研管理或人事管理工作，他们在尽量追求科学合理的前提下，探索易于操作、方便管理的评价方法，一般是通过将定性指标的定量化来实现。综合观点试图从更宽广的研究视角对人文社会科学成果进行价值、影响与效益评估，其评价指标不仅包括学术界内部的评价，还涉及成果的社会与经济效益的评价；不仅采用同行评议方法对成果的直接指标进行评价，还采用文献计量方法对成果的间接指标进行定量评价。

关于转换社会科学研究的价值取向、突出理论研究成果的实践价值、实现社会科学研究成果“社会化”的讨论异常热烈，但真正将这些因素反映到社会科学研究成果评价体系中去的研究文献与实践案例却不多见。而国外对社会科学研究的社会影响力测评则是人文社会科学研究成果评价理论探讨的重点之一，已经形成了“知识应用学派”（knowledge utilization，KU）等理论体系。许多学者都探讨了研以致用的特点，例如科学研究的特点、传播机制的特点、研究者和使用者的特点等。西方许多学者在 20 世纪 70 年代以来就开始关注知识和社会科学研究如何影响政策的理论问题，形成了一些研究成果得到实际运用的最佳模式。

第九章　社会科学研究质量评价发展阶段

由于政治与历史的原因，相对于 18 世纪中叶成形的西方社会科学，我国的社会科学研究在 20 世纪初期引入，在 80 年代恢复。无论在学科建制方面，还是在科学研究的规范与科研活动的管理方面，我们都缺乏必要的历史积淀与文化土壤。

正是由于人文社会科学的研究对象是人类自身和广泛而复杂的人类社会，因此与自然科学相比，它具有偶然性、随机性和模糊性等复杂的特点。我国社会科研评价经历了大约行政评价、同行评议、指标量化评价和国际科研计量评价 4 个发展阶段，主要使用的评价方法可以归纳为评议和计量分析。

（1）20 世纪 80 年代，同行评议机制被正式引入国内社会科学领域。

（2）90 年代中后期，许多科研管理部门和研究人员开始探索借助科学计量分析的方法来评价社会科学成果，如使用“核心期刊”（core journals）和借鉴国外人文社会科学的三大引文索引（SSCI、A&HCI、ISSTP）。独立的社会科学成果定量评价的兴起始于 2000 年南京大学《中文社会科学引文索引》（CSSCI）（也包括人文学科的成果，目前正酝酿二者分开，与国际接轨）。

（3）目前正在高校社会科学研究成果评价中大力推广“代表作”制度，该制度在清华大学、北京大学与南开大学已经逐步实施，逐步走出追求数量级别的套路，陆续出现评议人信用、学科积累、学科个性、学术创新价值等新思想。

在科学发展历史上，有指标比没有指标是一大进步，有量化指标比有定性指标是一大进步，存在多种评价体系比只有单一的评价体系又是一大进步。但仅有替代性的量化指标是不够的，还必须引进质量本身的指标，还必须取消那些引起负面效果的替代性指标。

一、内部评价和外部评价相结合

内部评价侧重学术规范和创新，外部评价侧重社会效用，全面的评价应当是内部评价和外部评价相结合。对于应用性比较强的社会科学来说，外部评价尤其重要。目前，高校的科研成果转化率为10%～15%，而发达国家不低于30%。外部评价的介入有助于打破内部人垄断社会科学的局面，防止学术腐败。

（一）内部评价

外行看热闹，内行看门道。同行评议是社会科学研究成果质量的主要把关人，关系社会科学研究的整体学术声誉。

第一，基层单位同行评议是基础。日久见功夫，基层同行最了解彼此的真实情况，具有发言权。

第二，学术社团是学术性行业组织，从地区、国家和国际不同层面进行学术评价，能够保持客观中立。

第三，中介评价是第三方专业评价，从中立的立场上进行学术评价，结果更加客观。

SCI是“科学引文索引”（science citation index）的缩写，是美国科学家尤金·加菲尔德（Eugene Garfield）在1961年创建的一个科学论文资料数据库，收录了发表在较重要的学术期刊上的论文的相互引用情况。该数据库不断扩大，到现在已收录了约9 000种自然科学和社会科学的学术期刊。发表在被SCI收录的期刊上的论文，在国内被简称为“SCI论文”。

针对近些年来SCI在中国已经成为一个基本的科学评价指标的现象，加菲尔德博士说，SCI是一个国际标准数据库，单纯用这样的标准来衡量科研人员是不合适的，以SCI论文数量评价科学水平更是不合适的。评估人，包括评估一个机构或期刊，需要用多个科学评估标准而不是一个评估标准。人们必须摈弃急功近利的思想，必须重视论文的质量而不是数量，要重视论文被引用的情况，不能以SCI论文数量评价科学水平，应该运用更科学的评价标准体系。

（二）外部评价

任何一个科学研究主题与理论探讨重点都在一定程度上反映了相关领域的社会实践状况，旨在解决实际应用中出现的问题。作为一种应用性研究，社会科学成果评价领域的研究与探讨更是如此。社会科学研究不仅仅是为了促进学术发展，而是为了推动社会发展，因此要研以致用，从使用中检验成果的价值。

第一，特定用户评价。由主要受益方做出评价，如为决策服务的成果由决策部门评价其价值，为基层实践的成果由基层做出判断。

第二，社会评价。基础性社会科学研究没有特定用户，需要从大众反映中获取评价信息。

在美国，社会科学研究的选题越来越倾向于解决社会问题，由于这种实用性与问题驱动特点，形成大量的资金由基金会或个人捐助、政府仅仅是少部分资金的出资人的分布状况，科研机构置于民间资金的直接监督之下。由此，基金来源的多样化形成了评价主体的多元化，主要包括三类，即联邦政府、人文社会科学研究者（学术同行）和普通民众。欧洲各国政府都不直接进行科研评价，建立或委托中介机构对科研进行评价是欧洲各国的普遍做法。英国大学科研评价机构——高等教育基金委员会是受官方委托的机构。意大利、斯洛伐克、法国等也都建立了评价委员会，对大学包括科研在内的各个方面进行评价。而荷兰则由大学的自治组织荷兰大学协会承担科研评价任务。

（三）全面评价

第一，以内部评价为主，外部评价为辅。内部评价和外部评价相结合。

第二，行政、科研和学校三结合的研究，生产方、用户方、出资人三方结合的评价机制。

第三，技术方法的综合。把成果查新制度和匿名评审制度、专家回避制度、当事人投诉和权威机构的复审制度结合起来，维护各方的权益。

第四，学术价值和社会价值综合评价。一个优秀的成果不仅有学术价值，而且具有社会价值，能够发挥“无用之大用”。

评估指标的设置，应该重点考查评估对象的新颖性、先进性和实用性。具体来说，可以数量类指标来考查其受关注程度，以质量类指标来考查其创新程度，以价值类指标来考查其在经贸活动中的作用。目前，在人文社会科学评估的理论研究与具体实践中，出现了许多创新性指标，比如代表性学术论著、学科积累指标、学科个性指标、学术创新价值指标等，都是多年来学术界在成果评价方面积累的宝贵经验，对提高我国的社科管理水平起到了积极作用。

应当注意的是，评估除质疑目标的妥当性与适当性之外，学术成果对社会发展的贡献是必须加以判断和说明的。国外非常重视社会科学对政府决策与社会思潮的影响作用。社会科学研究成果的社会转化问题与社会影响力测评一直是国外学者讨论的热点，也是社会科学研究成果评价活动的最终目的，它构成了人文社会科学成果评价体系中的主要指标，尤其在对应用与发展性的人文社会科学研究成果评价上，是与“政策评估”密不可分的。

从我国目前的实际情况来看，除进一步加强隶属于科研管理部门和一些科研机构的学术评估机构建设外，还应逐步发展从事评估业务的独立管理咨询机构、研究单位、评估事务所等隶属于企业的科技评估机构、独立的中介机构，或者建立针对特定评估任务组织的临时性评估项目组等，使评估活动具有更大的灵活性与真实性。

此外，可以借鉴科学创新的认定方法，加快社会科学查新体系的构建。查新是利用已经发表的文献，通过对社会科学文献的检索、解读、主题分析或引文分析，对研究项目的新颖程度做出判断的过程。一方面，应尽快认定一批“社科成果查新中心”，从机构上保证查新体系的建设和发展；另一方面，认真研究社会科学查新所涉及的政策、体制、工作方式和研究方法等问题，出台相关政策，如《社会科学成果查新咨询管理办法》等，为社会科学查新体系的构建提供良好的环境。

二、结果评价和过程评价相结合

社会科学研究成果是人们研究社会现象、探索客观世界发展规律的创造性劳动产生的产品，是一种重要的无形信息资源，它能为管理和决策的科学化提供参考依据，提高人们对事物发展趋势的预测和判断的准确性。结果是社会科学研究的最直接产出，但结果取决于过程的保障。科研评价不仅在于对投入与产出进行比较分析，而且要在研究过程中培养研究人才。

（一）结果评价

结果评价是科研评价的核心，但不问过程只问结果的一次性评价方式，使优秀成果的产生有许多偶发因素，无法减少重复研究，降低浪费。

第一，直接结果。论文、著作、研究报告是社会科学研究成果的直接产出。

第二，间接结果。政策、法规、规划、数据库是社会科学研究成果的间接产出。

（二）过程评价

过程评价的重点是介入过程管理，以便及时调整纠偏。

第一，抓质量保障条件。从保障条件入手，重视基本条件和前期研究基础，提高成功的概率。

第二，控制过程质量。从开题活动设计到中期成果检查，最终保障结果质量。

（三）全程评价

全程评价显著的标志是：①从保障质量条件到保障质量结果；②从控制质量过程到控制质量结果。

按时间层次划分，评估可分为事前评估、中间评估和事后评估。在学术评估活动中，事前评估主要是立项评估或项目选择，即重视该活动与资助部门战略任务和目标的关系；中间评估也称实时评估，是在项目进行中的评估，可以根据评估反馈的信息及时调整研究方向和配置研究资源；事后评估是对研究成果评价验收，注重评价科研活动的影响，强调科研活动的效率和效果。在目前项目评估的发展中，以分配资源为目的而开展的事前评估最为普遍和成熟。随着学术评估发挥的作用日益增强，人们的看法也发生了变化，逐渐由重视传统的阶段评估转向了注重科研活动全过程评估。例如，目前，在各级别社科基金项目的管理工作中，除进一步规范科研项目立项评估，即事前评估以外，也加强了对已立项项目的中期检查和结项验收等环节的管理工作。通过中期检查及时交流相关信息，确保研究沿着一定的方向进行，起到实时纠偏的作用；科研成果的结项等级划分从无到有，逐步细化，对鉴定评为优秀的项目主持人给予奖励，鼓励科研工作者努力提高成果质量，多出精品。

三、定性和定量评价相结合

社会科学评价几乎不可能使用单一的量化指标，因为除了某些可以量化的因素外，社会科学评价还涉及价值判断、时间（历史）判断和性质判断，这些都是无法量化的指标。定性评价并不是“拍脑门”，定性评价也需要建立科学的评价指标和评价方法。理想的评价方法是以定性评价为方向，定量评价为基础。

（一）定性评价

在比较分析的基础上，自然可以得出以下共同原则：独立性、客观性、延时评价、定性评价与定量评价相结合、专家经验与查新相结合。着重以质量和效益为导向的评价理念，重视规范，反对唯数量或过量化；实行分类评价（基础研究、应用研究、开发研究，研究类、普及类、资料类）；进行多级评价；同类相比、同行评议、过程评价、社会评价、重视异议、投入与产出相称、以评促发展，良性循环。社会科学评价的核心要素是实践价值、创新程度、影响力度和效益评价，对此给予等级评价。

（二）定量评价

第一，论文指标量化评价。从不发表论文到发表论文是一个进步，从乱发表到集中发表到 SCI 和核心刊物又是一个进步，从国内发表到国外发表到 SCI 又是一大进步。

第二，论文影响因子。论文索引在客观上具有某种评价功能，但也有很大的局限性，有的是观点的引用，有的是资料的引用，有的是新意的引用，有的是争议的引用，有的是批评对象的引用。论文索引对于说明论文的关注度还是有效的，但关注不等于肯定，因此不能和成果的优劣简单画等号。

评价工作中普遍采用的计量法有评委直接记分求平均、直接记分加权求和、模糊综合评价、多层次模糊综合评价等方法。

（三）综合评价

完善科学的评价指标体系是以定性为基础，定量为手段，采用定性和定量相结合的方法。要简明，即具体明确，既能反映成果的水平、质量、效益，又便于操作和进行数据处理；要有综合性，能综合评价科研的过程、科研的成果、成果的效益，且过程评价、成果评价、效益评价所占权重适当。评价指标体系的科学是科研成果评价科学、客观的基础保证。科研成果评价是一项非常复杂的工作，用任何单一的评价指标都难以达到全面、客观、公正、科学地评价的目的。正确的态度是相信而不迷信数据，重视而不依赖量化，兼取而不偏听一方。

用量化评价和以论文说话的国家不在少数，大多数国家的科研体制都采用科层制度，对手段和程序的可计算性要求很高，需要有明确的行政规则和相应的技术标准做尺度，需要量化指标作为政策落实的依据。在全球范围内，兴起国际科研计量评价，包括战略定位、资助绩效、管理绩效、社会影响等内容。因此，量化评价是必须的，对科研投入产出的衡量，不通过量化评价是显现不出来的。历史证明，在我国，如果没有一个合理的、可操作的标准，直接的后果极有可能就是会“忽悠”的人呼风唤雨，真正有真才实学的人反而上不去。评价标准如果不是学术的，就可能变成人情的、政治的。问题在于过于单一就显得偏颇，长期不变就容易钻空子。因此，量化评价虽然有缺陷，但可以改善，不能取消，不能因为出现的弄虚作假和浮躁问题，就连孩子带洗澡水一起倒掉。在目前的情况下，可取的方法是分类要求，改进量化评价，增加论文影响因子评价。学术成果评估的工具应当是综合、多样和开放的，既包括定量分析，又包括定性分析；既包括社会实验，又包括心理分析。要把定性分析与定量分析相结合、静态分析与动态分析相结合、历史分析与前景预测相结合、专家分析与专业评估技术人员分析相结合。例如，对于重大项目，评估机构内部可以由两个相互独立的团队平行作业，采用不同的评估方法，然后交叉检验。

四、短期和中长期评价相结合

没有短期评价就没有研究工作的稳步推进，没有长期评价就难以涌现大家精品。理想的评价方式是政策研究着重短期评价，理论研究看重长期评价。

（一）短期评价

第一，年度评价。年度考评，年度评奖，重短期产出，比较适合政策研究和社会调查。

第二，重直接产出。以论文、著作数量的多少论成败，比较适合理论研究。

（二）中长期评价

周期评价，一般进行5年规划评价，基本可见研究者的工作能力和研究成果的社会影响，比较适合项目研究。

（三）历史评价

历史是检验的重要标准。诺贝尔奖的设计很有意义，其奖励对象大多经过几十年的时间考验，能够立得住。美国的战略研究时效范围多数在10年以上，空间范围涉及全球。如罗斯福总统在二战期间，请历史学家特纳用地域理论设计联合国框架，其基本要点的有效性至今仍未过时。再如，1959年美国加利福尼亚康纳公司的《亚洲报告》，对中美关系做出的远期预测，其中提到中苏爆发战争、美国总统秘密访华等，这些判断后来大部分成为美国对华政策调整的依据。最近，美国战略界正在开展的2005—2049年预测和模拟，其时空领域再度领先。因此，我国的战略研究应当有长时段、大时空的计划。

为了解各项法律、法规中所保障的教育机会平等现状的落实情况，自20世纪50年代开始，西方各国的社会科学家进行了大规模实证调查，力求描述机会均等在教育领域中所达到的实际程度。英国的《普洛登报告》（1966）、美国的科尔曼报告（1966）、联合国教科文组织关于各国学生学业成绩差异的系列报告都是在这一背景和需要中产生的研究结果。1966年发表的科尔曼报告在美国被认为是国内社会科学史上最著名的量化研究报告，也是当代世界上关于教育机会均等的3项重要报告之一。以科尔曼教授牵头的调查组收集了美国各地4 000个学校64万个学生的数据，其学校比例占美国全国的5%左右，是当时教育领域所做的最大规模的调查研究。依据国会要求，有关学校的调查主要分为四大部分：种族隔离情况，设施、师资等情况，学生的学习成就，与成就相关的学校特征因素。调查对象分为学区管理者、学校校长、教师、学生。调查工具为问卷和标准化测试，标准化的测试对象为一年级、三年级、六年级、九年级和十二年级的学生。科尔曼调查组依据学生种族类型，划分为六类对象，即黑人、美洲印第安人、亚裔人、波多黎各人、墨西哥人、白人，分析统计六类学生间在上述调查内容方面的现状及差异情况。调查组充分分析了调研材料，随后向国会递交了《关于教育机会平等性的报告》，这就是历史上著名的科尔曼报告。最终完成的科尔曼报告共分为 8 部分：报告摘要（第 1 部分）、7 个分类报告（第 2 ~ 8 部分），以及技术性的附录（第 9 部分）。在有关的 7 部分中，第 2 和第 3 部分被认为是有关学校政策最重要的两个部分，其结论被认为代表了整个报告讨论和争论的主题。科尔曼报告的主要创新之处在于把学生学业成就引入教育机会平等的研究领域，而不是简单地通过对学校投入、师资水平、设备设施的调查来提出不平等性问题，并在教育投入与产出间进行综合分析。科尔曼报告的一个突出贡献在于重新界定教育机会均等的内涵。科尔曼认为，教育机会均等不能再仅仅局限于衡量平等的投入，如平等的教育支出、教师和设备等，而应将关注的重心转到独立于家庭背景的学生学业成就。正如科尔曼所说，评价学校的成功与否只能检查它是否能减少学生对社会出身的机会依赖，因此，教育机会均等的学校不仅仅意味着资源均等，还包括效益均等。科尔曼认为，这是一个以前任何社会都没有做到的一件雄心勃勃的大事，学校不仅仅是被动提供平等的教育资源，而是提供这样一个教育环境：解放孩子的潜能，使他们免于因为出身和社会环境而带来的不平等。因此在政策操作层面上，科尔曼报告明确提出：与要求政府平等提供财政资源相比较，确保学生经济地位的融合更具有挑战性。

科尔曼报告的提出不仅具有重要的理论意义，而且对美国甚至世界范围内的教育政策和法律制定产生了直接影响，其中有较大范围影响的主要有以下两方面：第一，为美国普遍实行“肯定性行动”或称“平权法案”（affirmative action）铺平了道路。公立教育的资源分配大幅度向弱势人群倾斜，实行所谓“为了平等的反向歧视”。在中小学强制性实行黑白人种学生合校的同时，在大学招生、政府机关雇用和职位提升等方面，也普遍实行照顾黑人和其他弱势人群的倾斜性政策。虽然在几十年后，“肯定性行动”的做法也越来越受到质疑，引发了诸多法律诉讼，但它明显改善了近几十年来美国社会教育机会的平等性。第二，统一学校和校车接送学生政策。科尔曼针对报告结论提出政策建议，认为为了有效改进少数民族学生和贫穷学生的学习成绩，应当统一学校，把少数民族学生同白人学生放在同一学校里，以产生一个能够提高学习成绩的有效环境。为此，需要为属于居住分隔开来的白人学生和黑人学生通过提供校车接送学生上学。从此校车成为解决种族隔离问题的象征，在法院和卫生、教育和福利部的推动下，用校车接送学生的运动在 20 世纪 60 年代末达到高潮。

美国一项最新研究显示，人的性格在童年早期就能形成，从六七岁孩子身上可以预测出他成年后的一些行为。研究报告由出版的美国《社会心理学和人的性格科学》季刊发表。[①] 加州大学里弗赛德分校、俄勒冈大学和俄勒冈研究所的研究人员共同开展这项研究。他们首先找来20世纪60年代对夏威夷州约2 400名不同种族的一至六年级小学生的一份调查。调查中，这些孩子的老师依照学生日常表现，以打分方式做出性格方面的评价。40年后，研究人员找到其中144人进行深入调查，并给研究对象接受调查时的情况录像。研究人员主要对比4项性格特征：是否健谈，又称语言流利度；适应性，即能否很好适应新情况；是否易冲动、感情用事；自我贬低程度，主要看是否弱化自身的重要特质。通过对比，研究人员发现，那些当年被认为健谈的孩子，中年时善于动脑，讲话流利，总是试图控制局面并表现出高度智慧；而当年被老师认为不健谈的孩子，中年时多表现为缺少主见，遇挫折容易放弃，不善于处理人际关系。当年被认为适应性强的孩子，成年后多表现出乐观开朗，善于动脑，讲话流利；适应性打分低的孩子，成年后态度消极，缺少主见，不善于处理人际关系。当年被认为易冲动的孩子，成年后倾向于大声说话，兴趣广泛，健谈；不易冲动的孩子，成年后多表现得胆小害羞，与人保持一定距离，缺乏安全感。当年被认为自我贬低度高的孩子，成年后易内疚，喜欢寻求安慰，爱讲自己的消极面，爱表达不安全感；自我贬低程度低的孩子，成年后倾向于爱大声说话，善于动脑，表现出优越感。研究报告主要作者、加州大学里弗赛德分校博士生克里斯托弗·内夫说，研究结论令人吃惊。“我们仍可辨认为同一个人，”他说，“这正好说明了了解性格的重要性，因为它可以跨越时间和环境，追随你一生。”先前研究显示，虽然人的性格可以改变，但这并不容易。内夫说：“生活中发生的事件仍对人的行为构成影响，但我们必须承认未来行为中性格所起的作用。”

但无论国外的“同行评议”还是“文献计量”评价方法移植到国内都会失去评价的有效性，甚至还会出现一系列负面的社会效应（如学术失范、抄袭、剽窃、浮躁等）。如果不把世界水平和国际化当作社会科学繁荣发展的目标，仅仅满足于科研成果或文化产品的国内消费，可能会使我们陷入封闭和自我陶醉，延缓我们赶上发达国家综合国力的速度。社会科学研究评价在改进中发展，为繁荣发展哲学社会科学做出了重要贡献，但与社会科学繁荣发展的新要求相比，还存在许多不相适应的地方。主要表现在：对社会科学研究评价重要作用与根本目的的认识还需要进一步深化；评价促进创新能力与研究质量提升的导向性还需要进一步强化；评价的科学性与权威性、公正性与公信力还需要进一步增强；以数量评价代替质量评价、以行政权力干涉学术权力、以人情关系影响评价活动等倾向与问题还需要有力地彻底遏

① 乔颖. 人的性格在童年早期就能形成［N］. 中国青年报，2010－08－09（5）.

制。这些问题的存在，迫切要求进一步改进社会科学研究评价工作。

积极推动社会科学研究评价形式更加丰富多元。社会科学研究评价对象的复杂性，决定了社会科学研究评价应该建构多元评价体系。要针对不同学科特点和不同研究类型，选择运用不同的评价标准；要深刻把握项目、机构、人才、学科、成果等评价对象的不同特点，建立同行评价和社会评价相协调、定性评价与定量评价相结合、过程评价与结果评价相衔接、适时评价和延时评价相补充、形式评价和内容评价相结合、理论评价和实践评价相结合的多元评价体系。

看来，必须改革目前的论文和著作机制，一是要取消非研究型高校人员的论文考评机制，比如本科生、硕士生；二是要取消非研究型公务人员的论文考评机制，比如中小学教师、一线医生护士等；三是要加强研究型人员的论文质量评审。

政治与历史原因使我国社会科学研究作为一种学术活动比西方迟到了一个多世纪，无论在学科建制方面，还是在科学研究规范与科研活动的管理方面，我们都缺乏必要的历史积淀与文化土壤。由于缺乏良好的社会信誉制度、公众参与意识与公民科学素养，我国还不具备有效地进行同行评议与社会公议的社会基础与制度保障。健康的学术环境与规范的成果发表机制的建立，是目前我国进行发文统计与引文分析评价的首要工作，舍此则等于舍本求末。如果我们能营造良好的政治环境、社会环境与学术环境，人文社会科学成果的评价实践必会取得长足发展，评价理论研究也会趋向科学化。

通过对上述国内外社会科学研究成果的评价环境、评价实践和评价理论研究进行比较分析，针对我国的现状可以得到如下启示：

第一，制定相关政策，加强社会科学研究，倡导研究成果的“创新”指标与“质量”导向，积极促进社会科学研究的快速科学发展，是弥补我国社会科学历史积淀不足的当务之急。

第二，良好的社会信誉制度、公众参与意识与公民科学素养是开展社会科学研究成果同行评议与社会公议的社会环境保障；而健康的学术环境、严格的学术研究规范与成果发表机制，会使发文与引文统计等计量评价方法更加可信、有效。

第三，重视社会科学研究成果对政府决策与社会思潮的影响和作用，社会科学研究成果的社会化与社会影响力测评应成为评价实践与理论研究的主要内容，构成社会科学成果评价体系中的重要指标。

第四，评价主体的多元化决定了评价标准的多样化，但其共同特点是评价目标的明确化，这是确保评价质量的关键要素。由于社会科学研究的选题越来越倾向于解决社会问题，研究基金来源的多样化决定了评价主体形成的多元化，同时学术视角与社会视角也会产生不同的价值判断标准。目标明确的评价项目，其评价结果发挥的作用就大一些。一次评价不能解决所有可能出现的问题。在实际评价过程中，评价者适宜选用一些针对性强的较为成熟、简明和实用的评价方法，以提高评价实践的操作效率。

任何一个先进的民族，都必然主动汲取异质文化的精粹。重构科研评价的规则和实际效果测度体系，自愿申请、公开辩论、投票公选、刊登报告、拒绝“理由正当”而“事实低效”的科研成果。要尽快建立分类明确、结构合理、数量充足、更新及时、供全国高校免费共享的二级学科或专门研究领域同行专家数据库，为同行评价制度的建立、完善与广泛实施创新良好条件；逐步建立科研评价结果共享数据库，分类收录有关部门和评价机构的对相关人员、团队、机构、项目和成果评价的结果，最大限度地发挥评价结果的使用效益；开发哲学社会科学研究评价专题数据库，提升社会科学研究评价手段的现代化程度。

综上所述，制度防止最坏的成果，明确学术规范以防止粗制滥造，专业评估抵御假冒伪劣，社会监督防止学术剽窃，技术检测防止学术抄袭，同行评议防止低水平重复，国外同行评价国际影响，行政司法抗击学术腐败。通过社会责任感和使命感提高社会科学研究者的职业理想，通过提高学校教育和项目培训提高学者素养，通过国际交流促进学术合作，使学者自律自强，这是提高社会科学的根本之道。

研究成果同样存在正态分布现象，优秀成果和劣质成果都是比较少的，大部分是平庸之作，问题的关键也在于此。因此要克服“二八”现象，通过激励机制和约束机制使优秀成果显现出来，使优秀人才脱颖而出。

1993 年，美国颁布的《政府绩效法》对各部门如何确保科学的卓越地位做出了规定。其中规定：“联邦科学机构必须明确各自在科学发展中的定位与性质，制定实现国家目标的最佳的可行性角色的评估战略。适当的评估战略应当鼓励美国科学能力的最有效的使用，保持和提高研究系统的优越性和响应性；一些被采用的评估方法应该精确地反映出被评估项目的优先权。造成那些引起负面动机的绩效指标必须被消除，因为它们比根本没有指标更糟糕。”

早在 2003 年 5 月，科技部、教育部、中国科学院等 5 部门就联合下发了《关于改进科学技术评价工作的决定》，要求改进科技评价工作，其中特别指出，SCI、EI 等收录论文数量只是科学技术评价中的定量指标之一，反对单纯以论文发表数量评价个人学术水平和贡献的做法。

一个国家社会科学研究系统的质量不可能超过其研究者的质量，高质量的研究者是提高质量政策成功实施的关键。一流社会科学研究质量的标准是：①有一批锐意创新、业务精湛和奉献精神的研究者；②有良好的科研管理体制；③有满足基本需要的研究设施和研究资源；④有可以与社会生活相联系的途径；⑤有不仅能鼓励研究，而且能令人愉快的、体现宽松的研究环境；⑥有包含知识、技能、态度和价值观评价在内的，定义明确和精确的研究结果评价体系；⑦社会参与性治理和管理；⑧能尊重和参与当地社会和文化生活。

科研评价的问题不在于量化，而在于如何使用量化，如何使量化趋于科学。第一，实行代表作制度下的计分制，是促使学术评价制度科学化的有效方法。代表作制度可以抵消以数量取胜的量化方法的弊端，而在这一制度前提下编制计分方案，则可以实现同等条件下的最大公平与公正。至于计分依据，则可以考虑作品质量、引用率等。体育比赛中诸多项目评定冠军，采用的正是这种制度。它将选手置于同等条件下，不以作品多少、时间长短定输赢，只以分值高低决胜负。尽管各路评委均为专业人士，却最大化地消弭了主观偏好与利益关系，只负担规约执行者的职责，从而实现了民主性与客观性的最大化，使漏洞最小化。同时，它实现了决策的公开化，计分既不匿名，过程亦不隐秘。同时，设立投诉机制，给评委以震慑，让选手可诉苦。第二，在基本要素下实行分类评价。战略性基础研究的评价要以社会经济发展和国家安全中重大基础科学问题为导向，突出国家目标与科学发展目标的有机结合，以科学技术前沿的原始性创新和集成性创新、解决国家重大需求的实质性贡献以及优秀人才培养为主要评价标准。自由探索性基础研究的评价要以科学发展目标为导向，主要以新发现、新概念、新理论和新方法等原始创新性成果和创新性人才的培养为评价标准，注重原始性创新和科研人员的创新潜力，鼓励探索，宽容失败。应用研究的评价应紧密结合经济建设和社会发展的需求，以技术推动和市场牵引为导向。以技术理论、关键技术、共性技术和核心高技术的创新与集成水平、自主知识产权（专利、版权、标准、专有技术等）的产出、潜在的经济效益、社会效益等要素为主要评价标准。科技产业化的评价以建立企业为主体的科技成果转化与产业化机制、发展高新技术产业、优化调整产业结构为导向，以培育具有自主创新能力的高新技术企业为评价重点，以产品的技术先进性和创新性及其未来的产业化水平和发展前景为主要评价标准。这类科学技术活动要以市场评价为主，对这类科学技术活动的评价应注意吸收经济学家、管理专家及产业界人士的意见。第三，诚信是基础，能力是重点，标准是根本，公开是前提，透明是过程，监督是保障。20 世纪 90 年代以来，在国际上一些科技发达国家，以学术权威为核心，以共同研究范式为基础，以团队合作为支撑的创新模式迅速发展。

提升社会科学研究质量是一个社会系统工程，一是要建立学者自律、集体自省、知荣知辱的良好氛围，使从业者不愿忽视质量；二是要标准明确、制度严密、奖励有力、查处严厉，使从业者不能忽视质量；三是同行批评、社会监督、媒体曝光，使从业者不敢忽视质量。有关方面把崇尚真理、诚信为本、学者责任、保护知识产权作为遏止学术腐败和学术不端蔓延的有力武器。为此要建立全国性的专业化社会科学学术质量评估机构，把理论创新和应用价值作为衡量学术研究水平的基本指标，以在基础理论和方法上的“代表作”作为衡量个人学术水平的重要标准，以发表的基础理论论文作为衡量各类学术刊物水平的核心指标，建立学术团体成果交流和推荐制度，建立学术理论研究成果的实践评价机制，根据学术影响力和实践影响力建立社会科学研究水平指数。以专业化提高社会科学研究质量，以信息化检验社会科学研究质量，以制度保障社会科学研究质量，以公开化监督社会科学研究质量，建立健全以公开发表为基础的优先权竞争为核心的学术规范和激励机制，形成健康向上的社会科学学术共同体，消除科研管理体制中的行政化、等级制和商业化积习，减少学术浮躁和急功近利，逐步形成独立之精神、自由之思想、严谨之学风、高尚之责任，促进社会科学研究、传播、管理和评价的良性循环，对减低全社会成本和提高社会科学研究的社会贡献具有重要作用。

适应国家深化改革和扩大开放的新形势，积极推进社会科学研究的战略转型，加快建设新的工作平台，进一步整合全国社会科学研究资源，强化综合优势，加强基础能力建设，促进队伍整体成长。一是加快涉及经济社会的基础数据平台建设；二是加快覆盖社会生活领域的社会调研平台建设；三是加快以数字化为重点的信息平台建设；四是加快以社会改革实验区为基地的社会实践平台建设；五是加快以发达国家为重点的国际社会科学交流与合作平台；六是加强以国家社会科学规划为抓手的课题平台建设。

突出重点，提高服务质量。一是研究经济社会发展的重大理论和现实问题；二是进一步转变研究方式，坚持理论联系实际，加强以理论创新为重点的基础研究，加强以数据和事实为支撑的政策研究，加强以标准和模式为引导的实践研究，深入探索中国特色社会主义教育规律，促进教育事业科学发展；三是充分发挥社会科学的引领作用，组织专门机构开展社会舆情分析，建立专业化的时政评论员队伍，正确引导社会舆论，凝聚共识，形成合力。

参考文献

一、著作类

[1] 袁振国. 中国教育政策评论（2007）[M]. 北京：教育科学出版社，2007.

[2] 高等学校社会科学科研管理研究会. 管理评论：2009 年第 1 辑、第 2 辑 [M]. 北京：北京师范大学出版社，2009.

[3] 教育部社会科学委员会秘书处. 中国高校哲学社会科学发展报告 [M]. 北京：高等教育出版社，2005.

[4] 教育部社会科学委员会秘书处. 中国高校哲学社会科学发展报告 [M]. 北京：高等教育出版社，2006.

[5] 教育部社会科学委员会秘书处. 中国高校哲学社会科学发展报告 [M]. 北京：高等教育出版社，2007.

[6] 教育部社会科学委员会秘书处. 中国高校哲学社会科学发展报告 [M]. 北京：高等教育出版社，2008.

[7] 教育部社会科学委员会秘书处. 中国高校哲学社会科学发展报告 [M]. 北京：高等教育出版社，2009.

[8] 教育部社会科学委员会秘书处. 中国高校哲学社会科学发展报告 [M]. 北京：高等教育出版社，2010.

[9] 教育部社会科学委员会秘书处. 国外高校哲学社会科学发展报告 [M]. 北京：高等教育出版社，2009.

[10] 教育部社会科学委员会秘书处. 国外高校哲学社会科学发展报告 [M]. 北京：高等教育出版社，2010.

[11] 苏新宁. 中国人文社会科学学术影响力报告（2000—2004）[M]. 北京：中国社会科学出版社，2007.

[12] 苏新宁. 中国人文社会科学期刊影响力报告 2006 [M]. 北京：中国社会科学出版社，2007.

[13] 苏立，陈春声. 中国人文社会科学三十年 [M]. 北京：生活·读书·新知三联书店，2009.

[14] 张保生. 北京高校社会科学研究改革开放三十年发展回顾与展望

[M]. 北京：中国政法大学出版社，2010.

[15] 陈广胜. 改革开放以来中国高校人文社会科学研究事业发展回顾[M] //中国高校人文社会科学研究通鉴（1996—2000）. 北京：中国人民大学出版社，2004.

[16] 程天君，吴康宁. 中国高校哲学社会科学发展报告（1978—2008）：教育学 [M]. 桂林：广西师范大学出版社，2008.

[17] 黄希庭. 中国高校哲学社会科学发展报告（1978—2008）：心理学[M]. 桂林：广西师范大学出版社，2008.

[18] 卜卫，周海宏. 社会科学成果价值评估 [M]. 北京：社会科学文献出版社，1999.

[19] 刘大椿. 人文社会科学研究成果评价体系研究 [M]. 北京：经济科学出版社，2009.

[20] 崔卫国，汪建丰. 社会科学学导论 [M]. 北京：中国社会科学出版社，2009.

[21] 叶继元. 中国哲学社会科学学术期刊布局研究 [M]. 北京：社会科学文献出版社，2008.

[22] 叶继元. 学术规范通论 [M]. 上海：华东师范大学出版社，2005.

[23] 杨玉圣，张保生. 学术规范导论 [M]. 北京：高等教育出版社，2004.

[24] 唐炎钊. 软科学研究项目评估 [M]. 北京：科学出版社，2007.

[25] 联合国教科文组织. 当代学术通观：上 [M]. 周昌忠，译. 上海：上海人民出版社，2004.

[26]（美）默顿. 科学社会学：下 [M]. 北京：商务印书馆，2003.

[27]（美）阿里·卡赞西吉尔，大卫·马金森. 世界社会科学报告（1999）[M]. 北京：社会科学文献出版社，2001.

[28]（英）拉卡托斯. 科学研究纲领方法论 [M]. 上海：上海译文出版社，1986.

[29]（德）沃尔夫冈·伊瑟尔. 怎样做理论 [M]. 朱刚，等，译. 南京：南京大学出版社，2008.

[30] 黄正华. 科学技术哲学导论 [M]. 北京：社会科学文献出版社，2008.

[31] 刘明. 学术评价制度批判 [M]. 北京：长江文艺出版社，2006.

[32] 吴桂鸿. 社会科学研究成果评价指标体系研究 [D]. 长沙：湖南大学，2006.

[33] 金武刚. 当前我国社会科学研究的定量分析 [D]. 上海：华东师

范大学，2001.

[34] 北京师范大学文科发展报告. 2007.

[35] 北京师范大学文科发展报告. 2008.

[36] 北京师范大学文科发展报告. 2009.

[37] 浙江大学文科发展报告. 2008.

[38] 邹志仁. 中国社会科学研究计量指标——论文、引文与期刊引用统计 [M]. 南京：南京大学出版社，2000.

[39] 邹志仁. 中国社会科学研究计量指标——论文、引文与期刊引用统计（2000）[M]. 南京：南京大学出版社，2003.

[40] 王蒲生. 科学活动中的行为规范 [M]. 呼和浩特：内蒙古人民出版社，2006.

[41] 蔡今中. 如何撰写与发表社会科学论文——国际刊物指南 [M]. 北京：北京大学出版社，2009.

[42] 邓中来. 学术与自主：中国社会科学研究 [M]. 北京：北京大学出版社，2008.

[43]（英）朱迪思·贝尔. 社会科学研究的基本规则 [M]. 马经标，译. 北京：北京大学出版社，2010.

[44]（英）马丁·丹斯考姆. 做好社会研究的 10 个关键 [M]. 杨子江，译. 北京：北京大学出版社，2007.

[45]（美）安德鲁·弗里德兰德. 如何写好科研项目申请书 [M]. 郑如青，译. 北京：北京大学出版社，2010.

[46]（美）斯丹尼克. ORI 科研伦理入门：介绍负责任研究行为 [M]. 曹南燕，译. 北京：清华大学出版社，2005.

[47]（美）史蒂文·普雷斯曼. 五十位经济学家 [M]. 陈海燕，等，译. 南京：江苏人民出版社，2005.

[48]（美）瑞驰. 科学之妖——如何掀起物理学最大造假飓风 [M]. 周荣庭，译. 北京：科学出版社，2010.

[49]（美）尤瓦娜·林肯，伊冈·古巴. 自然主义研究——21 世纪社会科学研究范式 [M]. 杨晓波，林捷，译. 北京：科学技术文献出版社，2004.

[50]（美）詹姆斯·B. 鲁尔. 社会科学理论及其社会进步 [M]. 郝名玮，章士嵘，译. 沈阳：辽宁教育出版社，2004.

[51]（英）托尼·比彻，保罗·特罗勒尔. 学术部落及其领地：知识探索与学科文化 [M]. 唐跃勤，等，译. 北京：北京大学出版社，2008.

[52] George Lakoff, Mark Johnson. Philosophy in the flesh: the embodied

mind and its challenge to western thought [M]. Basic Books, 1999.

[53] Malrieu, Jean Pierre. Evaluation semantics: language, cognition and ideology [M]. London, New York: Routledge, 1999.

[54] Organisation for Economic Co-operation and Development. The social sciences in policy-making [M]. Paris, 1979.

二、论文类

[1] 刘云山. 把握正确方向　发扬优良传统　坚持改革创新　在新的历史起点上继续推动哲学社会科学繁荣发展 [J]. 求是, 2009 (13).

[2] 袁贵仁. 加强学术规范与学风建设　促进高校哲学社会科学繁荣发展 [J]. 中国高等教育, 2005 (5).

[3] 袁贵仁. 用科学态度对待人文社会科学 [J]. 中国高等教育, 2001 (11).

[4] 李卫红. 以"十一五"规划为契机　开创高校哲学社会科学研究新局面 [J]. 中国高等教育, 2006 (18).

[5] 蔡曙山. 论人文社会科学的科学化、规范化管理 [J]. 学术界, 2001 (6).

[6] 蔡曙山. 代表性学术成果作为艺术人文与社会科学评价指标的意义——兼论 CSSCI 的科学评价功能及其发展方向 [J]. 江西社会科学, 2004 (6).

[7] 蔡曙山. 我国社会科学发展和社会科学评价学术界 [J]. 中国社会科学文摘, 2002 (31).

[8] 袁锐鄂. 英国高校的科研活动 [J]. 比较教育研究, 2003 (10).

[9] 龚放. 我国教育学领域机构、地区学术影响力报告——关于 2005/2006 年 CSSCI 的统计分析 [J]. 清华大学教育研究, 2009 (2).

[10] 国外科研项目管理模式及其对北京市的借鉴与启示 [J]. 北京社科规划工作简报, 2010 (12).

[11] 宋赵来. 学术腐败: 动摇中国的发展根基 [J]. 书摘, 2010 (8).

[12] 徐娟. 我国各省高校科研投入产出相对效率评价研究——基于数据包网络分析 [J]. 清华大学教育研究, 2009 (2).

[13] 范并思. 社会转型期的中国社会科学——社会科学的科学计量学分析 [J]. 上海社会科学院学术季刊, 2001 (3).

[14] 新闻出版署期刊管理司. 中国社会科学期刊质量标准 [J]. 中国

报刊月报，1996（8）.

［15］关注重大理论和现实问题　推动哲学社会科学研究深入发展——全国哲学社会科学规划办公室负责人谈今年国家社会科学基金项目评审［N］．光明日报，2010－06－18.

［16］蔡曙山．我国社会科学评价的若干要素［N］．光明日报，2002－08－27.

［17］刘均燕．英国怎样评估高校科研［N］．中国教育报，2009－10－27.

后记　思想的力量

在人们的观念里，总认为物质财富最重要，科学家是对社会贡献最大的职业，因为每天看得见、摸得着的一切有形之物，都是源于科学家的伟大贡献。但一部人类文明史告诉我们，真正推动人类社会不断进步的最大动力之源，却是来自将人类区别于其他动物的伟大精灵——思想。无论是古代还是今天，伟大的思想从来都是指引人类一步步走向光明、和谐、幸福、自由的灯塔和火车头。如孔子、苏格拉底、柏拉图、亚里士多德、卢梭、康德、黑格尔、马克思……他们的思想至今仍然在一直深刻影响着现代人的思想和行为。没有历史上的无数次思想大解放，人类的聪明才智就无法被激发，就无法诞生伟大的科学家和发明家，就无法推动科学进步和产业发展。因此，在某种意义上可以说，思想家解决人类发展方向问题，科学家解决人类发展速度问题，思想家才是社会的最大贡献者。在一个迅速变化和日益错综复杂的世界上，我们需要思想的引领，需要把学术转化为思想的风骨，用思想传递时代的声音，让学术造就民族的精神。社会科学在帮助人们明晰思想价值，诠释当今社会文化及经济环境上发挥着前所未有的重要作用。

在这个世界，经济的发达、技术的强大却面临着对复杂问题的简单思考，大众媒体对人们的思想影响越来越大。加速的变革、强化的危机和日益增长的复杂性三者之间相互交织变化。独立性思考、批判性思考，在任何社会中都是一种社会价值，是一种独特的认知技能，是一种反思的能力。一个善于独立思考的民族才有希望，一个沉湎在记忆中的民族是没有前途的。要脚踏实地，就需要仰望星空，低头拉车也需要抬头看路。有思想的人，不会盲从或者盲目相信权威，他们对信息抱有怀疑、求真的态度，他们懂得发现和分析问题，他们更能做出理性的判断及选择，并能够得出经得住考验的结论。所有的人都是思想者，人所做出的所有决定都基于人类的思考，但大部分人的思想却劣迹斑斑，充斥着偏见、错误、傲慢、自欺和荒诞。批判性思想用以帮助我们进行自我分析、自我评价和自我纠正。我们自己是批判性思想的受益者。

哲学是“全部科学研究之母”，对自然科学具有理论包含、理论指导、理论先导和启发作用，为社会发展提供精神动力、影响力、吸引力、说服力和感召力，是时代精神的精华。社会科学是一门研究人类行为活动特点及人类社会现象与发展规律的科学，作为研究对象的人与人类社会自身具有主观能动性，其研究素材主要来源于人类社会，研究结论也会在现实中反映出来，所以社会科学研究与社会自身之间客观上具有共存性与互动性。问题是时代的声音，学术思考源于时代的召唤，是对现实的理论回应。社会科学工作者不仅在于批判，也在于建设；不仅在于继承，也在于创新；不仅在于为民立命，也在于为时立言；不仅在于学会独白，也在于学会对话。这就是我们经常强调的“社会科学的社会化”问题。自然科学是“一切知识的基础”，决定社会科学的发展水平，为其提供必要条件和发展动力。

社会科学研究的最高目的是，在真的基础上追求善和美，捍卫社会科学的合法性和独立价值，社会科学学术共同体要离道德近一点，离权力远一点；离真理近一点，离功利远一点。对于当前的社会科学研究现状，一种总体评价是“科研投入上去了，学术腐败上去了；论文数量上去了，论文水平滑坡了；抄袭和腐败现象严重，买卖稿件和版面无处不在，不以为耻，反以潜规则自诩”。对于研究者的评价是：说些言不及物的自说自话、言不由衷的天马行空，以知识混见识，以梳理取代学理，说些大同小异的话、曲里拐弯的话、浅入浅出的话。积累与积习同在，重历史轻理论，重研究轻批评，重成果轻贡献，重言之入理轻言之有物。对于期刊和出版机构的评价是：对有定论的名家趋之若鹜，而对有潜力的新进置之不理。对于学术批评的评价是：官话、好话、套话多，不靠谱、不着调，没有内行话、自己的话、新鲜的话，造成学者登场，学术退位。对于管理机构的评价是：重立项轻结项，重数量轻质量，重产出轻效用。科研的确存在异化现象，其主要表现是科研金钱化、权力化、形式化，三者的共同特点是使科研活动趋于过度外在化，从而使科研活动和研究者离开科研的本质。没有创新的氛围，一切都将是创新发展的复制品。

列宁曾说过："人类可以不断接近绝对真理，但不能完全掌握真理。"一种社会现象，群众说现实的多，干部说道理的多；下面看问题的多，上面看成绩的多；专家讲体制缺陷的多，领导讲技术改进的多。研究者讲应当的多，讲实际的少；讲经验的多，讲数据的少；讲教训的多，讲前瞻的少。

视阈决定研究的宽度、高度和深度。经济只能保证我们的今天，科技能够保证我们的明天，但只有社会科学才能够保证我们的后天。在国家软实力提升中离不开社会科学，在智库建设中离不开社会科学，在协同创新体系中离不开社会科学，在国家治理体系和治理能力现代化中离不开社会科学。高校和科研机构是社会科学研究的学术重镇，教授和研究员是社会科学的灵魂，以研究学问为毕生事业，以教育培养后进为无上职责。从严治学，应当从学校源头做起，以制度规范为保障，以标准明确为依据。学者的回报主要是好奇心的满足感，同事之间的互相欣赏，以及有机会传世的骄傲。思想是概念、理论、假说、验证，要讲深度，论新意，重启发。大学和科研机构是为了探究这些学问而设的，既重成果，更重人才；既重知识，更重思想；不仅要为学术而学术，更要还学术于社会。

学术发展是文化发展的命脉所在。学术上，我们在20世纪90年代引进西方20世纪70年代后期的"数文章、论著作"的准则是时代的选择，但这不是最终的选择，也不是最好的选择，是在特定历史时期的特定评价方法。没有一定的数量积累就没有今天的质量，没有一定程度的普及就没有今天的提高。在提高的指导下普及，在普及的基础上提高，两者不可偏废，必须两条腿走路。对于西方的学术制度，择其善者而效之是明智的，不仅要学习它们在量化评价时期的经验，更要重视它们目前在保障和提高成果质量评价上的做法。

本书是在我做厦门大学博士后期间出站报告的基础上完成的。

在此，首先要感谢合作导师潘懋元先生的辛勤指导，在他的高尚人格和高深学问影响下，终于圆了我一个多年的愿望。感谢邬大光、刘海峰、史秋衡等校院领导的支持，感谢谢作栩、王洪才等教授的协助，感谢厦门大学博士后管理办公室、教育研究院和社会科学处的支持，感谢全国哲学社会科学规划办公室、教育部社会科学司、中国教育科学研究院、全国教育科学规划领导小组办公室的支持，感谢中国社会科学院科研局、北京师范大学社会科学处、华东师范大学社会科学处、浙江大学社会科学研究院、西南大学社会科学处、西北师范大学社会科学处等科研管理机构的帮助。

“古来圣贤皆寂寞”，可对人类文化贡献最大，真正青史留名的就是这些生前受冷落的人。社会科学工作者一定要有事业心，为繁荣发展中国的哲学社会科学而努力奋斗。特别是年青一代更应该有这种历史使命感和社会责任心。中国特色社会科学的创建必须依靠中青年学者，他们才是这门科学的灿烂未来。王夫之说过：力行而后知之真。立足社会科学实际，针对现实问题，响应建设创新型国家、人力资源强国、人才强国战略的需要，提出建立以创新和质量为导向的社会科学评价机制，通过制度创新，优化学术环境，反对人云亦云，似是而非，似非而是，反对唯书、唯上、唯众，倡导用心血做学问，同生命写文章，敢讲话，讲真话，献良策，究天人之际，通古今之变，成一家之言，为我国社会科学的繁荣和发展做出应有的贡献。

曾天山

2014 年 3 月于北京